约翰·斯图亚特·穆勒（1806–1873）
（封面及扉页照片均来自伦敦国家肖像美术馆 National Portrait Gallery, London）

东西方思想家评传系列

California State Polytechnic University，Pomona哲学系终身教授
丁子江　主编

John Stuart Mill

穆勒

为了人类的幸福

国际知名学者
写给大众的思想读本

University of Redlands哲学教授
姜新艳◎著

九州出版社 JIUZHOUPRESS | 全国百佳图书出版单位

图书在版编目（CIP）数据

穆勒：为了人类的幸福 / 姜新艳著. --北京：九州出版社，2013.1
（东西方思想家评传系列）
ISBN 978-7-5108-1819-6

Ⅰ. ①穆… Ⅱ. ①姜… Ⅲ. ①穆勒，J.S.（1806～1873）—评传 Ⅳ. ①B561.42

中国版本图书馆CIP数据核字(2012)第273051号

穆勒：为了人类的幸福

作　　者	姜新艳　著
出版发行	九州出版社
出 版 人	徐尚定
地　　址	北京市西城区阜外大街甲 35 号（100037）
发行电话	(010)68992190/2/3/5/6
网　　址	www.jiuzhoupress.com
电子信箱	jiuzhou@jiuzhoupress.com
印　　刷	三河市东方印刷有限公司
开　　本	635 毫米 × 970 毫米　16 开
印　　张	16.5
字　　数	210 千字
版　　次	2013 年 1 月第 1 版
印　　次	2013 年 1 月第 1 次印刷
书　　号	ISBN 978-7-5108-1819-6
定　　价	36.00 元

丛书主编的话

当人们猛然惊觉高科技数字化浪潮铺天盖地压来之时，很多事情都已改变。娱乐化网络化商业化似乎漫不经心地联手涂抹了我们头顶的星空。因为一位大哲的语言指向，而使人类有所敬畏的“头顶的星空”，退到繁复的重彩后面。在这个观念似乎新潮而又失向和错位的年代，许多像我们一样的人，基于某种固执的信念，继续在天空质朴的原色中跋涉。来自苍穹的光波，本初而强劲！

在色彩学中，质朴的蓝色与红、黄两色同为三原色，天然而成，无法分解成其他颜色；而在人文社会科学中，这种原色可以分解为良知、智慧、理性与人文精神。这正是人类文明和文化纯净而透彻的结晶。

正是这一结晶，赋予社会发展以灵魂、动力、脊梁和血脉，而它们的肉身显现或人格载体就是一代代的东西方大哲。以此观察历史、现状和未来，便有了一种理智、公正、犀利的洞穿。这种洞穿，是我们在无止境的跋涉间隙，真诚奉献给读者的礼物，微薄而又厚重。它将反观那些连贯古今思想上的一步步累积过程及其不断爆发的聚变；正是这些累积与聚变引起了人类社会巨大的发展与进步。

为了实现这种洞穿，这套题为《东西方思想家评传系列》的丛书应运而生。作为国际东西方研究学会（International Association for East-West Studies）丛书系列之一，这套汇集了一定卷数的大哲评传，对编者而言，成熟一批，推出一批，最终各卷之间构成相互支撑的整体，故成为由纪传体有机构成的哲学史论。丛书对西方主要大哲学家的生平及思想进行述评。生平包括：家世、背景、环境、教育、经历、宗教、婚姻、友人、个性、爱好、心路历程，行为方式以及各种有出处的趣事逸闻等。思想包括：学术著作、理论构架、独特理念、思维方式、社会影响、对人类智慧和知识的贡献以及人们对其批判和评价等。在对大哲们生平与思想的评述中，捕捉了一个个精彩的历史瞬间，一朵朵天才的思想火花；这些瞬间和火花，赋予人类一种灿烂的品质，同时又构成一种永恒的启示。

因此，读哲学大师的意义远远超出哲学范畴。人类存在的所有特点，都可以从阅读中领悟；人类全部的思想精华，都对读者无限敞开；大师们指向的精神高度，能使我们从日常生活经验中跃起、上升，点燃信念之灯，照亮深邃的生命。然而，在我们整个民族的文化习惯中，阅读大哲并不普遍。这种持久的忽视，更使我们埋头于丛书写作时感到来自内心深处的催促。但愿这种催促能够传递给更多的人，能够在阅读的荒原上点亮星星之火。如果可能，每个目睹这套丛书的人只读一遍，星星之火，也就有了燎原之势。

基于上述考虑，丛书为评论与传记，观点与材料的结合。强调雅俗共赏，深入浅出，寓学术性于趣味性，达到所谓“深者见深，浅者见浅”，“内行看门道，外行看热闹”的双轨功能。先将大哲们还原为活生生的个人，再上升到思想巨匠的高度。尽量立体和全方位地揭示这些思想伟人的经历以及精神生活发展的各个宏观与微观层面。丛书尽可能面向多元和广大的读者群。除服务对人文、社科感兴趣的一般读者外，亦将成为哲学专业、思想史专业以及其他相关专业的重要参考书。

丛书一个重要宗旨是指明这些大哲在近现代以及当代对中国思想界的影响，以及中国学术界对他们所进行的研究成果。

丛书作者群主体部分为来自中国大陆、台湾、香港三地，曾受中西两方哲学训练。这些华人哲学学者中外语言兼具，具有较高学术造诣，并现于欧美大学任教。

丛书每部约 20—30 万字，力求图文并茂（约 30—50 张图片）并包含所涉哲学家的生平年表、著作列表等。

《东西方思想家评传系列》的推出几经周折，正应了常言“好事多磨”。最后特别指出，幸亏九州出版社的王杰总编辑的慧眼真识与郝建良编辑的精心策划，这套丛书终于得以问世。在此，向两位先生表示衷心的感谢。

2012 年 1 月于美国洛杉矶

写在前面的话

细心的读者会发现，这本书没有序言。我自己没有写，也没有请同行写，因为从本书动笔的那天起，我就想好在初稿完成时请恩师周辅成先生给它写序言。可惜在初稿完成之前，周先生却已故去。虽然周先生在 2009 年 5 月去世时已近 98 岁，但那年 2 月与他通电话时，他听上去状态很好，声音同以前一样洪亮，思路也同过去一样清晰。所以，他几个月后就与世长辞让我感到非常意外。在这之前，我总期待他能活过百岁，看到我有关西方思想的中文书出版。每每想到未能将此书稿在周先生生前完成，我都感到不尽的遗憾。尽管本书的动笔是数年之前的事，但由于中间忙于完成种种其他写作项目，所以本书稿的写作就拖下来，直到最近才得以完成，而且完成得仍很匆忙。回过头来去看，这个书稿本应放在许多别的事情之前去做。如果那样做了，今天也就不会感到如此遗憾。现在才真切地体会到“能现在做的事不要拖到以后去做”的至理名言之智慧。好在，这本关于穆勒的书终于完成了。希望它能多少对周先生的在天之灵有所告慰。

我是周辅成先生在“文革”后招收的第一批西方伦理学史专业研究生中的一个（共招三人）。我对穆勒思想中的伦理学部分之初步了解也是从周先生那里得到的。在北京大学做周先生研究生的那些日子，为我后来的学术生涯打下了难得的基础。周先生不仅给我们几人一起在他家中上小课，系统讲述西方伦理学史以及中国伦理学史，而且还让我们几人轮流到他家讨论问题（记得我们三个每人每两周到他家单独讨论一次）。另外，周先生还让我们翻译了许多西方伦理学读物，以提高我们的英语水平。即便在暑假期间，他也提醒我们继续英语阅读和翻译。我自 1984 年硕士毕业留北大哲学系伦理学教研室教书后，能立即为进修教师和研究生开设“西方伦理学史”和“西方伦理学原著”（英文）课程，也是与周先生的培养和支持分不开的。难能可贵的是，周先生一直相信女性同男性一样可以做好哲学，鼓励我在留校后给女性争气。今天，在英美世界，已有一批被公认的优秀哲学家是女性，女性不能做哲学的神话已被打破。尽管在中国这一天还没有到来，至今女性不适合做哲学的观点还很盛行，周先生早在八十年代初就已表达了对女性做好哲学的信心和对女权主义在学术界的支持。我之后来到英美学习，在很大程度上也得益于周先生的敦促。我留校后，他不仅时常提醒我加强英语训练，而且亲自为我找美国大学哲学系的材料并复印给我。由于那时没有网络信息，我所得到的关于美国大学哲学系的信息大都是周先生从北京图书馆的 Peterson’s Guide 上复印而来的。自在美国教书以来，每次回国开会或探亲，我都去看望周先生，而周先生也像以前一样鼓励我，并希望我把西方和中国哲学一起做下去。国内的一些读者也许知道我近些年在中国哲学和比较哲学方面的某些著作，但他们可能不知道西方哲学一直是我在美国教授课程的重要部分。虽然这本穆勒评传远远超出了西方伦理学的范围，但在国内从师于周先生和在国外多年的教学经历都对此书的完成至关重要。将英国功利主义和自由主义大师穆勒的生活和思想较全面地介绍给中国读者、与国内的穆勒学者进行交流，是我多年的愿望。但愿此书能在这些方面起到一定作用。

在此，我也想对我的另一位老师——魏英敏教授——表达感谢之情。正是魏老师在我即将从北京大学哲学系本科毕业之时，鼓励我报考本系伦理学方面的研究生。当时，魏老师并不认识我（由于那时我们哲学专业一个年级就有一百多个学生，老师们很难认识一半以上的本科生），但因欣赏我的一篇论文，特意找我谈话，建议我考研。魏老师的公正、求贤之心使我非常感动。魏老师的话帮我下了报考周先生研究生的决心。我留校后，魏老师作为伦理学教研室的主任，对我的教学以及后来的出国都给予了很多帮助，他对我去美国读博的决定的支持尤其令我感激。出国后的这些年，我一直与魏老师保持联系，从他那里也得到许多鼓励。借着本书出版之际，我也要对魏老师说：谢谢您！

这本关于穆勒的书是丁子江教授主编的《东西方思想家评传系列》的其中一本。正是丁教授对这套丛书的设想和他给予我的参与邀请，才使这本书的写作得以开始、使其出版成为可能。此时，我也要向丁教授致谢。另外，我还要谢谢九州出版社的郝建良编辑的理解和帮助。我所在的雷德兰兹大学（University of Redlands）为我提供了获取本书所收入的部分图片和资料的费用。在此一并感谢。

最后，我要感谢我的家人，尤其是我的丈夫和儿子对我的写作的支持。没有他们这些年持续而无条件的支持，我不可能完成我今天所完成的一切，包括这本书的写作。本书所收入的图片，大多是我和丈夫一起在英国收集的。当我到伦敦参加纪念穆勒诞辰200周年学术讨论会时，我丈夫也正在伦敦政治经济学院（LSE）攻读博士。在参会期间和之后，我们二人一起寻访了边沁、穆勒故居旧址，一起到伦敦的国家肖像美术馆和伦敦政治经济学院图书馆等处查找资料、选取图片。另外，特别值得一提的是，几年前，儿子曾送给我一本穆勒著作选作为给我的生日礼物——一份让做母亲的我感到无限温暖和喜悦的厚礼。今天我终于可以将这本穆勒评传的完成作为回报。我想现在已经成为工程师的儿子一定会像他父亲一样为此书的问世高兴。

姜新艳
2012年夏
于美国加利福尼亚州雷德兰兹

目 录

引　言……………………………………………………………1

第一章　穆勒的家世 ……………………………………………3

一、不甘人下的祖母 ………………………………………… 3

二、从贫寒走向成功的父亲 ………………………………… 5

第二章　童年和少年时代 ………………………………………8

一、异乎寻常的教育 ………………………………………… 8

二、边沁的影响 ……………………………………………17

三、法国之行 ………………………………………………20

第三章　青年时代（上）………………………………………25

一、就职东印度公司 ………………………………………25

二、哲学激进派的熏陶 ……………………………………28

三、初露锋芒：结社与早年著述 …………………………30

第四章　青年时代（下）………………………………………35

一、濒临崩溃的精神危机 …………………………………35

二、重新振作 ………………………………………………38

三、对激进派哲学的改造与超越……40

第五章　兼收并蓄的过渡时期……44
一、浪漫主义思潮……44
二、圣西门主义……51
三、结交挚友斯特林……53

第六章　知音与至爱……57
一、穆勒心中的哈丽特……57
二、哈丽特的曾经……61
三、抽刀断水水更流——止不住的情……69

第七章 《逻辑学体系》……76
一、成书动机……79
二、新演绎法——归纳与演绎相统一的科学方法……82
三、社会科学的可能性、方法论和分类……87
四、穆勒与孔德……93

第八章 《政治经济学原理》……100
一、成书经过……101
二、政治经济学理论……106

第九章　有情人终成眷属……116
一、精神伴侣的结合……116
二、恬静的婚后生活……121
三、永远的思念……128

第十章　论自由……134
一、主旨……135
二、论思想自由和讨论自由……140
三、个性发展与人类的幸福和进步……144
四、自由原则的恰当应用……147

第十一章　代议制政府 ……………………………………152
一、政府形式的选择和评判标准 …………………… 152
二、实行代议制的条件及议会的恰当职能 ………… 160
三、代议制的完善和理想的民主 …………………… 164

第十二章　《功利主义》……………………………………174
一、最大幸福原则 …………………………………… 175
二、个人幸福与总体幸福…………………………… 181
三、功利与正义 ……………………………………… 184

第十三章　哲学家议员 ……………………………………188
一、参选前后 ………………………………………… 189
二、任职期间的作为 ………………………………… 194
三、回归哲人生活 …………………………………… 200

第十四章　妇女的解放 ……………………………………204
一、概论……………………………………………… 208
二、男女平等与婚姻………………………………… 212
三、女性的职业发展………………………………… 214

第十五章　生命的尽头 ……………………………………220
一、最后的著述……………………………………… 220
二、忘年之交 ………………………………………… 232
三、猝然离世 ………………………………………… 235

引证与参考文献……………………………………………242

引言

约翰·斯图亚特·穆勒 (John Stuart Mill 1806–1873) 是西方最伟大的思想家之一，其政治与伦理思想之影响尤为巨大而深远。若未读过穆勒的《论自由》以及《功利主义》，一个人既不会真正了解西方近几个世纪政治和道德哲学之主流，也不会真正懂得西方民主社会的政治和道德生活。

在思想史上，穆勒不仅以其思想之卓越而著称，也以其与众不同的生活经历而引人注目。他三岁开始学希腊语，八岁开始学拉丁语，十二岁开始研究哲学，十六岁开始发表作品。虽然他并不曾是一个职业作家和哲学家，但他却是他所在时代极有声誉的作者和人类历史上少有的哲学伟人。他虽然拒绝在通常意义上的竞选，但却被选为英国下院议员。他那终生不渝的爱情以及他从中获取的灵感和智慧更是脍炙人口的佳话。

穆勒是一位伟大的思想者，但决不曾是一个为学术而学术的学者。他之著书立说旨在增进最大多数人的最大幸福。他的绝大多数论著都是为改良社会、促进人类进步而作。这就是为何他的注意力一直集中在政治、法律、道德和经济方面。他一生为英国的立法改革、妇女权利等做了不懈的努力。如果说真正的知识分子是进步的先锋和社会的良心，那么穆勒就是一个真正的知识分子的代表。他不仅是自由主义、功利主义哲学的大师，而且也是其忠实、热诚的实践家。他是以天下为己任、为最大多数人的最大幸福而奋斗的楷模。

第一章

穆勒的家世

一、不甘人下的祖母

约翰·斯图亚特·穆勒是大学者詹姆斯·穆勒 (1773–1836) 的长子，这是众所周知的。但人们往往却对詹姆斯·穆勒的家世知之甚少。就连约翰·斯图亚特·穆勒本人对其奶奶、爷爷的生活以及其父的青年时代也并不了解。据说其父也并不想让他知道太多。[①] 也许，在英国那么一个重出身和等级的社会，这完全可以理解。毕竟，詹姆斯·穆勒出身贫寒。不过，詹姆斯·穆勒本应对自己从社会底层到名扬天下的奋斗史感到骄傲，更应该让自己的儿子知道他那位身在贫贱而不甘贫贱的奶奶对其父的成功有多么关键。没有她的见识和决断，詹姆斯·穆勒一辈子可能只会是个小地方没文化的小鞋匠，像他的父亲一样。

詹姆斯·穆勒出生在苏格兰的一个叫作北水桥的村庄。他的父亲也叫詹姆斯，但姓穆伦 (Milne)。詹姆斯·穆伦是从苏格兰的首府

---

① Michael St. John Packe（迈克尔·圣·约翰·派克）, *The Life of John Stuart Mill* (New York: The Macmillan Company，1954), 第 8–9 页。也见 Alexander Bain（亚历山大·贝恩）, *James Mill, a Biography* (London: Longmans Green & Co., 1882), 第 110 页。

爱丁堡搬到北水桥落户的。他开了一家小修鞋铺，并娶了一位在爱丁堡当仆人的女子为妻。

她就是詹姆斯·穆勒的母亲。她的名字叫爱索毕欧·凡顿 (Isobel Fenton)。她出嫁时只有十七岁。爱索毕欧的父亲曾是一个参加过詹姆斯二世儿孙所组织的叛军的农民。事败之后，他虽保全了性命，但却失去了财产和土地。所以，其女才落了个当仆人的结果。正因如此，爱索毕欧并不认为自己生来贫贱，而认为自己的为仆是偶然所致。她决心把长子培养成有身份的人，以光宗耀祖。她准备为此吃苦受累，而且也准备让全家为此付出重大代价。为了让儿子与众不同，她首先把他的姓改为穆勒以便与当地的普通姓穆伦区别开来，尽管这使得父子俩不再同姓。当然，她知道让长子成功的关键是让他受到良好的教育。

詹姆斯·穆勒先是被送进教区学校读书，后来又进了寄宿学校学习。

虽然供他上学的费用对他的家庭是相当大的负担，但一家人还是坚持着让他把学上完。为了省钱，他周末总是步行回到家中。尽管一家人住得很挤，为了保证他的学习，他母亲用一块帆布作帘为他隔了一小块地方作学习室。当他专心读书之时，家里其他人都在为生计而忙碌。他的母亲照料家务，他的弟弟和妹妹则与他父亲一起经营家里的生意。不过，一家人为他做的牺牲没有白费。詹姆斯①的才华很得他所在教区牧师彼得斯的赏识。在詹姆斯十七岁那年，经彼得斯的举荐，约翰·斯图亚特爵士夫妇决定资助他进爱丁堡大学读书。作为接受他们资助的条件，詹姆斯必须学习牧师专业并且做斯图亚特爵士夫妇的女儿的私人教师。

入爱丁堡大学就读使詹姆斯这个下层平民得以受到第一流的高等教育。这对他日后的成功颇为关键。在爱丁堡大学期间，除了完成与牧师有关的课程外，詹姆斯也听了许多哲学讲座并阅读了大量

① 为简洁起见，以下均以“詹姆斯”指“詹姆斯·穆勒”。

哲学著作。他成功地通过了作牧师所要求的课程并于1798年得到了传教许可证。此后他开始在不同教区布道。但他一直不是任何教区的常驻牧师，所以只有常驻牧师临时不在时才有机会布道。正因如此，直到近三十岁时，他仍没有固定收入。更不幸的是，他家的处境每况愈下，难以维持。这一切使詹姆斯决心离开保守的苏格兰到更开放的英格兰找出路。他是个有决断、有信心的人。他坚信，一旦有机会，凭他的才学他一定能成功。正巧这时约翰·斯图亚特爵士要到伦敦参加议会的年度开幕式并同意让詹姆斯搭他的车同行。这是1802年的事，从此，詹姆斯就定居伦敦直到去世。

二、从贫寒走向成功的父亲

伦敦使詹姆斯大开眼界，也使他信心倍增。在伦敦，他得以自由旁听议会下院的辩论，并有机会看到一些重要的人物，包括皇室成员。他第一次发现许多议员并无出众的才华。他还发现有些才学低于他的人竟能靠写作挣得不错的收入。这一切都使他更加确信自己可以在伦敦有所作为。经过一番努力，在短短的六个月内，他找到了一份在一个杂志编辑部的工作。不久，他又说服了这家杂志的编辑创办了一份新杂志并让他作了新杂志的编辑。一年之后，他还当上了一份报纸的编辑。

到此，他已有了不错的收入。于是，他首先帮老家的人还清债务，摆脱困境。然后开始考虑结婚成家。在1805年，他娶了一位年轻漂亮的姑娘为妻。她就是哈丽特·伯柔，约克郡一位富裕寡妇的女儿。哈丽特结婚时23岁，而詹姆斯已32岁了。詹姆斯与其妻的精神沟通甚少，但对其妻一直忠诚。他们一起共有九个孩子。当然，他们最伟大的作品是其长子——约翰·斯图亚特·穆勒。约翰·斯图亚特·穆勒生于1806年5月20日。出于对詹姆斯早年的赞助者约翰·斯图亚特爵士的敬意，詹姆斯以约翰·斯图亚特命名了自己的

詹姆斯·穆勒画像
(Photo: akg-images, London)

长子。

当约翰·斯图亚特·穆勒出生时，詹姆斯已是两个杂志的编辑并兼任其中之一的经理，但他还是感到不够保险和满意。他想在学术上有所建树，以便从长远上生活更稳定、事业上更有作为。于是，他开始写《印度史》一书。他花了十二年的时间完成这部著作。此书于 1818 年发表并获极大成功。此书的发表也为他谋到东印度公司的位置起到了关键的作用。自 1819 年起他开始在东印度公司的伦敦办公室任职，从此再无须为生计而担忧。他从印度通讯总审查员的助理作起，在四年之内就提升为他所在部门的第二把手，然后在 1830 年成为新的印度通讯总审查员——一个地位和薪水都很高的位置。[①] 在东印度公司的工作并没有中断他的写作和对社会、政治问题的参与。正相反，一个稳定的工作使他能更自由地去从事学术和当时的改革运动。继《印度史》后，除大量发表在杂志上的文章外，他还发表了《政治经济学原理》(1821) 和《人的精神现象分析》(1829) 两本很有影响的著作。

虽然詹姆斯是他那个时代的一个激进的自由派和改革者，但在三十五岁之前他从未对当时的英国社会与政治公开发表批评意见。也许，三十五岁之前的他无暇也无力评论时政。三十五岁之后的他大为不同，一方面是因为他不需再终日为生计而奔波，另一方面也是因为他结识了近代功利主义之父杰利米·边沁 (1748–1832)。当詹

① 见 Packe, 36 页。

姆斯遇到边沁时，边沁已六十多岁，而且颇有影响。但俩人志同道合，很快成为忘年之交。詹姆斯完全接受了边沁的功利主义哲学并终生为倡导和实行之而做出了卓越的努力。功利主义哲学的最高原则是“最大多数人的最大幸福”。根据这个原则，道德上的正确与否要以是否增加最大多数人的最大幸福为标准。应用到社会领域，社会政治、经济制度和政策的优劣和对错要以其是否给公众带来最大利益来判断。功利主义者所说的功利不是一己的功利而是最大多数人的最大幸福。边沁的功利主义哲学为詹姆斯的行动提供了理论武器和方向，而詹姆斯的社会经验和知识也帮助边沁对许多社会问题的本质有了进一步的认识。从他们相识开始，他们二人一直一起在功利主义的旗帜下为英国的立法改革、公众利益而奋斗。边沁终生未婚，没有子女。为了让功利主义的事业后继有人，二人决定全力培养詹姆斯的长子约翰·斯图亚特·穆勒。小穆勒也确实没有辜负父辈的期望。他后来成为比边沁更杰出的功利主义思想家，可以说是青出于蓝而胜于蓝的范例。

第二章

童年和少年时代

一、异乎寻常的教育

谈起约翰·斯图亚特·穆勒的童年和少年时代，就不能不谈起其父给予他的不同寻常的教育。詹姆斯·穆勒从自己的奋斗过程中深知教育对一个人的成长和命运至关重要。这也许是他接受英国经验主义和法国教育决定论的内在原因。他完全同意英国哲学家约翰·洛克 (John Locke 1632–1704) 的“白板说”，认为人出生时脑子里一片空白，没有任何知识。人的所有知识都是从后天的经验中获得的。① 他很赞成法国哲学家爱尔维修 (Claude Adrien Helvtius 1715–1771) 对教育的作用的强调，坚信人的才能和品格都是由教育所决定的。② 也就是说，人与人之间的不同不是天生的，而是后天

① 关于“白板说”，见洛克的《人类理解论》，第二卷，第一章，第二节。英译本参见 Locke John, *An Essay Concerning Human Understanding*, ed. Peter H. Nidditch, Oxford: Oxford University Press 1975, 104; 中译本参见洛克的《人类理解论》（上册），关文运译，北京：商务印书馆，1981，第 68 页。

关于詹姆斯对洛克观点的认同，参见 Packe, 14–15 页。

② 见 Bertrand Russell (罗素), *A History of Western Philosophy* (New York: Simon & Schuster，1945)，776 页。也见 Packe, 16 页。

的环境所造成的。人正是在所处的环境中被教育的，所以教育决定论实际上也就是环境决定论。一个社会的政体和习俗是教育人的大环境，对人的道德和智力发展举足轻重。一个坏政体和一个腐败的社会必然产生大量坏人以及愚昧的国民；相反，在一个好政体之下，在一个道德风气良好的社会里，其人民自然会比较正直并在智力上得到健康的发展。可见，詹姆斯之积极推动英国的立法改革，不仅是因为立法直接影响公众的利益，也是因为立法直接影响政体和社会风气，因而直接影响公众的教育和素质。一个人的道德和成功取决于其教育，而一个社会的公正和繁荣则取决于其百姓的教育水平。但公众能否受到良好的教育取决于他们是否生活在一个好的政体下、一个道德的社会中。正因如此，詹姆斯一生不仅重视教育自己的子女，而且为改良英国社会、提高英国公众的教育水平而竭尽全力。

除了以上提到的信念，詹姆斯还认为早期教育对一个人的发展最为关键。由于幼儿的头脑中几乎全是空白，所以可塑性最大，接受力最强。而到了成年，尤其是到了老年，由于头脑中的东西已很多，一个人也就不易改变了。① 这就解释了为何其子小穆勒很小就开始受高强度的教育。但与许多当今中国儿童不同的是，小穆勒的早期教育与升学无关，而且父亲是他唯一的文化课老师。詹姆斯和边沁都认为送小穆勒到学校上课不如让他在家学习对他更好，尤其是父亲有能力做他最好的老师。实际上，除了在法国暂住时听过大学的一点课外，小穆勒一生从未到学校受正规教育。

在三岁到八岁期间，小穆勒主要是学习希腊语和算术。八岁之前他已读了许多希腊名作，包括柏拉图的六篇对话。在八岁那年，他开始学拉丁语。在其后的几年里，他读了大量希腊和拉丁文的文学及戏剧作品，并读了亚里士多德的《音韵学》一书。在这期间，他对历史，特别是古代史，产生了浓厚的兴趣。在他十一岁时，在

---

① 见 Michael St. John Packe (迈克尔·圣·约翰·派克), *The Life of John Stuart Mill* (New York: The Macmillan Company, 1954), 第 15 页。

穆勒故居（本书作者 2006 年 4 月拍摄）
[当时的威斯敏斯特区女王广场 1 号 (No. 1 Queen Square)，现为安妮女王之门 40 号 (40 Queen Anne's Gate)；穆勒从八岁到二十四岁 (1814–1830) 都在此处居住]

帮助父亲对《印度史》一书校样的过程中他也学到了许多关于印度的知识。当时的情形是，他大声地给父亲念书的原稿，而父亲则在校样上做出校正。十二岁时，他系统地学习了逻辑学，为他日后写政论文打下了基础。同时，他读了柏拉图最重要的几篇对话，包括《理想国》、《高尔吉亚》和《普罗泰戈拉》，懂得了苏格拉底的辩证法。在八岁到十二岁的这几年里，他也学习了大量数学。他从初等几何和代数学起，一直到学完三角学、锥形曲线和微分学。在这方面，他基本上是自学，因为其父的数学水平不足以指导他。十三岁那年，他学习了政治经济学。到此为止，父亲一直是他唯一的老师。此后，应边沁之弟一家的邀请，他在十四岁时到法国生活了一年。他的法语和法国文学、化学、动物学和更高等的数学是在法国完成的。回到英国后，其父感到无需再给小穆勒授课。所以，他的"学生时代"从此也就基本结束了。不过，在这之后的几年，父亲仍给予他许多指导，并让他跟自己的朋友学习罗马法。

另外，值得一提的是小穆勒除自己的学习外，自八岁开始就承担起一部分教弟弟妹妹的任务。他有五个妹妹和三个弟弟。当然，一开始时，他只教两个与他年龄接近的妹妹。后来，随着更多的弟弟和妹妹到了受教育的年龄，他的教学负担也越来越重。詹姆斯也教小穆勒的弟弟和妹妹，但他花了更多的时间教小穆勒，然后让小穆勒教家里其他的孩子。虽然教弟弟妹妹并不是小穆勒自愿的选择，但他却也受益匪浅。教学对他巩固所学的知识、提高表达能力以及培养组织能力都大有好处。

小穆勒日后的成功，很大程度上归功于他的早期教育。他自己在谈到这一点时曾说："我能做到的是任何一个有着普通智力和体力的孩子也能做到的。如果说我有任何成就的话，那是由于我所有的幸运条件，尤其是我父亲给予我的早期训练。公正地说，我的早期训练使我有着比我的同代人早开始二十五年的优势。"[①] 这些话虽然

---

① John Stuart Mill (约翰·斯图亚特·穆勒), *Autobiography* (《自传》), ed. John M. Robson(约翰·鲁伯森), London, Penguin Books，1989，第 44 页。

表现了他的谦虚，但也说明了早期教育的重要性。当然，有效的教育不仅要尽早开始，而且必须方法得当。在这方面，小穆勒的父亲也是很成功的。

虽然小穆勒的早期教育强度极大，但学习对他来说从未是一件枯燥痛苦的事情。他喜欢学习，以读书为乐。所以，他的童年和少年时代虽没有其他孩子所有的那些娱乐，但仍是幸福的。他之好学与其父的教育有方是分不开的。詹姆斯深知，要让孩子学有所成，必须对孩子严格训练，而不能一味迁就孩子一时的好恶。但他也很清楚，若要孩子学习好，就必须设法让孩子爱学习；而要让孩子爱学习，则必须让孩子在学习中得到快乐。他相信每个人都是为趋乐避苦所驱使的。但不同的人以不同的东西为乐。例如，一个好学的人以学习为乐；一个道德高尚的人以他人的幸福为乐。一个好的教育者善于将被教育者培养成以学习为乐、以帮助他人为乐的人。为了培养小穆勒的学习兴趣，詹姆斯很注意用启发式的教学。据穆勒①回忆，父亲很少要他死背硬记，而是尽量引导他多体会、多思考。其父认为，如果太多地死背硬记，知识的大量积累不但无益，反倒妨碍创造力的发展。为了培养他的口才，父亲常让他大声朗读阅读材料，并指出他的问题所在。父亲对他的授课也并不都是在室内进行的。他们父子二人常常在每天一起散步时交流思想。散步期间，常常是小穆勒先报告前一天所读的内容，接着父亲就他所读向他提问，然后小穆勒作出回答。在他开始学政治经济学时，父亲在每天散步时给他上一堂原理课，并要求他回家后将前一天所听的内容书面写出。他的书面报告必须清楚、准确。否则，他必须不断修改直到符合标准为止。正是经过了这样的训练之后，小穆勒才开始读大部头的政治经济学著作。在他的读书过程中，其父往往让他自己先讲解所读的材料，并不断启发他得到进一步的理解。直到他已尽了全力无法再向前进展时，父亲才给他讲解。不难想象，这样学

① 为简洁起见，以下均以“穆勒”或“小穆勒”指“约翰·斯图亚特·穆勒”。

来的东西是不会轻易忘掉的。在整个的学习过程中，其父一直注意培养他的推理能力。在评价父亲的教学方法时，穆勒说：这样的教学方法是产生思想家的方法。但只有当老师本身也是思想家并与学生有着非常亲密的关系时，这样的方法才会达到其目的。① 由于这些条件都具备，所以，父亲的确将儿子培养成了一个杰出的思想家。

詹姆斯对小穆勒的教育不仅是学业上的，也是道德上的。他和边沁都期望小穆勒成为一个为最大多数人的最大幸福而奋斗的功利主义者。所以，他不仅用心培养小穆勒的学习乐趣，而且身体力行地教他以公众的幸福为自己的幸福。作为一个功利主义者，詹姆斯认为快乐是人人追求的目的，是人生的幸福所在。正因如此，快乐是人类理所当然应有的东西。道德的目的无非是增加人类的快乐、幸福。所以，最好的社会是一个最大限度地增进最大多数人的最大快乐或幸福的社会；最道德的人是一个为最大多数人的最大快乐或幸福而奋斗的人。一个人是否道德高尚不在于他是否求快乐，而在于他以何为乐。一个道德高尚的人也求快乐，但他的最大快乐是增进最大多数人的最大幸福。为何有人以增进最大多数人的最大幸福为乐，而有人却只以一己的私利为乐、甚至以伤害他人为乐呢？这完全是不同环境下不同教育的结果。一个孩子如果在一个尔虞我诈的环境中长大，一直被损人利己的人所包围，他就必然认为人与人之间不存在真情，个人的快乐必须建立在他人的痛苦之上。所以，他就不可能以他人的快乐为快乐，而只能以一己的快乐为快乐、甚至以他人的痛苦为快乐。与之相反，一个孩子若一直生活在一个人们互助、互敬的气氛之中，从小就被教导着从他人的幸福中感到自身的幸福，他就会成为一个以增进最大多数人的最大幸福为自己的最大快乐的人。正所谓近墨者黑，近朱者赤。詹姆斯成功地给小穆勒提供一个良好的道德环境。小穆勒所接触的人基本上都是与其父一样为公众利益而奋斗的优秀人物，他所读所听的也都有助于他接

① Mill, *Autobiography*, 第 43 页。

受功利主义的道德观。所以，长大后他也成了一个一生以增进最大多数人的最大幸福为生活目标的功利主义者。

小穆勒一生对他的父亲非常敬仰。这不仅由于其父对他智力发展方面的关键作用，而且也由于其父为他所树立的道德榜样。在他的《自传》中，他强调了其父的道德信念和对世俗宗教的道德批判对他早期道德发展和人格形成的巨大影响。虽然詹姆斯是学神学出身，但当他遇到边沁之后便逐渐放弃了对基督教的信仰。大约是在1816年，也就是小穆勒十岁那年，他成了一位不可知论者。[①] 所以，在小穆勒开始了解宗教问题时，父亲已是一个不信教的功利主义者。据穆勒的叙述，在万物起源问题上，其父不认为人类可以知道答案。但从逻辑上，他认为现存的充满罪恶的世界不可能是一个全知、全能、全善的造物主的作品。他认为基督教的上帝说不仅是不合理性的，而且更是道德上的恶。他对基督教的批判着重在道德方面。他认为基督教的上帝说是道德的最大敌人。因为它通过给人类树立虚假的道德榜样而腐化人类的道德标准，使人类背离真正的美德。在詹姆斯看来，基督教用尽了最美好的语言来赞美的上帝，不仅不是完美德性的体现，反而是十足邪恶的化身。例如，基督教的上帝在创造人类时已对人类的一切有着准确无误的预见，但他却为人类准备了地狱以便让他们遭受可怕而永久的折磨。所以，他有意地让人类受苦受难，并无大慈大悲。当然，詹姆斯清楚地看到现实中的基督徒并不是恶人，尽管基督教内在地含有真正的恶。原因在于，一般基督徒不善于思考，而且以恐惧、希望和爱等情感压制理性，所以他们也就看不到基督教教义的内在矛盾。他们认识不到他们真诚崇拜的对象实际上是他们心中理想的善，而不是基督教的上帝。正是因为他们没有看出基督教的上帝所代表的恶，他们才未在道德上

① 此史料见派克(Packe)，第25页。派克认为穆勒抱怨其父的不信教导致他也不信教。但本作者完全不同意这种看法。从穆勒的《自传》看，他清楚地认为其父对宗教的道德批判对他的道德成长是非常有益的。而且，穆勒一生不信教，从未因此而反悔。

堕落。虽然基督徒们的重感情、轻理性以及思想上的矛盾与混乱使他们免于崇拜恶的上帝，但他们的不讲理性本身就是对人的价值的贬低、对人类尊严的亵渎。基于对基督教的这些道德批判，詹姆斯不可能希望小穆勒成为一个基督教徒。他必是努力让自己的儿子懂得一个道德真正高尚的人通过理性而信仰完全的善而不是一个神。如果有信仰就是有宗教的话，信仰这样的善才是人应有的宗教。

在父亲的影响下，小穆勒从未真正信过基督教。当然，在他的少年时代他也很少向外人公开他的不信教。父亲告诫他说，他们对基督教的态度是很难让他人接受的，所以最好不要与外人讨论之。小穆勒记得在少年时期他只曾把自己对基督教的看法告诉过两个比他大的男孩。即便在家中，其父也没有干涉信教的家庭成员。据小穆勒的一个妹妹回忆，她的外祖母和母亲都是常去教堂的基督徒，她们常领着孩子们做祈祷。詹姆斯对她们的做法听之任之，一方面可能出于对她们的尊重，而另一方面也许是认为很难让其妻和岳母懂得他不信教的道理。

詹姆斯让小穆勒在道德上终生受益的另一方面是他关于力戒骄傲的教导。穆勒在他的《自传》中特别提到，父亲曾对他说，如果发现他比自己的同龄人有更多的知识，那不是由于他比别人更优秀，而是因为他比别人更幸运，即他有比别人更好的学习环境，尤其是他的父亲能够而且也肯花很多时间和精力来教他。父亲教导他不要同别人比知识，而应以一个人所能达到的最高水平来要求自己。他一生始终认为父亲说得对，一直遵循其父的教导。所以，他从不认为自己了不起，而是常感所知太少。当他看到许多自己的同龄人不及自己有知识时，他并不感到自己已有足够的知识，而只认为有人比他更无知。由于不因自己比其他人知道得多而沾沾自喜，他从来都未停止过提高自己的努力。

为了防止小穆勒骄傲、让他少受同龄孩子的消极影响，詹姆斯尽量减少儿子与其他孩子交往的机会。所以，除了自己的弟弟妹妹，小穆勒所接触的几乎都是其父的朋友。这种做法虽有可取之处，但其副作用也是明显的。穆勒回忆说，由于他的教育一直是静观的、离群的，所以他没有多少其同龄的男孩所具有的运动技巧，而且生活能力也颇差，不善于处理生活中的具体问题。后来他曾很感慨地写道：能干的父母往往没有能干的孩子，因为他们给孩子包办得太多。其父是个很全面、很能干的人，所以他忽视了培养小穆勒的生活能力，想当然地认为其子自然会有他自己具有的那些能力。用穆勒自己的话说，在这方面父亲是在相信没有原因的结果。①

也许正是由于对日常生活的缺少了解，穆勒一直不曾深刻体会其母的艰辛和她对家庭的巨大贡献。她一个人在家照顾九个孩子，并且还要支持一心一意干事业的丈夫，实在非常不容易。能把一个如此庞大的家庭料理好，已是了不起的成就了。她不是一个智力卓越的人，也不是一个在性格上具强势的人。在所处的条件下，她没有时间和机会来加强修养、提高自己。这自然使得长大后的穆勒与母亲之间的精神沟通有困难。其父对其母的不屑一顾可能也加强了穆勒对其母的消极印象。② 在这方面，倒是他的妹妹们比较公正。在谈到母亲及父母的关系时，穆勒的三妹哈丽特这样写道："夫妻二人同住一个屋檐下但彼此内心却像南北极一样相距遥远，父亲和母亲就是这样的例子。但这无疑不是可怜的母亲的过错。她要照顾一个不断增大的家庭，而且有许多年（即婚后的头些年）是在经济拮据的情况下维持家用。她怎么可能不成为一个埋头家务的家庭妇女？她怎么可能在精神上成为父亲那样一个有头脑的人的伴侣？"③ 虽然穆勒对母亲不太看重，但据说他年幼和年轻时都同母亲感情很好，

---

① 见 Mill, *Autobiography*, 第 48 页

② 关于詹姆斯·穆勒对妻子的态度，参见 Packe 书，第 32–33 页；关于同一问题及穆勒所受到的影响，见 Bruce Mazlish, *James and John Stuart Mill: Father and Son in the Nineteenth Century* (New York: Basic Books, Inc. Publishers, 1975), 第 153–55 页。

③ 见哈丽特·穆勒 1873 年 10 月 26 日致克瑞姆浦顿神父的信。转引自 Packe 书，Packe 书，第 32–33 页。

而且直到四十五岁结婚前也没有同母亲有任何冲突。[①] 从他后期的著作《妇女的屈从》看，穆勒是部分地了解像母亲这样的家庭主妇之苦的。他自早年就开始为男女平等呼吁，也许同他对母亲的处境之了解和同情有一定关系。不过，穆勒没有在任何公开场合和他的著作中表示对母亲的尊重与感激。穆勒在他的《自传》中只字未提其母，好像她不曾存在一样。在其《自传》的草稿中曾有一段对母亲的评价，但却非常消极。[②] 但在《自传》定稿时，他删掉了那一段。据说是他的妻子建议他这么做的。[③] 删掉对母亲的那些批评当然比不删掉好，但他对母亲的态度仍让人失望。

二、边沁的影响

谈到穆勒的童年和少年时代的教育，边沁的作用也是不应忽视的。除了在哲学上对小穆勒的影响外，他还做了许多对小穆勒的成长有益的具体事情。首先，边沁给了穆勒一家许多经济资助。在詹姆斯专注于《印度史》的写作期间，其家境颇为贫困。为了集中精力写书，詹姆斯·穆勒不再做杂志以及报纸的编辑，只靠写文章挣得的稿费养家。加之这期间家中又添人口，有更多的孩子出生，所以经济上就更加困难。恰好正是在这个时期，边沁颇为富裕。在小穆勒八岁那年，边沁让穆勒一家搬到离他住处很近的一套房子，并

---

① 参见 Nicholas Capaldi（尼古拉斯·凯帕罗蒂）, *John Stuart Mill: A Biography* (Cambridge: Cambridge University Press, 2004), 368 页， 注 12；Mazlish, 第 156 页。关于穆勒对他母亲的态度和评价，也可参见 Packe，第 32–34 页以及 Capaldi , 5–6 页。派克和凯帕罗蒂都认为穆勒在年轻时对母亲是有感情的，但后来由于其父对其母的不尊重，尤其是其母没有像穆勒期待的那样去对待他的妻子（在他宣布结婚时），他不再像以前那样尊敬和热爱自己的母亲。

② 那段文字保留在穆勒的草稿中，后来被发表在《穆勒文集》第一卷中。见 *Collected Works of John Stuart Mill*, vol.1, eds. John M. Robson and Jack Stillinger (Toronto and London: The University of Toronto Press and Routledge and Kegan Paul, 1981)， 第 612 页。

③ 参见 Capaldi，第 5 页。

边沁 Jeremy Bentham
（伦敦国家肖像美术馆 National Portrait Gallery, London）

为他们付一半房租。另外，他为提高小穆勒的修养、陶冶其性情也做了许多努力。为了让小穆勒有一个更好的环境，他常常让小穆勒和其父到他的夏季别墅与他一起度夏。他也曾与穆勒父子一起游历了英国的许多地方。自 1814 年到 1818 年，边沁租下了已成为民居的福特大寺院（Ford Abbey），并每年在那住半年多（七月至一或二月）。据说直到十六世纪都有僧侣住在福特大寺院。他们的离开是由于 1539 年亨利八世强行解散寺院所致。[1] 在边沁住福特大寺院期间，穆勒一家是常客，有时他们在此处住六个月以上。福特大寺院是一座优美而壮观的中世纪建筑，在风格上结合诺曼底式的设计

① 参见“Forde Abbey,” http://www.touruk.co.uk/houses/housesomer_forde.htm (accessed August 20, 2012)。

福特大寺院 Forde Abbey

福特大寺院的池塘和花园

福特大寺院 Forde Abbey
（以上三张照片均为菲利浦斯·高费尔德教授 [Philip Schofield] 拍摄并经他许可在此发表）

与哥特式和都铎式的做工，① 是一个难得的艺术精品。再加上为人工湖和大片绿地与树林所环绕，更是让人心旷神怡。生活在这样不同寻常的环境中，对十岁左右的小穆勒无疑是非常有益的。后来他在《自传》中这样写道："我想在那里的生活对我的教育是十分重要的。没有什么比居所之宽敞和自由更能帮助人们情感的升华。与英国中产阶级的低劣而狭窄的住房极为不同，这中世纪建筑、这古老地方豪华的大厅和高大的房间让人产生对更宏大、更自由的存在的情感。这一切对我来说都是一种对诗情的滋养，况且福特大寺院外边那让人愉快而平静的景色、那片片绿荫、那声声流水更给人增添美好情感。" ②

三、法国之行

另外，对小穆勒的成长很有意义的法国之行也是通过边沁的关

① 参见 Packe，第 26 页。
② Mill，*Autobiography*，第 60 页。

系才得以安排。小穆勒十四岁那年，其父感到小穆勒已从他这里学了他所能教给他的书本知识，现在是让他出去见识外面的世界、学会与不同类型的人打交道的时候了。这时边沁之弟塞缪尔·边沁爵士 (Sir Samuel Bentham 1757–1831) 一家正侨居法国。所以，他决定让儿子到塞缪尔家住一段时间。除了体验生活，在法国小穆勒也可以学到在英国无法学到的东西。对于英国的自由主义和功利主义者来说，法国有许多可以学习和借鉴的东西。所以，了解法国对小穆勒日后的发展会很有帮助。小穆勒于 1820 年 5 月 15 日自伦敦出发，经三天的旅行后到达巴黎。他父亲的爱尔兰朋友安瑟先生 (Ensor) 与他同行。由于其父的关系，一位著名法国经济学家巴普提斯特·塞 (M. Jean Baptiste Say) 接待了他并带他游览了巴黎。

九天后他只身一人启程前往塞缪尔·边沁一家所在的法国南部。他决定乘一单马双轮轻便车到那边去。这是他有生以来第一次独自面对世界。在四天的旅途中，他与许多粗俗的普通人为伴，初次领教了不文雅之举。

塞缪尔一家当时住在离蒙特派勒市不远的一栋别墅里。他们的别墅在一个高坡上。从那往下望去，风景十分优美。塞缪尔夫妇这时有四个孩子，一男三女。塞缪尔·边沁虽与其兄杰利米·边沁关系很好且也是个极为杰出的人物，但他的性格和经历则与之完全不同。他是个出色的机械工程师和发明家。他最著名的发明是望远显微两用镜。他也为海军舰船建设做过很多贡献。他年轻时为俄国海军工作过很多年。一开始，他只是个造船工。但他在机械和发明方面的才华很快使他成了一名海军工程师。在他任工程师期间，在一次击败土耳其舰队的战斗中，他由于偶然而紧急的情况而成为指挥者，对赢得胜利起了关键作用。为此，俄国凯萨琳女皇亲自授予他一把带金柄的宝剑和准将军衔。他后来成了那里海军工厂的总负责人。望远显微两用镜就是那时他为了方便地监管所负责的地区而发明的。他于 1791 年回到英国，并在 1796 年被任命为英国海军施工检查将军。在 1814 年英国海军施工检查将军位置撤销后，他一家侨居法国，直到1826年。[①] 与终身未有一次成功求婚的哥哥不同，塞缪尔很招女性喜欢。据说他曾与一位俄国女伯爵定亲，但不知为何他们终未成婚。塞缪尔的妻子玛丽·索菲亚是一位苏格兰医生兼科学家的女儿。她是个非常聪明能干的人。她从很小时就开始给父亲在写作中当帮手，后来则为边沁兄弟做同样的事情。若不是那个时代不允许女人干事业，她或许会是个很有成就的人。有了孩子后，孩子的教育全由她负责。小穆勒在法国的学习日程也是由她安排的。她和塞缪尔的儿子乔治那时二十岁。乔治后来成了一位出色的植物学家。正是由于他的影响，穆勒一生都喜欢植物学。与这样的一家人在一起，对小穆勒的好处是显而易见的。

塞缪尔一家在小穆勒来法国之前已跟他很熟。塞缪尔很喜欢小穆勒，但认为他有点书呆子气。小穆勒到达时，塞缪尔一家正在准备搬家的过程中。也许他们有意安排在小穆勒来时这样做，以便强迫小穆勒做些读书以外的活动。在法国最初的那些日子里，除了法语书，小穆勒没有其他东西可读。没有书读的他显得不知所措，以至于塞缪尔的一个女儿觉得他可怜而给了他一本几何书看。搬家之后，塞缪尔一家也没有让小穆勒回到埋头读书的生活。他们使他不得不参加室外活动，例如早饭前的游泳，他们也带他去晚间的娱乐节目，看杂技即是其中之一。另外，他们为他请来数位私人教师，分别教他法语、音乐和钢琴。他们也让他学习了剑术、骑马和交际舞。小穆勒虽不喜欢这些绅士之事，而且做得很笨拙，塞缪尔一家却使他坚持做下去。此外，他们还和他一起练习拳击，参加聚会，到郊外野餐等等。[②] 渐渐地，小穆勒开始适应了走出书斋的生活。在八月份，塞缪尔一家带着小穆勒一起出游比利牛斯山脉。这次出游不仅使他领略了自然的壮观，而且也使他了解到许多习俗、看到

① 关于塞缪尔的史料，见 Pakes，第42页，以及 Catherine Pease-Watkin（凯思琳·皮斯-沃特肯），“Jeremy and Samuel Bentham—The Private and the Public,” *Journal of Bentham Studies* 5, 2002, 第2–8页。

② 见 Packe，44–45页。

了山区居民的勇敢和勤劳。到了九月份，塞缪尔一家迁入了刚在蒙特派勒买下的新居。这时，女主人写信给詹姆斯，建议让小穆勒在法国多住六个月。她认为他们对小穆勒的训练正处在关键阶段，况且小穆勒也可到当地的大学听些课。于是，小穆勒在法国一直住到下年七月。这一年的法国生活对他的全面发展意义重大，为他走入社会做了必要的准备。这一年的法国生活使他第一次体验了他以前不曾知道的生活的不同方面，也使他第一次对占人口大多数的普通人的需要、情感和道德有所了解。此外，从文化上讲，这次法国之行对他日后认识英国人与法国人的不同，注意克服英国人看问题的局限性也都是很有帮助的。正是这段法国生活使小穆勒对法国自由主义产生了强烈而又终生未减的兴趣。对法国自由主义的这种热情当时在英国人中并不多见。总之，他很幸运有塞缪尔一家给他提供这次旅法的机会、对他进行那些必要而适宜的训导。一年的旅居法国是他生活中的重要一页。

回到英国后的头两年可以说是他少年时代所受教育的最后阶段。在这期间，父亲不再给他上课，但仍指导和安排他的学习。除了继续他自己的学习外，他重新承担起教弟弟妹妹的工作。在他回国后的头一个冬天，他开始跟父亲的朋友约翰·奥斯丁学习罗马法。奥斯丁 (John Austin 1790–1859) 是一个边沁的追随者、一个功利主义法学家。他和妻子萨拉·奥斯丁 (Sarah Austin) 对小穆勒的思想有很大影响。① 与此同时，詹姆斯让小穆勒开始读边沁最重要的著作《道德和立法原则导论》以及一个反映了欧洲大陆对边沁思想的理解的法文译本。这个译本在某些方面对边沁思想的解释比边沁原著更清楚。虽然边沁的“最大幸福原则”是小穆勒早已熟悉的，而且他一直被教导着按此去行动，但当他读到边沁的原著时仍感到耳目一新，并第一次发现边沁对旧的、教条的思维方式的批判是多么有力。他感到边沁的立法理论和道德哲学给人们指出了什么是应采用的思

① 据说由于后来产生的分歧，穆勒才在其《自传》中只字未提萨拉的影响。见 Mill, *Autobiography*, 第 66 页上约翰·鲁伯森 (John Robson) 所加的注 2。

维方式、什么是应有的社会制度、如何去达到这些应有以及现实离这些理想相差有多远。研究边沁的思想使他精神上产生了一个质变。用他自己的话说，当他读完边沁的书时，他已变成了一个新人。因为从此以后他有了他自己的信仰和生活目标。他这样写道："现在我有了自己的想法，有了一个信条，一个学说，一个哲学，一个在最好的意义上的宗教。对它的灌输和传播能成为人生的主要目的。所以，现在一个崇高的思想出现在我面前，那就是通过这个学说去改善人类的条件。①在这之前，虽然他的父亲一直给他灌输功利主义思想，但他对功利主义并无自己的见解。但从这一刻开始，他自觉地选择了功利主义，决心为增进最大多数人的最大幸福而奋斗终生。他思想上的这种飞跃当然不是偶然的。他有着一般人所无法有的优越条件去了解功利主义。除了父亲的长期教导外，他有机会和功利主义的大师边沁直接对话，而且接触过许多他那个时代最出色的功利主义者。约翰·穆勒之信奉功利主义自是水到渠成、顺理成章的事情。

在这同一期间，穆勒也阅读了一本法国大革命史和数本心理学著作。另外，他还学习了英国经验主义哲学，了解了贝克莱、休谟、特别是洛克的思想。到十六岁时，他已有了很好的学术功底。所以，从那时起，他开始了自己的写作。在谈到这个转变时，他说："从此开始，我的思想修养更多的是通过写作而不是通过读书而进行的。"②他写的第一篇政论文旨在批驳"富人比穷人有道德、或容易比穷人有道德"的偏见。此文没有送去投稿。他所发表的第一批作品是两封登在《旅游者》（*Traveller*）报上的信。这两封信发表时，他才十六岁。到了十七岁时，他发表了许多作品，包括一篇被一杂志用作社论的文章。不过，也正是在他十七岁那年，他开始到他父亲工作的东印度公司上班。他的青年时代也就从此开始了。

---

① Mill, *Autography*, 68–69 页。

② 同上，第 71 页。

第三章

青年时代（上）

一、就职东印度公司

刚一过十七岁生日，穆勒就开始到东印度公司上班了。从那时开始直到东印度公司撤销，穆勒在那工作了三十五年。这其中的十三年，他是在父亲手下做事。像他父亲一样，他最终也成为总审查员，即所在部门的最高首长。

到东印度公司工作，一开始只是其父詹姆斯为小穆勒所做的决定。詹姆斯的决定主要基于两方面的考虑。第一，在东印度公司供职将会为小穆勒提供一份稳定的收入。这将使其免于为生计而挣扎之苦。詹姆斯从自己早年的经历中深知生活有保障之重要。第二，到东印度公司工作可以使小穆勒有时间继续学习和写作。由于工时短且工时内的工作量又不大，小穆勒将会有足够的时间和精力做他想做的事情。在这两方面，小穆勒在东印度公司工作的确非常尽人意。首先，工资比多数其他工作高而稳定。小穆勒在东印度公司工作的头三年并没有工资，只有每年三十英镑的酬谢金。但那之后的几年他有一百英镑以上的年收入，后来年薪则大幅度增长。到他退休的前一年，他的年薪已高达两千英镑。① 就他那个时代而言，他是相当富有的。他大概属于英国当时收入最高的百分之十的人口。② 再者，他在那里的工作颇为轻松。在他上班的头几年，虽然他的上班时间是早十点至下午四点，但实际上他一般在下午一点或两点即可完成当天的工作。所以他几乎在每天上班时间内都有几小时的空闲。可见他的学习和写作并不会因他这份工作而大受影响。那时他的职责是撰写发给印度行政长官们的、与政治有关的公文。当然，随着他的晋升，他的责任也在加重。自 1813 年以来，东印度公司已失去了与印度的贸易垄断权。所以它已越来越多地转向对印度的行政管理。到了 1833 年，其主要职能已是对印度的行政管理。穆勒在东印度公司的工作经历无疑对他了解政治运作、行政事务极为有益。这在一定程度上说明了为何穆勒的著作显示出对现实政治的熟知，因而清楚地区别于学院中纯学者的想象。

在去东印度公司工作之前，小穆勒完全可以进剑桥大学当学生。一来，当时有剑桥大学的教授催促詹姆斯将小穆勒送进剑桥大学，所以录取不成问题；二来，詹姆斯有足够的财力供小穆勒到剑桥读书，况且小穆勒的教父约翰·斯图亚特爵士还留下五百英镑作为小穆勒上剑桥的费用。③ 但詹姆斯认为小穆勒的知识水平已超过了剑桥毕业生，因而他无需进剑桥深造。另外，英国大学当时仍在英国国教控制之下，对学生的宗教灌输相当严重。这也许是詹姆斯不愿将儿子送进剑桥的另一原因。④ 正是在这种情况下，詹姆斯放弃了让穆勒进剑桥的机会，而给他安排了在东印度公司的工作。

对于其父为他作的职业选择，小穆勒当时可能并无明确的看法。

---

① Alexander Bain（亚历山大·贝恩）, *John Stuart Mill: A Criticism* (London: Longmans Green & Co., 1882), 见第 31 页上的脚注。

② Nicholas Capaldi (尼古拉斯·凯帕罗蒂), *John Stuart Mill: A Biography* (Cambridge: Cambridge University Press, 2004)，371 页，注 9。

③ 同上，12 页。也见 Michael St. John Packe (迈克尔·圣·约翰·派克), *The Life of John Stuart Mill* (New York: The Macmillan Company，1954), 第 49 页。

④ 参见 Capaldi，13 页。

他当时毕竟才十七岁。但后来他感到，在东印度公司工作的确非常理想。除了帮助他认识真实的社会组织和政治以外，他认为一个如此轻松而又收入稳定丰厚的工作为他的研究和写作提供了难得的优越条件。一方面，轻松的工作保障他有时间和精力在下班后或上班前做他想做的研究和写作。他甚至把在公司的办公看做一种脑力上的休息。比起他在办公室之外的高强度的思考与写作，处理公务实在是非常好的放松。另一方面，稳定丰厚的收入使他能专注于他想做的研究和写作，而无须像专业作家和学者那样时常为了收入和晋升而发表作品。穆勒清楚地知道，好作品通常需要时间和发自内心的感受。所以，一个以写作为生的人往往无法写出好作品。因为这样的人迫于生活压力，常常难以专注于他/她有所感的题目，而不得不写许多不想写的东西。想一下现今中外大学里"不发表则灭亡"的情形，就可完全理解为何无价值的作品层出不穷。虽然在穆勒的时代，职业文人学者远比今天少得多（那时大学还不多，因而还没有大批教授），许多出色的学者与文人都有学术与写作以外的经济来源，但穆勒还是观察到了越是以文章为生则越难产生好文章的悖论。对穆勒来说，由于他不是专业学者，他既不需要为生计而写作，也不必在意学术界的承认。所以，他的作品都是他发自内心想写的、也都是他经过认真思考而作的。由于他所最关心的是增进大多数人的幸福，因此，他的多数作品都与政治、道德、经济与历史有关，旨在抨击时弊，改良社会。正是由于他的著作深刻地触及了人类社会的许多重大问题，他的思想不仅影响了他的时代、他的国度，而且跨越时空而成为全人类的宝贵财富。他这个不曾想当专业作者的人，成了世界上最有读者的著作家之一；他这个不曾想当职业思想家的人，其思想则永远地载入了人类思想史册。在很大程度上，穆勒的学术成就是由于其不追求学术成就。在这方面，他可谓"无所为而无所不为。"

二、哲学激进派的熏陶

当然，要了解穆勒的成就，有必要对当时英国知识分子的一般状况略知一二。在穆勒生活的时代，英国知识分子，不同于同时期的中国知识分子，在很大程度上不为政府所控制。首先，他们在经济上独立于政权，不作为知识分子而拿国家的俸禄。他们中的很多人本身就是贵族和/或富有阶级的成员。这就决定了他们中相当多的人不需要以学术为生。像穆勒那样以其他职业养学术的也大有人在。即便那些以学术为生的人，其收入一般也与政府无关，而是由市场决定。第二，他们的言论自由受政府限制较少，一般不会因言获罪。由于政权与学术的这种分离，英国知识分子就比较能够独立思考，敢于提出与当权者不同的意见并公开批评国家现行的法律与政策。这就在很大程度上解释了为何以边沁、詹姆斯等为代表的哲学激进派能对当时英国的法律改革和政治与经济生活产生重大影响。穆勒正是在这种社会条件下进行研究与写作的、对功利主义和自由主义进行发展的。从父辈的身上，他已看到了知识分子的崇高使命和巨大力量。由此也就不难理解穆勒强烈的社会责任感和理论研究的强大动力。

作为詹姆斯的长子，穆勒是在哲学激进派思想的熏陶下长大的。所以，要了解年轻穆勒，就不能不了解哲学激进派。哲学激进派是那个时代先进英国知识分子的代表。它的实际组织者是詹姆斯，但边沁是其精神旗帜。它不是一个严格意义上的政党，而只是一群志同道合的、围绕在詹姆斯周围的知识分子组成的一个团体，但其对当时的英国政治起了比一个普通政党更大的作用。① 他们的影响是通过和平的方式产生的，但却是非常有效的。当时的英国，正处在

① 参见乔治·霍兰·萨拜因著、托马斯·兰敦·索尔森修订、刘山等译的《政治学说史》下册（北京：商务印书馆，1986年），第745页。

工业资产阶级力求得到政治权力和更大经济发展的时代。由于英国特有的历史情况，贵族阶级在资产阶级革命后仍大权在握。由于许多贵族阶级的成员同时也经商，这就使得他们一身兼有多重身份，既是贵族、地主，又是资产阶级的成员。在当时的英国，他们是最富有、最有权力的人。英国的议会基本上由他们把持。但占人口更大部分的普通资产阶级则想打破这种贵族的政治垄断，为自己争得更多利益。哲学激进派认为普选权的实现将会使贵族在议会中失去多数，因而使议会和政府代表更多平民的利益。哲学激进派的思想在客观上反映了普通资产阶级的愿望，虽然其成员在主观上并不认为如此。像詹姆斯这样的激进派真诚地认为他们的努力是为整个社会的公利，而决非为某一阶级的利益。所以“最大多数人的最大幸福”的确是他们的奋斗目标。也许，正是因为哲学激进派能较自觉地将各个阶级的利益一起考虑，且当时普通资产阶级的利益与公众利益在许多方面是一致的，所以哲学激进派在很大程度上代表了当时英国多数人的利益。按穆勒的看法，哲学激进派的主要思想可概括为八个方面。

第一，相信经验论与联想论。哲学激进派认为在有任何经验之前，我们的头脑中没有任何思想。我们意识中的所有内容都来源于经验（即与外物的接触）以及对已有经验的联想。第二，相信趋乐避苦是支配人类活动的普遍规律。哲学激进派认为人对外界一切刺激的反应都是以增加快乐和减少痛苦的欲望为指导的。第三，相信自由市场经济和人口控制对国民经济发展的必要性。哲学激进派接受了李嘉图的政治经济学，认为国民经济的快速发展需以自由竞争和政府的最小限度干涉为条件。同时，哲学激进派也受到马尔萨斯人口论的启发，认为人口控制是保证就业者高收入的手段。第四，提倡男女关系上较大的自由。哲学激进派认为男女间应有较自由的交往，但同时要减少对性生活的沉溺。第五，相信代议制的优越性。哲学激进派认为只有当不同阶级都能通过普选而在议会中得到代表时，政府才能为大众谋幸福，而不再是特权阶级利益的工具。第六，推崇言论自由。哲学激进派认为言论自由有利于人们理性的发展，而理性的发展必使人们对其真正的利益有更清楚的认识，进而懂得私利与公利的一致性，因而推动公共事业和社会进步。第七，相信人的可塑性。基于环境决定论，哲学激进派认为人的道德和智力水平可通过教育而得到不断的改进。所以，改造人类的社会工程是可行的。第八，反对苦行主义和僧侣术。哲学激进派认为苦行主义与心理快乐主义相悖，而僧侣术则从根本上反对改造人类的社会工程。①

三、初露锋芒：结社与早年著述

自十七岁到二十岁的这几年中，虽然上班很轻松，穆勒的生活总的说来是非常紧张忙碌的。在这期间，除了上班外，他继续担任弟弟妹妹们的家庭教师并开始学德语。同时，他也为杂志撰稿，并开始整理编辑边沁的巨著《司法证据的理性》。此外，他参与和组织了许多社团活动。

在穆勒十七那年，他组织了一个小学术团体，取名为“功利主义者学会。”据穆勒自己说，“功利主义者”一词是他在一本小说中找到的，所以并非他的发明。② 实际上边沁也用过此词，但穆勒当时并不知道。③ 不过，将“功利主义者”一词叫开，用它称呼边沁思想的信奉者，可能与穆勒用它命名他的小社团大有关系。功利主义者学会是一个非常小的组织，人数最多时也未超过十人。参加者都志同道合，信仰边沁的理论。他们每两周聚会一次，一起读书和

---

① 参见 John Stuart Mill（约翰·斯图亚特·穆勒），*Autobiography*（《自传》），ed. John M. Robson（约翰·鲁伯森），London, Penguin Books，1989，93–96 页。凯帕罗蒂（Capaldi）将穆勒对激进派思想的总结清楚地排列组合为这八个方面（参见凯帕罗蒂书，第 49–50 页）。

② 见 Mill, *Autobiography*, 第 77 页。

③ 见 Packe 书，第 53 页。

讨论。对穆勒来说，组织与参加此学会的活动对他提高口头表达能力非常有益，并使他有机会接触一些他的同龄人。此外，他也由此而提高了领导能力。由于功利主义者学会的其他成员在学识上都不如穆勒，所以穆勒自然领导并影响了他们。功利主义者学会存在了三年，于 1826 年解散。

自 1825 年起，穆勒开始参加一个新的读书讨论团体。这个团体的成员称其为“精神哲学学生社。”① 此团体仍是一个极小的组织。旨在探讨作为哲学激进派理论基础的那些思想，例如李嘉图的政治经济学和始于休谟而由边沁主义者所发展了的心理联想主义。其成员每周在一起进行三小时的读书讨论。他们的读书讨论是非常认真的。通常在大声朗读了一段文字后，先让在场的每个成员发表评论，然后再进行一般讨论。直到此段中所有的要点都讨论到了，他们才开始读下一段。② 穆勒与这个团体中的一些成员交了朋友，有的甚至成了终身好友。

也是在 1825 年，穆勒和另一位“精神哲学学生社”的成员作为古典政治经济学的追随者开始与空想社会主义的欧文主义者辩论。这些辩论虽然激烈，但却很友好，因为双方有许多共同目标。他们都想改善劳动阶级的处境，但在实现其目标的途径方面分歧巨大。与欧文主义者的一系列辩论直接促使穆勒组织了“伦敦辩论社。”当然，穆勒对辩论的看重和对此辩论社的组织也与他在十六岁时与“剑桥联合辩论社”的接触有关。那是 1822 年的事。那年秋天穆勒正在访问当时住在北维克 (Northwick) 的约翰·奥斯丁一家。恰好约翰·奥斯丁的弟弟查尔斯·奥斯丁也去短住。查尔斯比穆勒稍大些，非常有才华。穆勒后来回忆说，查尔斯是他遇到的自己同代人中第一个与他的才学相当的人。在认识查尔斯之前，他只是同父辈交流思想。与查尔斯的交往使他体会到作为一个成年人，而不是作为一个男孩的感觉。查理也很欣赏穆勒，所以他邀请穆勒去参加剑桥联

① 见 Capaldi 书，第 43 页。

② 同上。

合辩论社的活动。剑桥联合辩论社由一批剑桥自由派的青年精英组成，每周举行辩论会。其成员常常与他们的反对派进行面对面的舌战。穆勒在那里结识了一批出色的人物。① 穆勒在剑桥联合辩论社做了讲演并博得了听众的好感。在剑桥的这些经历使他感到辩论是一个很好的提高与整理思想的方法。这无疑对他几年后的辩论活动产生了很大影响。②

穆勒这一时期的写作主要是对父辈思想的阐发。他这时的作品都发表在《威斯敏斯特评论》上。正是在这个时期，以边沁和詹姆斯为领袖的哲学激进派感到了自己办刊物的必要性。当时英国的两个主要政治期刊是《季刊评论》和《爱丁堡评论》。前者是托利党的代言人，而后者则是辉格党的喉舌。对激进派来说，虽然托利和辉格的确是两党，且后者比前者更进步，但二者都是贵族党，都不代表中产阶级的利益。③ 但中产阶级的利益应该有人代表，中产阶级应在英国政治中起举足轻重的作用，而哲学激进派就是中产阶级的领导者。为了与贵族党抗衡，哲学激进派必须有自己的机关刊物。于是他们在 1823 年创办了《威斯敏斯特评论》并于 1824 年 1 月出版了第一期。由于詹姆斯在东印度公司任职而无法作该刊编辑，编辑只好由他人担任。但他在第一期上发表了大篇幅的创刊文章，对《爱丁堡评论》进行了公开的批判。其后除他本人继续为《威斯敏斯特评论》写稿外，穆勒也成了其主要撰稿人。实际上穆勒是在此刊上发表文章最多的人。在它的头十八期上，他发了十三篇文章。④ 虽然穆勒后来认为他的这些早期作品没有多大价值，而只是帮他练了笔，但他已写出一些独到的见解。例如他对妇女地位的讨论已超出了其父的观点。

---

① 关于穆勒与查理的相识及查尔斯给他的印象和对他的影响，参见 Mill, *Autobiography*, 第 75–76 页。也参见 Packe 书，51–52 页。

② 参见 Packe 书，51–52 页。

③ 两党相比，托利党更保守，在 19 世纪，辉格党更多地反映了新生资产阶级的要求。最终，其部分成员与激进派结盟，并在 19 世纪后半叶组成自由党。

④ 参见 Packe 书，63 页。

穆勒在这一时期的写作包括一篇讨论言论自由的文章。虽然当时的英国已有较大的言论自由，但毕竟因言论下狱的情况还存在。穆勒本人也曾因宣传节育知识而被捕过。事情发生在1823年。一天早晨，在去上班的路上，穆勒看到了一个被掐死的婴儿尸体。这使他受到极大震动，从而感到让公众具有节育知识的必要性。于是，他和一个朋友一起散发了一本题为《致已婚劳动者》的小册子。小册子的作者是弗朗西斯·普雷斯，一位激进的左派活动家。小册子介绍了避孕知识以及法国妇女的一些做法。穆勒和他的朋友以散发诲淫读物罪被捕并被判两周监禁。不过，由于伦敦市长了解到他们散发小册子是为了防止溺婴，他们在被捕两天后即被释放。① 穆勒之宣传节育的直接原因当然是目睹死婴，但或许也与他生活在一个有姊妹九人的大家庭有关。作为长子，他一定或多或少地体会到父母多育的艰辛。

穆勒在这期间为《威斯敏斯特评论》写的最后一篇文章是关于法国大革命的，发表于1826年4月。他在文中为法国大革命早期阶段做了辩护，批驳了托利党对法国大革命的全面否定。在其后的几十年，穆勒一直对有关法国的问题极为关注，写了大量关于法国时事的评论，成为公认的法国专家。他对法国革命的热情以及对其他有关法国的问题的兴趣始于他少年时代对法国的访问。边沁本人和哲学激进派对法国大革命的态度也给予他以极深的影响。与妥协的英国革命不同，法国大革命推翻了贵族的统治，建立了平民的政权。对于力图打破贵族的政治垄断以建立更民主的英国的哲学激进派来说，法国革命的这个方面当然是令人鼓舞的、应给予完全的肯定的。边沁甚至为革命后的法国司法制度的改革做过一个规划并因此被授予法国荣誉公民的身份。但对法国革命后期的过火行为和红色恐怖，哲学激进派思想家明确地持批判态度，并努力表明他们在英国的改革不会导致类似的后果。穆勒在1826年发表的文章，清楚地表达

① Packe，57–58页。也见Capaldi书，第41页。

了哲学激进派的这些思想。

在穆勒生活的这一阶段，他所做的另一项很有意义的工作是对边沁《司法证据的理性》一书的整理与编辑。边沁有三个不同的草稿。穆勒的主要工作是将这三稿中的思想有机地组合起来、融为一体，整理编辑成一本书。在开始这项工作时，穆勒才十九岁。尽管这项工作用去穆勒许多时间和精力，他也从中学到了很多东西并极大地提高他的写作能力。对此，他曾这样说道："自这以后我写的每一篇东西都明显的比我在以前所写的好得多。"① 当穆勒将边沁的这本书编辑完成时，他没有将自己的名字作为编者放入，但边沁发现后坚持他把名字写上。

这个时期的穆勒虽然生活紧张忙碌，但他感到充实而快乐，因为他有明确的生活目标，即成为一个世界的改革者。他认为他个人的幸福就在于实现这样的人生目标，这也是他父亲一贯的教导。在二十岁之前穆勒一直是按照父亲的指导生活的，也基本是在边沁和父亲的思想框架内想问题的。但这一切在他二十岁时都开始变化了。

---

① Mill, *Autobiography*, 第 119 页。

第四章

青年时代（下）

一、濒临崩溃的精神危机

在穆勒二十岁那年，他经历了一场精神危机或严重的忧郁。关于这场精神危机的起源，众说不一，但至少与以下几方面有关。第一，自幼以来高强度的学习和过于单调的生活使穆勒负担过重而难以继续在其中感到满足。① 像前面已讲述过的那样，穆勒的童年和少年时代基本上是在书斋里度过的，不曾有一般孩童所享有的那种天真、简单的快乐。除了在法国的那一年，他几乎没有机会与同龄人接触、参加体育与娱乐活动。不论他多么喜欢读书，如此长期的高强度学习和单调生活必使他对生活感到厌倦。第二，自十七岁到二十岁这段时间，他因工作量过大而感精疲力竭。正所谓弦绷得太紧则会断，他这根弦此时已到了断的边缘。在这期间，他的负荷过重由以下原因造成：(1) 他这时已是青年激进派的核心人物，需要领导和组织围绕在他身边的同龄人并给以精神上的指导，他和他的青年激进派同伴们常在他上午上班前聚在一起进行讨论和学习，他

① Alexander Bain（亚历山大·贝恩），*John Stuart Mill: A Criticism* (London: Longmans Green & Co., 1882), 37–38 页。

们的话题广泛——政治，经济，社会，美学，科学无所不包，他们组织了辩论社团，他们帮助创办杂志并为其撰稿；(2) 由于其父已在东印度公司担任高级职务而无暇家事，其弟弟妹妹的文化教育这时基本已由穆勒全部承担；(3) 在这期间，他完成了对边沁的巨著《司法证据的理性》的编辑工作；(4) 在他二十岁这年，他在东印度公司的工作需要比以前更多的精力和时间，因他的职责已相当重要，即负责起草急件公文。① 这一切都使穆勒处在极为紧张与疲惫的状态。第三，想独立于其父的心理需要这时已颇为强烈，而新近获得的经济独立更强化了这种要求。穆勒到这时为止，一直是完全按照父亲的要求生活的。父亲不仅是他的精神导师和一家之主，而且是他在公司里的上司。他的一切几乎都是由其父所决定的。作为一个已经成年的男子，穆勒自然会渴望自主。② 他这时已有了一百英镑的年收入。这可能也使他感到有资本要求一定程度上的独立。第四，随着越来越多的独立思考，他开始对自己一直信奉的哲学激进派思想的不足之处有所认识。③ 他的这次精神危机持续了大约一年时间（1826–27），④ 其中情况较严重的有六个月时间 (1826 年 11 月至 1827 年 3 月)。⑤ 虽然这场精神危机曾是一段痛苦的经历，但对他其后的发展起了非常积极的作用。可以说，这场精神危机是他作为一个独立的人和独立的思想者的真正开端。

穆勒的精神危机一开始表现为快乐感的丧失。他曾这样描述当时的情形："我处在一种神经迟钝的状态，就像每个人偶然会有的那种：对愉悦或快乐以及兴奋都无动于衷。在这种心境下，昔日令人

① John Robson (约翰·鲁伯森), "Introduction", in John Stuart Mill (约翰·斯图亚特·穆勒), *Autobiography* (《自传》), ed. John M. Robson (London, Penguin Books, 1989), 第 8 页。

② 见 Michael St. John Packe(迈克尔·圣·约翰·派克), *The Life of John Stuart Mill* (New York: The Macmillan Company 1954)，第 80–81 页。

③ Nicholas Capaldi (尼古拉斯·凯帕罗蒂), *John Stuart Mill: A Biography* (Cambridge: Cambridge University Press, 2004), 55 页。

④ Mill, *Autobiography*, 第 116 页。

⑤ 派克认为，穆勒的精神危机实际上只持续了六个月。见 Packe, 第 74 页。

快乐的东西已变得索然无味……”[①] 在这之前，他为自己跻身于世界的改造者而感到幸福与自豪，在为公众利益而做的努力中感到兴奋和快乐。但这时他却突然不再有这些感觉。这时，对他来说，即使他所有的政治和道德理想都实现了，他也不能幸福。他第一次感到自己的生活无意义。这使他十分苦恼。更糟的是，他无法将他的这种苦恼告诉任何人。虽然父亲是他最亲近和尊敬的人，但他不认为父亲会理解他的苦恼。况且，他不想让父亲感到他所受的教育有问题。[②] 毕竟，他是在父亲一手培养下长大的。他的失败就是父亲对他教育的失败。其父一直认为他对穆勒的教育一定会使穆勒成为一个以最大多数人的最大幸福为幸福的人。但此时的穆勒却不再感到最大多数人的最大幸福能使他自己幸福。如果父亲知道他的这种感觉，他一定会很难过。所以，他不能把自己的苦恼告诉父亲。至于其他人，穆勒不相信他能从他们那里得到任何理解。因此，他只好自己孤独地面对苦恼并独立地设法消除之。正是在这个过程中，他悟到了许多他不曾从他先前的教育中学到的东西，开始了对父辈思想的批判和超越。

按穆勒自己的说法，他所受的那种重理性、轻感情的教育正是导致他精神危机的重要原因。他的教育告诉他人类的幸福是他人生的目的和幸福的源泉，但却未给予他追求人类幸福的欲望和情感。但没有这样的欲望和情感，他则不会在为人类幸福这个目标而努力中感到幸福。他这样写道：

我认为，我所受的教育在产生有充分足够的力量去抵制分析的分解作用的情感方面是失败的。我的整个智力培养过程已使我过早开始的且过于早熟的分析成了根深蒂固的思想习惯。像我对我自己说的那样，我因此在航海开始之前被留在海滩上：有着装备良好的船和舵，但没有帆。我已被精心培养成适合于去达到我的目标，但

① Mill, *Autobiography*, 第 112 页。

② 同上。

我却对我的目标没有真正的欲望：我在德性和公共利益中感不到愉快，像在任何别的事情中感到的一样少。①

这段话表明他认为理性对他度过当时的精神危机无益。只有当他发现了内在的情感世界后他才重新振作起来。

二、重新振作

帮他走出精神危机的第一个转机是偶然阅读马蒙泰尔 (Marmontel) 的回忆录所带来的。在回忆录中马蒙泰尔谈到，当他父亲去世时，当全家人因此而陷入痛苦的时候，当时仍是个未长大的孩子的他，一下子感到了、同时也让全家人感到了他将是他们的一切，他将代替其父在家庭中的位置而成为家中的支柱。当穆勒读到这些时，他感动得流下了眼泪。这使他惊喜地发现他仍是个有感情的人，一个能感受快乐和悲伤的人。接着，他从生活的多个方面感到了快乐。阳光、蓝天使他惬意，读书、谈话也使他愉悦……。② 他的情感已被唤醒，他重新感到了生活的意义。他从此发现了情感的价值。同时，他也发现个人幸福只有在对其他目标的真诚追求中才能实现。③ 一个只为自己的幸福而活着的人决不可能幸福。这就是今天西方哲学家所说的“幸福悖论。”④ 由于幸福感源于对某些欲望与情感的满足，而对这些欲望与情感的满足以这些欲望与情感的存在为前提，所以幸福必须以某些欲望与情感的存在为前提。如果一个人

① 同上，第 115 页。

② 同上，第 117 页。

③ 同上，第 117–118 页

④ 关于“幸福悖论”的详细讨论，参见 Joel Feinberg（乔尔·芬因伯哥）的“Psychological Egoism”（《心理利己主义》）一文的有关部分［见他与 Russ Shafer-Landau（拉斯·沙佛-兰都）合编的 *Reason and Responsibility*（《理性与责任》）一书，第十一版（Balmont, CA: Wadsworth Publishing，1999），第 489–499 页］。

沃兹沃思 William Wordsworth
(伦敦国家肖像美术馆 National Portrait Gallery, London)

除了自己的幸福之外别无所求、别无所爱，他/她则没有了幸福的源泉，因而无法幸福。例如，如果一个人真正爱他的孩子、希望他的孩子快乐，他就会因孩子的快乐而快乐。如果一个人真正热爱艺术，他就能在艺术创造或艺术欣赏中得到乐趣。“真正”在这里是十分关键的，因为若一个人不真正爱他人而只把他人看作自己幸福的手段，他则不能从他人的幸福中感到幸福；若一个人不真正爱好任何事情而把所从事的任何活动都仅仅看作求一己快乐的途径，他则不能在他所从事的活动中得到快乐。一个不真爱自己的孩子而只把孩子当做自己幸福之工具的母亲，不会体会到一个真正爱孩子的母亲从孩子的幸福中得到的那种幸福感。一个不真喜欢绘画却因其他原因而从事绘画的人，不会在他的绘画活动中得到一个热爱绘画的人所有的那种快乐。所以，个人幸福的获得恰恰在于忘掉个人幸福，全身心地投入其目标的实现之中。因此，只有一个真正爱他人、真正有爱好的人才有可能幸福。但真正的爱心和爱好之产生，不仅需要良好的外在环境，而且也需要内心情感的修养。从此以后，穆勒一直注重情感的培养。用他自己的话说，“对情感的修养成为我伦理和哲学信念的一个基本点。”①

① Mill, *Autobiography*，第 118 页

阅读沃兹沃思 (Wordsworth 1770–1850) 的诗进一步帮助了穆勒理解人类的情感世界。正是在他刚自精神危机走出的 1828 年，穆勒第一次接触沃兹沃思的作品。他把这看做他生活中一件很重要的事情。在这之后他一直很推崇沃兹沃思。他先是在哈雷·泰勒 (Henry Taylor) 处见到沃兹沃思，后又于 1831 年到诗人住所拜访。① 沃兹沃思的诗对他之所以重要，不是由于其对自然美的描述，而是在于其对情感以及受到情感影响的思想的表达。 沃兹沃思的诗为他揭示了人类丰富的内在世界，告诉他幸福的源泉是多方面的，不会因外在目标的实现而枯竭。由此他意识到，只要他有和谐而丰富的内心，即使他改造世界的任务已完成、世上不再有他所要铲除的恶，他仍能快乐。这样的经验使穆勒对诗和艺术在情感修养中的积极与重要的作用给予充分肯定。他还进一步认识到，艺术和科学可以一致，情感与知识不必矛盾。例如，对云彩之美的欣赏并不妨碍用物理定律对其进行科学研究。② 詹穆斯一直重理性轻情感，所以对情感价值的这种肯定完全不是穆勒对其父思想的继承，而是对其的批判。他对情感的看重也可解释他后来为何被欧洲大陆的浪漫主义哲学所吸引并在一定程度上受到其影响。

三、对激进派哲学的改造与超越

在战胜精神危机中对情感价值的发现引发了穆勒对哲学激进派整个思想体系的重新思考。这种重新思考使他跳出了边沁和詹姆斯的思想框架，开始了他自己的哲学创造。在这一时期，他对哲学激进派思想的批判和发展主要集中在人性、自由意志、个人利益和公共利益的关系这三个有机联系在一起的方面。

哲学激进派认为所有人在本质上都是自私的，人的一切行为

① Capaldi 书，第 374 页，注 27。

② Mill, *Autobiography*，第 123–124 页。

都是由趋乐避苦的动机所驱动的。这就是今天在西方哲学中被叫做“心理利己主义”的理论。按照这种理论，人们之所以愿意照顾他人的利益、与他人合作，是由于那样做从长远看会给个人带来最大利益和快乐。所以，一个明智的人会乐意帮助别人并为创造一个互助合作的社会而努力。人们的道德感情，诸如对美德的热爱，是心理联想的结果。更具体地说，由于美德总给人带来快乐，人们在头脑中就把美德和快乐联系在一起。久而久之，人们就将美德与快乐等同起来，忘记了他们最初爱美德是由于其给他们带来快乐，因而对美德本身产生了热爱。为了培养人们对美德的热爱，必须让人们生活在美德与快乐稳定地联系在一起的环境之中。哲学激进派所致力于的社会改革正是为了提供一个这样的社会环境，产生众多爱道德的个人，建立一个大家互助合作的社会，因而达到最大多数人的最大幸福。对这样一套理论，穆勒以前一直坚信不疑，并为之做了大量的宣传。但这时他看到了其不足、甚至错误之处。首先，他意识到自私的趋乐避苦不足以解释人的所有情感。即便将趋乐避苦的人性论与心理联想论结合起来，人类的多种情感仍不能得到充分的说明。例如，真正的仁慈不能归结为自私心。如果一个社会改革者之献身于公益只是为了增加一己的快乐，他显然不如一个出于无私的仁慈而改革社会的人高尚。真正的仁慈和自私没有内在的一致性。心理联想论也无法表明仁慈与自私有必然联系，原因有二。其一，仁慈与快乐的心理联想无法保证仁慈心不可逆。一旦一个人的仁慈心已形成，即便其后他的仁慈与快乐不总相伴，他的仁慈心也不会丧失。但如果他的仁慈产生于其与快乐的重复不断的联想，他的仁慈心则会在这种联想不复存在时丧失。其二，心理联想论无法说明仁慈与快乐最初的联系是如何建立的。所以，仁慈和人性必有着某种内在联系。① 更具体地说，心理联想论无法说明为何最初仁慈，而不是残忍，给人带来快乐。由于快乐是欲望得到满足的结果，

---

① 同上，第 114–115 页。凯帕罗蒂 (Capaldi) 对穆勒这些思想的概述，见其书第 59–60 页。

仁慈带来快乐本身就说明仁慈使人的某种欲望得到了满足。由于仁慈者所感到的快乐是与他人的幸福（即受惠者的幸福）相伴随的，仁慈带来快乐这一事实说明让他人幸福的欲望逻辑上先于仁慈者的快乐。因此，仁慈并非源于自私心。相反，它是以同情心为基础的。对穆勒来说，正是由于人类的情感是多样的，内心感情的修养才是非常重要的。由于哲学激进派思想家将人性简单地归结为自私性，所以他们必然忽略了情感的价值和内在情感修养的意义。

穆勒对意志自由的重新认识在很大程度也是基于其对人类内在世界丰富性的发现。这时穆勒已意识到哲学激进派对人性复杂性的否认、对情感之价值的忽视必然导致对意志自由的取消。首先，若人类只欲乐避苦、别无他求，人类的一切行为必是由此而决定的而无意志自由可言。这就是说，如果趋乐避苦是人性所遵循的唯一铁律，人必为其环境彻底决定，即除在其环境中行趋乐避苦之事别无选择。这意味着人的所有行为在理论上都是可预料的。第二，若人类仅是通过推理而认识一切的理性动物，个人的一切必是由个人所无法控制的东西所决定的，因而无个人自由。推理即进行分析，进行概念化。它必须始于一定的前提，而最先的前提则不可能是由个人决定的，所以，推理的结果绝非个人所能左右的。如果人类仅仅按理性生活，人类实际上则仅仅是在按其无法决定的东西而生活。穆勒认为，人类复杂情感和丰富想象力的存在为意志自由的存在提供了根据。按穆勒的观点，理性，作为分析和推论的能力，只能认识事物的部分或局部。只有想象力才能把握整体。想象力将部分连为一体，使之具有意义。人的内在自由在于想象力的运用，在于其通过想象力对自我进行创造。人与人之间个性之不同源于其想象力方面的不同。[①] 艺术的熏陶、情感的培养在丰富人之想象力中的作用是不应被忽视的。人之外在自由，例如言论自由，也是人之内在自由得以发展的重要条件。当然，在这个阶段穆勒对内在自由的肯

① 参见 Capaldi 书，第 69 页。

定仅是心理学上的一种暂时解决。他后来又重新回到内在自由问题，给予更为根本性的解决。

对人性和自由意志的重新思考也帮助穆勒对个人幸福与公共利益的一致性有了新见解。对以詹姆斯为代表的哲学激进派来说，个人幸福与公共利益的一致性是可以由心理联想理论加以说明的。詹姆斯认为，如果一个人从理性上认识到个人幸福与公共利益是一致的、有德的人最终是幸福的，他/她就会将个人幸福和最大多数人的最大幸福联系起来，从而在为最大多数人谋最大幸福中获得个人一己的幸福。穆勒从自己的精神危机中深切体会到仅这种联想并不能让人真幸福。由于幸福感源于对某些欲望与情感的满足，而对这些欲望与情感的满足以这些欲望与情感的存在为前提，所以要想从最大多数人的最大幸福中感到自身的幸福，一个人必须先有对最大多数人的最大幸福的欲望和热情。但对最大多数人的最大幸福的欲望和热情并不来自理性，而源于人性中的同情心和内在世界的不断丰富发展。当然，他对个人幸福与公共利益一致性的理论论证，还是在他的思想成熟之后。

要真正了解穆勒对激进派思想的批判和发展，我们有必要了解当时德国浪漫主义和法国圣西门思想对他的影响。在走出精神危机的最初几年，穆勒的精力主要集中在了解、吸收德国浪漫主义和法国圣西门思想。虽然他从未放弃自由主义的政治理想和功利主义的道德标准，但他试图将浪漫主义的重感情和圣西门的历史主义融入激进派思想体系以对其进行改造和超越。

第五章

兼收并蓄的过渡时期

一、浪漫主义思潮

在二十岁到二十五岁的那几年，穆勒的思想处在从旧体系向新体系的过渡时期。他已对激进派的思想体系之缺陷有了清楚的认识，但还未形成他自己成熟的理论。不过，这时的他已意识到一个能揭示较多真理的思想体系一定比他先前所想的更为复杂和全面。[①] 在对激进派思想之外的体系进行的研究中，他深深感到不同的体系往往揭示了真理的不同方面，但没有一单个体系含有全面的真理。所以，他想对相互对立的思想流派加以综合，进而建立一个具有多方面真理的体系。他的这种尝试正是在他生活的这一阶段开始的。在这一时期，与激进派思想体系直接对立的是源于欧洲大陆而自十九世纪初在英国开始流行的浪漫主义。前者是以十八世纪启蒙运动的理性主义和普遍主义为特征的，而后者则更代表注重情感和人的历史性和社会性的十九世纪思潮。正是在这种意义上，穆勒把二者的对立看做十八世纪与十九世纪思想的对立。穆勒认为，二者都有一

① John Stuart Mill (约翰·斯图亚特·穆勒), *Autobiography* (《自传》), ed. John M. Robson (约翰·鲁伯森), London, Penguin Books，1989，第 127–128 页。

半真理。一方面，自由、平等、博爱等启蒙运动的理想和价值是人类进步的方向所在；但另一方面，浪漫主义思想家对人性的复杂性和社会及政治制度的历史性等的洞见不容低估。虽然在当时穆勒对浪漫主义思想家更为推崇，但他从未反对启蒙运动的理想和价值。当他的思想更成熟后，他则对启蒙运动思想和浪漫主义思想给予同等的评价。① 穆勒正是在对浪漫主义以及另一些欧洲大陆思潮的研究与吸收中完成了对激进派思想体系的批判和超越。

要了解穆勒这一时期的思想，我们必须了解当时对穆勒影响极大的浪漫主义思潮。在很大程度上，正是浪漫主义哲学帮他走出了他的精神危机。浪漫主义思潮见于当时文化生活的多种领域，尤其是在文学和哲学方面。浪漫主义思潮盛行十八世纪的最后三十年和十九世纪的上半叶，② 但其影响却远远超出那个时代。在谈到浪漫主义的影响时，罗素曾这样说道："从十八世纪后期到今天，艺术、文学和哲学，甚至于政治，都受到了广义上所谓的浪漫主义运动特有的一种情感方式积极的或消极的影响。连那些对这种情感方式抱反感的人对它也不得不考虑，而且他们受它的影响常常超过自知的程度以上。" ③ 浪漫主义源于法国，卢梭可被看做浪漫主义思潮之父。但浪漫主义运动的真正兴起却是在德国。英国的浪漫主义者多受到德国浪漫主义者的影响。十九世纪的浪漫主义思潮可划分为文学的和哲学的两类。文学的浪漫主义运动贬低理性而推崇情感和想象力。歌德、席勒、柯勒律治 (Samuel Taylor Coleridge 1772–1834) 和沃兹沃思为其代表人物。对他们来说，内在的情感才是人生真正的向导。④ 哲学的浪漫主义运动则强调理性的历史性和其与情感的联系。洪堡 (Wilhelm von Humboldt 1767–1835)、费西特、谢林和黑格

---

① 同上，第 130–131 页。

② Jacques Barzun（雅克·巴扎恩），"Romanticism," *in Collier's Encyclopedia*, (MacMillan Educational Corporation, 1974)，第 20 卷，第 62 页。

③ 罗素：《西方哲学史》（下卷），马元德译，商务印书馆，1982 年版，第 213 页。

④ 参见 Nicholas Capaldi (尼古拉斯·凯帕罗蒂), *John Stuart Mill: A Biography* (Cambridge: Cambridge University Press, 2004), 第 89 页。

尔为其主要代表。[1] 他们并不想抛弃理性，而是要重新认识理性的性质。他们认为，理性不是孤立的和超时空的。人的理性既受来自内心的感情的影响又受特定的历史条件的限制。尽管文学的浪漫主义运动和哲学的浪漫主义运动有着明显的区别，但二者都强调内在世界的发展和对美的追求，并都反对将个人看作脱离特定的历史条件而独立存在的抽象实体。他们主张将个人以及社会制度放到其具体的历史环境中去考查和评价。浪漫主义者約瑟夫·迈斯特 (Joseph de Maistre 1753–1821) 在表述此观点时说，他见过许多（具体的）人——法国人、俄国人、普鲁士人，但他从未见过（抽象的）人。在谈及政府时，卢梭说：政府只部分地是理性的事情，它更是传统、情感和习惯的事情。[2] 十九世纪英国的浪漫主义者无疑也持有同样的看法。穆勒与几位重要的英国浪漫主义者有交往，并与其中的一位私交颇深。所以，他当时受浪漫主义的影响极大，并在一定程度上接受其这方面的思想。在谈及他自己这一时期从欧洲思想所吸收的最重要的观点时，穆勒列举了以下几点："人的思想有一定的进步顺序——一些东西必须先于另一些；政府和公众的指导者在一定程度上能改变人的思想，但不能无限度地改变之。有关政治制度的所有问题都是相对的，而不是绝对的；人类进步的不同阶段不仅将会有，而且应该有不同的制度。政府总是会落入社会上最强大的力量之手；制度依赖于这样的力量，而不是这样的力量依赖于制度。无论是一般理论还是政治哲学都以先前的关于人类进步的理论为先决条件，历史哲学也是如此。"[3] 此外，浪漫主义思想家对抽象与普遍人性的否认，也在穆勒的头脑中留下了清楚的痕迹。这致使他在后来批评了其父的普遍人性论，坚持人性的复杂性和多样性。他曾这样写道："我相信人与人之间自然的和必然的不同是如此之大，以致任何没有考虑到这一点的关于人类生活的实际观点所包含的错误一

① 同上，第 91 页。

② 迈斯特和卢梭的话均转引自 Barzun 文，第 163 页。

③ Mill, *Autobiography*, 第 130 页。

定同它所包含的真理一样多，除非它不进行一般性概括；由这样不完善的理论所推荐的任何精神文化体系将相应地只适合一个阶级的本性，而完全不适合所有其他阶级的本性。①

穆勒对德国浪漫主义思想的最初接触是通过奥斯丁夫妇。在他的二十岁前后，穆勒不仅跟约翰·奥斯丁学法律，也跟萨拉·奥斯丁学德语。约翰·奥斯丁虽然从未放弃功利主义，但他这时已吸收了许多德国思想，非常注重内在修养和诗的作用。② 萨拉·奥斯丁对歌德很有研究并在稍后的几年发表了一些关于歌德的著作。也正是通过她，穆勒结识了当时英国一位重要的浪漫主义者——托马斯·卡莱尔（Thomas Carlyle 1795–1881）并在相当长的一段时间里为要好的朋友。

1831 年卡莱尔在读了穆勒刚发表的《文明之精神》后，非常欣赏穆勒，希望与穆勒认识。于是，萨拉·奥斯丁安排他们见了面。③在这之前，穆勒虽读过卡莱尔的作品，但并不喜欢。与卡莱尔会面之后，穆勒对卡莱尔印象极佳，并决定帮助卡莱尔获得更大成功。他不仅将卡莱尔介绍给一些当时的重要人物，而且在他自己成为英国的法国问题权威后为卡莱尔对法国大革命的写作提供方便并在很有影响的书评中支持卡莱尔的观点。④ 总的说来，他对卡莱尔评价极高，甚至认为后者是当时活在英国的唯一天才。⑤

卡莱尔的影响对穆勒了解与吸收浪漫主义颇为关键。卡莱尔也是最先使穆勒发现激进派理论的肤浅之处的人。卡莱尔与詹姆斯·穆

---

① *Collected Works of John Stuart Mill*, vol. 1, eds. John M. Robson and Jack Stillinger (Toronto and London: The University of Toronto Press and Routledge and Kegan Paul, 1981), 591 页。为简洁起见，在此后的注释中，*Collected Works of John Stuart Mill* 将用“*CW*”代表，其卷数用罗马数字表示。例如，*Collected Works of John Stuart Mill* 的第一卷将用“*CW I*”来表示。

② 参见 Mill, *Autobiography*, 第 139–140 页；也参见 Capaldi 书，第 88 页。

③ 有关细节，见 Michael St. John Packe（迈克尔·圣·约翰·派克）, *The Life of John Stuart Mill* (New York: The Macmillan Company, 1954), 第 168–69 页。

④ 参见 Capaldi 书，第 94–95 页。

⑤ 参见“Mill to Carlyle” (July 17, 1832), *CW* XII, ed. Francis E. Mineka (1963), 113。

勒有着相似的生活背景：都是苏格兰人，都在虔诚的加尔文教家庭长大，都曾受过作神职人员的教育与训练但又都放弃神职工作而从事新闻工作。卡莱尔非常不同于詹姆斯的是他在德国浪漫主义作家、尤其是歌德那里找到了灵感。① 与持有机械论的和原子论的宇宙观的启蒙运动思想家相反，卡莱尔将外在世界看作一个有机的整体，否认整体的各个部分可以独立存在。据此，他批评了激进派之以个人利益为好政府的基础的观点。他也批评了激进派的环境决定论，认为内在自我的存在是不容否定的。因此，对社会的改造必须始于对自我的改造。在他和沃兹沃思的影响下，穆勒开始认识到在人之自我意识中的变化的重要性。卡莱尔对民主制度持反对态度。对此穆勒是无法与他一致的。但穆勒同意卡莱尔的这样的观点：改变公民权而不改变人的思想，只能带来很小的进步。②

无论穆勒受到多少卡莱尔的影响，他与后者的分歧是重大的。所以他们后来的分道扬镳是很自然的。除了在对宗教与政体问题方面的分歧外，穆勒从未赞同卡莱尔的反自我观点。虽然二人都反对自我中心，但目的却不同。穆勒的反对自我中心不是为了否认自我而是为了更高层次上的自我。另外，穆勒也不认为自我约束等同于自我压抑。同时，他不同意将义务本身看作目的而为义务而义务。他所倡导的是异教徒的自我肯定。③

对穆勒这一时期的思想有重大影响的另一个浪漫主义者是塞缪尔·泰勒·柯勒律治。柯勒律治是比卡莱尔更有影响的英国浪漫主义者。他是个大诗人，而且是十九世纪英国的主要保守派思想家之一。他的《老舟子吟》被罗素称为“英国第一个好的浪漫主义作品。”④ 他曾留学德国一年，深受康德和其他德国唯心论哲学家的影响。他所著的《俗人的布道》(Lay Sermons)[1816] 和《按教会和国

---

① 参见 Capaldi 书，第 95–96 页。

② 参见 Capaldi, 第 95 页。

③ 同上，第 96 页。

④ 罗素:《西方哲学史》(下卷)，第 219 页。

家的思想论教会和国家大法》(On the Constitution of Church and state according to the Idea of Each)[1830] 清楚地表明了这种影响。①

柯勒律治是个性格很奇特的人。他早年进剑桥大学读书，但却在入学两年后跑去当了一名骑兵。由于家人把他从军队带回剑桥，他只得在剑桥又读了一段时间的书。不过，他还是在得到学位之前离开了剑桥。他与沃兹沃思是至交。他一生深爱沃兹沃思之妻，为此而非常痛苦。② 此外，他还有鸦片瘾，不断的治疗也未能使他在这方面得到根本的改善。③ 但他的确有不少信徒。他是个口才很好的人。他的讲演很有感染力。他那动听的声音和引人入胜的故事常常让人听得忘他忘己。④ 他的追随者之一、穆勒的好友约翰·斯特林（John Sterling 1806–1844) 曾这样描述道："在我与他一起的三个小时中，有两小时零四十五分钟是他在说话。即便他再讲上四十八小时，他的话也仍会令人愉快地专心听下去，而他一定也能很轻松地继续讲得如此精彩。"⑤ 在一段时间内，柯勒律治常常在星期四晚上对他的追随者进行讲演。关于这些星期四晚的聚会，卡莱尔这样写道："他（柯勒律治）坐在高门坡（High Gate Hill）之顶，俯视伦敦和它的烟团，就像一位逃离了无谓的人生之战的圣人。… 他有那种使年轻一代的精神得以升华的忧郁的庄严；他像一位向初生基督朝圣的东方大博士一样坐在那里，笼罩在神秘和不可思议之中。"⑥

穆勒是在 1829–30 年期间见到柯勒律治的。穆勒与柯勒律治虽有直接接触，也曾数次参加那些星期四晚的聚会、聆听柯勒律治的讲演，但与其并无私交。后者对穆勒的影响主要是通过其作品和几

① 参见 Capaldi 书，第 98 页。

② Kathleen Coburn (凯思琳·考伯恩):"Samuel Taylor Coleridge"，见 Collier's Encyclopedia（MacMillan Educational Corporation,1974)，第 6 卷，第 702A–702B 页。

③ Capaldi, 第 97 页。

④ 见 Michael St. John Packe (迈克尔·圣·约翰·派克), *The Life of John Stuart Mill* (New York: The Macmillan Company，1954), 第 83 页。

⑤ 转引自 Packe 书，第 83 页。

⑥ Thomas Carlyle (托马斯·卡莱尔):*The Life of John Sterling* (Boston: Phillips, Sampson and Company, 1851), 第 69 页。

位穆勒的朋友而产生的，且这种影响是极为巨大的。对此穆勒曾这样写道：

只有很少几个人比柯勒律治对我的思想和品格产生了更多的影响。虽然我见过并与柯勒律治有过几次交谈，但他对我的影响主要不是通过对他个人的了解，而是通过他的著作，通过与两位与我交往密切的人（斯特林 Sterling 和莫里斯 Maurice）。他们二人完全是在他的学派中训练出来的。也正是通过他们，我得以有机会阅读他多种未发表的手稿，… 我把他看作我们时代最系统的思想家，即便把边沁也考虑在内。边沁的大厦是很好地整合在一起的，但它却是根据一个更简单的计划而建造的，且覆盖更小的地面。就整体而言，在柯勒律治那里有比在所有其他同时代作者那里更多的精神食粮，而且是最好的思想食粮。①

柯勒律治起初也曾赞同启蒙运动思想家的主张，但自十八世纪末开始，他改变了观点，认为社会弊病只有通过道德与宗教教育才能得到解决。这使他相信教士阶层最为重要。他也认为社会的各种制度、惯例体现了内在的规范，而这些规范则是社会的各种制度、惯例的起源和目的之所在。这些规范是我们需发现的终极真理的一部分。② 这不能不使人感到十九世纪德国哲学对他的影响之深。他认为英国的政治制度体现了两个动态的反力："永久性"和"进步性，"二者虽然相反，但却一起支持由教士所表达的道德共识。他还认为物质进步和人的精神发展不是合一的。③ 在政治上，他是保守的，不赞成民主制度。他的朋友都是托利党人。

柯勒律治和其他浪漫主义思想家对穆勒的影响主要体现在穆勒对提高民众精神素质的重要性、人性的丰富性和可塑性以及社会性、

① "Mill to John Pringle Nichol" (April 15th, 1834)，见 *CW* XII (1963)，第 221 页。
② 参见 Capaldi, 第 97–98 页。
③ 同上，第 98 页。

社会制度和组织的历史性等观点的接受。但穆勒从未接受他们政治上反自由、反民主的保守主义。他始终相信自由主义的目标最终会实现，因而一直倡导个人权利、法制、市场经济、代议制、宽容等自由主义的主张。他认为激进派的目标和价值都是对的，但需要更好的理论论证给予支持。① 浪漫主义思想中的合理部分正好可用来弥补激进派理论中的不足，服务于自由主义的理想。所以他试图对激进派思想和浪漫主义思想二者都进行批判的扬弃，从而达到一个综合，将自由主义发展到一个新的高度。

二、圣西门主义

在这一时期，除了接触在政治上偏右的浪漫主义思想家，穆勒也结识了政治上偏左的圣西门主义信徒，并从圣西门思想中得到许多启发。他在《自传》中写道：

“法国圣西门学派的作者比任何别的作者都更多地给我带来了新式的政治思想。在 1829–1830 年期间，我开始了解他们的著作。那时他们仍处在思想的早期阶段。他们还没有把自己的哲学说成一种宗教，也还未规划他们的社会主义方案。他们刚刚开始质疑财产世袭原则。” ②

圣西门 (Henri de Saint-Sumon 1760–1825) 是十九世纪最著名的空想社会主义者之一。他出生于巴黎的一个大贵族之家。他家是曾在路易十四及其后的摄政时期起过重要作用的圣西门公爵（Duc de Saint-Simon）的近亲。圣西门本人曾被授予贵族头衔。圣西门在十七岁时得到军事委任，十九岁随法军到美国参加独立战争。其后

① 参见 Capaldi, 第 99–100 页。

② Mill, *Autobiography*, 第 131 页。

曾到过墨西哥、荷兰和西班牙。法国大革命爆发后，他回到法国。在革命期间，他放弃了贵族头衔和他的贵族姓。与此同时，他也同一个德国人合伙做生意，发了大财。其后，他曾资助了一批科学家、艺术家，并从他们那学到了许多东西。但他的财富很快耗尽，所以他的后半生基本上是在贫穷中度过的。除了他生前发表的多种著述外，他的学生在他去世后将其讲演汇缉成书，以《圣西门的学说》为书名而发表并产生了极大的影响。① 圣西门对当时的英法社会给予了尖锐的批判。他认为资本主义制度不是最终与永恒的，它会被一个更好的社会所代替。这个更好的社会就是他所提出的实业社会。在这样一个社会中将不再有人对人的剥削，人们将“各尽所能，按劳分配。”在论证他的理想的过程中，他也提出了一种历史哲学，对资本主义出现以及消亡的必然性进行了历史的分析。此外，他还将阶级的划分与人们的经济状况联系了起来。

穆勒对圣西门思想的接触是从与圣西门的追随者戴希塔尔（Gustave d’Eichthal 1804–1886）相识开始的。二人于1828年5月初次见面，并终身保持联系。圣西门思想对穆勒影响最大的部分是其历史主义。他回忆说，圣西门学派关于历史进步的自然顺序、特别是其将历史划分为有机的（organic）和批判的（critical）时期的观点给他的印象极深。② 按照圣西门的观点，人类社会发展与进步的过程实际上就是有机的和批判的时期不断交替的过程。有机的时期是建设性的，而批判的时期则是破坏性的。在有机的时期，人们有共同的信条，其社会制度运转良好，适应其社会需要；而在批判的时期，人们不再有共同的积极信条，而只同意以往的信条应予放弃，

① 此处关于圣西门的生平事迹的介绍，参见 Arthur John Booth（亚瑟·约翰·布斯），*Saint-Simon and Saint-Simonism: a Chapter in the History of Socialism in France* (London: Longmans Green, Reader, and Dyer, 1971), 1–9 页；Frank Manuel（富兰克·迈纽尔），“Saint-Simon, Comte De” (Saint-Simon, Comte De), *Collier's Encyclopedia*，第20卷，第368–369页；章海山，《圣西门》，周辅成编《西方著名伦理学家评传》，上海人民出版社，1987年，第817–820页。

② 见 Mill, *Autobiography*, 第101页。

而这时其社会制度已跟不上社会发展的需要。历史上的任何一种社会制度都必然从有机的时期走向其批判的时期，然后被一个新的制度所代替。人类社会最终会达到一种永久的有机时期。① 正是基于这样的历史观点，圣西门学派断言资本主义制度终会被一个更好的社会所代替。同时，这种观点也对历史上出现过的各种制度在历史上的积极作用加以肯定。穆勒完全接受了这种观点，认为必须在历史的上下文中对思想和制度进行评价。在他看来，他正生活在一个批判的时期，一个封建制度走向灭亡的过渡时代。他期盼着一个更好的有机时期的来临。②

穆勒认为圣西门派对自由主义的许多批评是正确的。正是圣西门思想使他认识到古典政治经济学的局限性，因而不再把私有制和财产继承权看作天经地义和永恒不变的事实，把生产和交换自由看作社会改良的最终表达。当然，穆勒对圣西门思想的吸收仍是站在自由主义的立场上来进行的。他欣赏圣西门派理想之崇高，但他一直不认为圣西门所描绘的理想社会有可行性和有效性。另外，他也反对圣西门派所主张的权威主义。这一切都解释了穆勒为何始终不加入圣西门运动，虽然他一直都在阅读圣西门派的著作、关注其运动的进展。

三、结交挚友斯特林

在 1826–31 这一时期的大部分时间里，由于穆勒在思想上的特殊位置，在精神上他感到极为孤独。正像海耶克所说的那样："尽管正是在他生活中这一时期，他走出去寻求与他人的友谊并自由地与

① Iris Wessel Mueller（爱瑞斯·威塞尔·缪勒）：*John Stuart Mill and French Thought* (University of Illinois Press, 1956)，第 60 页。

② 见 Mill, *Autobiography*, 第 132–33 页。

社会上多种多样的人来往，但在根本上他仍是孤独的。[1] 他对激进派的批评态度已使他无法像以前那样同他的父亲詹姆斯在思想上保持一致。他父亲大概做梦也想不到自己的儿子——他和边沁精心为功利主义和自由主义的事业培养出的接班人正在热衷于像柯勒律治那样的保守派的思想。在这期间，穆勒为了避免与父亲争论，每当与父亲观点不一致时，他就保持沉默。好在父子俩对时事的看法仍是一致的，所以二人间的分歧并未表面化。与此同时，由于穆勒不能认同浪漫主义思想家的政治理念，他无法与他那些全心全意信奉浪漫主义思想的新朋友志同道合。从他给斯特林的一封信中，我们可以体会到他的孤独是多么深切。他这样写道：

> 当前我相信就整体而言，我那从不强烈的与社会的共鸣比以前要强烈得多。我所说的孤独是指缺少了那种在我人生中的大部分时间都与我相伴的感觉——那种旅途中同路人对彼此的感觉，那种战友间的感觉，也就是那种一起追求共同目标、在艰巨的工作中互相鼓舞和互相帮助的感觉。那毕竟是个人间共鸣的一种最强的连结者。但现在就我而言，如果那种连结还没有完全终结，至少也暂时中断了。[2]

当然，就友谊而言，穆勒在这段时间内与斯特林成为挚友。在他一生中大概没有同第二个人有过如此深厚的友谊。二人的第一次见面是在 1828 年 2 月伦敦辩论社的一次聚会上。当时斯特林和莫里斯第一次参加该社的活动。他们二人，作为柯勒律治的信徒，给与会者带来了与边沁主义完全不同的欧陆思想。此后，穆勒与斯特林很快就成了好友。穆勒对斯特林给予高度评价。在《自传》中，他这样写道：

---

① E. A. Hayek（海耶克）ed., *John Stuart Mill and Harriet Taylor: Their Correspondence and Subsequent Marriage*（Chicago: University of Chicago Press，1951），第 33–34 页。

② “Mill to Sterling”（April 15, 1829），*CW* XII, 29–30 页。

约翰·斯特林 John Sterling
(伦敦国家肖像美术馆 National Portrait Gallery, London)

不久我与斯特林就很亲密了，而且我对他的好感超过了对所有其他人。他的确是一个最可爱的人。他坦率、热诚、重感情和大度的性格，形成了对我和对其他认识他的人很有吸引力的多种品质的组合。他开放的心灵使他毫不困难地跨过观点相悖之鸿沟而与我携手并肩。他曾告诉我起初他和其他人是如何（根据传言）把我尊为一个‘产品’或一个制造出来的人，以为我只能复制那些已被印在我头脑中的意见，而他的看法改变有多大，当他在我们对沃兹沃思和拜伦的讨论中发现沃兹沃思以及这个名字所包含的一切‘属于’我的像‘属于’他和他的朋友们的一样多①。

对穆勒来说，斯特林虽不是个出色的思想家和作者，但他的个性如此丰富、可爱，以至他的存在本身就已给世界带来极大益处。②

① Mill, *Autobiography*, 第 126–127 页。

② 参见 Packe 书，第 85 页。

斯特林对穆勒也是一样看重。斯特林在病中写给儿子的信上是这样描述穆勒的：

他是我多年的朋友，一个最真诚、最高尚的人。他有着温暖、正直和真正崇高的灵魂，呆板、甚至冷漠的外表，和一个推理时像一个大蒸汽机在运转一样的头脑。他将这三者结合为一体。你若有一天能与他熟识，将会是很幸运的。我与他的亲密交往是我一生最大的两件幸事之一，尽管我设想几乎没有两个生灵会比我和他更不相同。我常常想知道我是否让他根本受不了。但我能确定，他明天就会砍下他的手，如果那会使他看到我的康复。①

从穆勒和斯特林上面的这些话，我们可以想见二人间是怎样情深义重。

在穆勒人生的这一阶段，比友情更重要的事件则是与哈丽特·泰勒（Harriet Taylor 1807–1858）爱情的开始。在1830年与泰勒相遇后，他内心不再孤独。从此，他有了一生的知音和至爱。

② Ann Kimball Tuell（安·肯鲍尔·图尔）：*John Sterling, a Representative Victorian*（New York: The Macmillan Co., 1941），第69页。

第六章

知音与至爱

一、穆勒心中的哈丽特

穆勒第一次见到哈丽特·泰勒是在1830年的夏天。当时穆勒24岁，[①]而哈丽特只有23岁。不过，哈丽特那时已结婚4年并有两个孩子。在其后的20年，他们二人享有了人世间难得的精神恋爱之幸福，但也饱尝了因不能结合而带来的痛苦。虽然在哈丽特的丈夫病逝两年后这对有情人终成眷属，但二人婚后在一起生活了才7年哈丽特就病故了。由于哈丽特是在法国度假时去世的，她被葬在法国阿维尼翁（Avignon）的圣维兰（St. Veran）公墓。她去世之后，穆勒在她的墓地附近买下一栋房子，并每年到此度过相当多的时间。他就是在那栋房子里去世的。他去世后与哈丽特合葬，一起长眠在圣维兰公墓。

哈丽特无疑是穆勒一生的知音和至爱。他们之间的情感并非仅仅是炽热、深厚的男女之爱，而且也是志同道合的精神伴侣间的心

① 穆勒生于1806年5月，所以在1830年他是24周岁。在《自传》中穆勒说他那时25岁，可能是由于将24岁生日过后即算作25岁。因此，他在《自传》中所说的25岁相当于中国人所说的25虚岁。

心相映。穆勒将与哈丽特的相识看做他一生最大的幸事。在《自传》中谈到二人的相识时，他说：与哈丽特的友情“是我此生的荣幸和最大的福祉，而且也是我们相遇后我试图为人类进步所作的、或希望做的大部分事情的源泉。”① 穆勒不仅仅将哈丽特看做他灵感的源泉，而且也将她看做他的著作的合作者。每一个读过穆勒的《自传》和他的《论自由》一书的人都会对此有深刻印象。穆勒的《论自由》是献给哈丽特的。穆勒的献词是这样写的：

谨以此书作为令人珍爱而又令人悲哀的对她的纪念：她——我的朋友和妻子——是我的著作中所有精华的灵感和部分的作者；她对真与善的高度洞见是我最强烈的推动力；她的认可是对我最大的奖赏。像我多年来所写的一切一样，这本书属于她的与属于我的同样多；但是就此书的现状而言，在一个很不充分的程度上，它有着不可估价的优越性——因她对它的修改；不过某些最重要的部分曾被留着未改以便做更仔细的重新考查，而这样的重新考查现在已是绝不可能了。在失去了她几乎举世无双的智慧的激励与帮助后，假如我所能做的仅仅是向世界解释一半埋在她墓中的伟大的思想和高尚的情感，作为中介的我也就给世界带来了比我所能写的一切更有益的东西。②

在《自传》中，穆勒也多次提到哈丽特对他的思想发展的影响和写作的直接参与。实际上，穆勒写《自传》的重要原因之一就是想让世人了解哈丽特对他在道德上和思想上的影响从而给予她应得的评价。穆勒清楚地说道：虽然写《自传》的动机不止一个，“但比其他原因更重要的动机是想感谢那些对我的智力和道德发展有帮

---

① John Stuart Mill（约翰·斯图亚特·穆勒），*Autobiography*（《自传》），ed. John M. Robson（约翰·鲁伯森），London, Penguin Books，1989，第 145 页。

② John Stuart Mill，*On Liberty, ed.* Currin V. Shields（克瑞 V. 赦俄勒兹），Indianapolis, IN: The Bobbs-Merrill Company, INC.，1956，第 2 页。

哈丽特·泰勒 Harriet Taylor

（英国政治经济学图书馆 The British Library of Political and Economic Science）

助的人们。在这些人中，有些是名人，而有些却没有他们应得的知名度，在后者之中，有一个人最应被感谢，然而世人却一直没有机会了解她。”① 这个人就是他一生的最爱——哈丽特。

在穆勒眼里，哈丽特是世上最完美的人。在穆勒的《自传》中，哈丽特是一个集穆勒所仰慕的所有品质与才华于一身的人。② 在穆勒的笔下，哈丽特是一个比雪莱更好的诗人，一个比他自己更好的

① Mill, *Autobiography*, 第 25 页。

② 同上，第 146 页。

思想家，以及唯一一个像他父亲一样有感召力的精神领袖。① 当然，穆勒并没有说哈丽特在与他开始交往时就如此完美，但他认为哈丽特有不同寻常的自我完善能力，因而最终成为一个最完美的人。② 穆勒对哈丽特的赞美是只有热恋的人对爱人才会有的那种赞美；他对哈丽特的评价是一个人所能给予另一个人的最高评价。他这样写道：

> 在最深奥的思辨方面和在对日常生活最细小的关注方面，她的头脑都同样是完美的工具——每次总能击中事情的要害，抓住本质性的思想或原则。渗透在她的敏感性和精神才能中的同样的准确和迅速，加上她在感觉和想象方面的天赋，使她适于做一个极好的艺术家，正像她火热而又温柔的灵魂和强有力的雄辩一定会使她成为一个伟大的演说家。当女人被允许做职业领袖时，她对人性的深刻认识和在实际生活中的辨别力和洞察力会使她跻身于人类杰出的统治者之列。她的才智都服务于我此生所见到的最高尚和最平衡的道德品格。③

虽然穆勒对哈丽特的评价可能过高，在某种程度上夸大了她的美德与才华，但他对哈丽特的深情和哈丽特对他的重要性则是不可否认的事实。不论哈丽特是否真像穆勒所认为的那样完美，但她无疑是一位很出色的女性。从穆勒与她之间的大量书信，我们可以看到她与穆勒在精神上和道德上的相知与相通。她的确是一个能与穆勒在高层次上进行精神对话的人。她对穆勒思想的影响决非穆勒的虚构。要真正了解穆勒，我们必须了解他与哈丽特之间的爱情。

---

① 参见 E. A. Hayek（海耶克）ed., *John Stuart Mill and Harriet Taylor: Their Correspondence and Subsequent Marriage*（Chicago: University of Chicago Press，1951），第 13 页。

② 参见 Mill, *Autobiography*, 第 145 页。

③ Mill, *Autobiography*, 第 147 页。

二、哈丽特的曾经

1807年10月10日，哈丽特出生在位于伦敦南部的沃尔沃思（Walworth）。她父亲叫托马斯·哈代（Thomas Hardy），是一位外科医生兼接生士（相当于后来的妇科医生）。根据哈代家的说法，他们的家族是曾在1844年任泽西岛(Jersey)副总督的克莱蒙特·哈代(Clement Le Hardy)的后裔。他们与后来的英国大作家托马斯·哈代（1840–1928）可能有某种血缘关系。哈丽特的父亲祖上在靠近克科伯敦（Kirkburton）的伯克思盖特（Birksgate）有房产，并在舍泊雷（Shepley）有土地和庄园。① 但哈代家的许多人都住在伦敦。她父亲早年之所以离家到伦敦开业，可能是由于他不是长子，无法直接继承家产。② 不过，这些家产在哈丽特的伯父去世后全都传给了她父亲。她父亲退休后回到家乡，并作了地方行政官，直到去世。③ 哈丽特的母亲是沃尔沃思当地人，名叫哈丽特·赫思特（Harriet Hurst）。她的祖上是曾在英国内战时期颇为显赫的一个保皇党贵族。④ 当哈丽特出生时，其父已在沃尔沃思行医多年。他有不错的收入，并让他的孩子们都受到了良好的教育。然而，从哈代家的书信看，好像他脾气不佳，难以相处。⑤

哈丽特有姊妹七个，她是老五。她有四个哥哥，一个弟弟和一个妹妹。她的大哥曾与她父亲一起行医，但二十多岁时就因患肺结核而去世。至于其他的四兄弟，一个去了意大利的那不勒斯，两个去了澳大利亚，一个留下继承了家业。在这些兄弟中，两个去澳大

---

① 见Michael St. John Packe (迈克尔·圣·约翰·派克), *The Life of John Stuart Mill* (New York: The Macmillan Company, 1954), 第115页。

② 参见Hayek书，第23页。

③ 见Packe书，第115页。

④ 同上。

⑤ 参见Hayek书，第23页。

约翰·泰勒 John Taylor
(英国政治经济学图书馆 The British Library of Political and Economic Science)

利亚的发展最好：一个成为最早的英国南澳大利亚省①检察官之一并建了在南澳大利亚首都爱德雷德最大的房子中的一栋，而另一个（兄弟中最小的一个）则因建造了在爱德雷德最初两座跨过托瑞斯河（Torrens River）的桥而被人们纪念。结果最坏的是那个留在家中的兄弟。他不仅没有有所作为，而且还丢掉了祖上传下的全部家产。关于哈丽特与她兄弟以及妹妹的关系，好像她只同弟弟感情较好。②

哈丽特在十八岁半时与比他大十一岁的商人约翰·泰勒（John Taylor）结了婚。关于她婚前的生活经历以及她为何与约翰结婚，

---

① 在十九世纪南澳大利亚是唯一一个完全由自由移民居住的英国澳大利亚殖民省，没有犯人被流放到此地。

② 此段中的资料见 Packe 书，第 115–116 页，但评论是本作者的。

现存的资料没有提供相关的信息。但一般的推论是她的父母为她安排了这桩婚事，而且她自己也不反对。至于哈丽特家与约翰家如何相识，我们也不得而知。不过，两家有可能早有交往，一来，两家都信唯一神教 (Unitarianism①)，二来，一家行医，而另一家买药，有可能有业务上的交道。约翰当时是生意兴隆、已有至少五十年历史的批发药品公司“大卫·泰勒和儿子”（David Taylor & Sons ）的低级合伙人。这家公司曾由约翰的祖父经营，但后来由他的三个儿子接替了他。到约翰与哈丽特结婚时，约翰的大伯父大卫已是高级合伙人。② 约翰的祖父曾是穆勒家的邻居。穆勒回忆说，他小时候曾到这位老人的花园中玩过，并对老人留下了很深的印象。他是这样描述约翰的祖父的：“他是一个很典型的苏格兰清教徒：严厉、正经、有力，但对孩子们很好，并使他们对他难以忘却。” ③ 对约翰本人，穆勒评价道：他是“一个最正直、勇敢和令人尊敬的开明而又有教养的人，”但他“缺少了使他能成为她的伴侣的智力上和艺术上的欣赏力。” ④ 而卡莱尔则把约翰描述为“一个天真、呆板的好人。” ⑤ 不过，约翰对现实生活的了解并不一定天真。他毕竟是一个很成功的商人。而且，他也绝不是一个只知经商、对其他事情全无兴趣的人。他是一个政治上的激进派，积极参与了当时许多推动改革的活动。⑥ 例如，他积极支持了伦敦大学大学学院 (University College) 的建校（此校由改革派所建，是当时在英国最开放、最自由的大学），并帮助了许多外国政治避难者。他是所在地唯一神教教会的重要成员，为其做了许多工作。正是通过他所在的教会，哈丽特结

---

① 关于此词的含义，见“Unitarianism”一文中的“Terminology”一节（http://en.wikipedia.org/wiki/Unitarianism, accessed Aug. 2, 2012）。在本章中此词只指一神教教派及信仰，而不是指所有否认三位一体的基督教教派。

② 参见 Hayek 书，第 24 页。

③ Mill, *Autobiography*, 第 145 页。

④ 同上，第 146 页。

⑤ Thomas Carlyle (托马斯·卡莱尔), *Reminiscences*, 第 1 卷，ed. C. E. Norton (London and New York: Macmillan, 1887), 第 110 页。也转引自 Hayek 书，第 24 页。

⑥ 参见 Hayek 书，第 24 页。

识了那些日后对她的思想产生了巨大影响的朋友。

在他们结婚的头两年，哈丽特好像并未感到不幸福。从她与约翰在那段时间的通信看，她与约翰的感情很好。哈丽特在给约翰的一封信中曾这样写道：

> 我最亲爱的约翰，
>
> 虽然我知道我不必很快给你送另一封信，因为我昨天刚给你写过信，但我不忍拖延给你写信的快乐，即使你不该在这亲眼看到我的这种快乐。我最亲爱的，昨晚我从爱德华那得到你的信。你给我的每封信（仅仅看到你的信本身）都给我带来极大的快乐，而这种快乐简直是不可想象的。……我把你昨天的来信放在我枕头下面，以便在我们的小宝贝今天早晨一醒来就读给他听。…… 我亲爱的约翰，每过一小时，就离我们的重逢之日更近。我想，基于我现在的感情，我决不会再同意我们的分离。①

信中所流露的情感显然是热烈而真挚的。当然，那时哈丽特对约翰的感情也可能是一个未谈过恋爱的年轻女子对一个年长的好丈夫的依恋之情，而且她那时可能还没有与家庭之外的其他男性接触过，所以无从比较。后来，与几位唯一神教教会的活动分子的交往使她的思想得以升华，但也使她对约翰的感情开始淡漠。不过，在遇到穆勒之前，哈丽特对约翰的不足似乎感觉并不很强烈。在他们婚后的五年多中，他们已有了两个儿子。当哈丽特认识穆勒时，她已怀上了她与约翰的第三个孩子。当然，二人间不尽如人意的方面早已存在，因而穆勒的出现才能使这表面上完美的婚姻陷入最深刻的危机。

① MT Coll. 28/143, MS.（“MT Collection”即“The Mill-Taylor Collection in British Library of Political and Economic Science”——穆勒与泰勒通信手稿，存于英国政治经济学图书馆，也就是伦敦政治经济学院图书馆；“MS”指“手稿”；“28/143”指“28卷，第143大张”）。

在认识穆勒之前，在哈丽特的社交圈内都是唯一神教教会成员。为了哈丽特，我们有必要了解一下唯一神教。唯一神教有很长的历史，且有多种派别，但所有唯一神教教徒都反对正统基督教所倡的圣父、圣子、圣灵三位一体的学说，主张只有上帝本身才是神，圣子与圣灵都不能与之平列。由于唯一神教主张上帝神性的唯一性，所以认为耶稣不是神，而是一个了不起的人。① 在唯一神教的信徒看来，人们应追随耶稣，以耶稣为榜样，而不应将他当做神那样去崇拜。唯一神教的核心价值包括：崇尚理性，提倡宗教和思想自由，提倡个性发展，主张男女平等。② 对耶稣的人性化、对理性的推崇，在一个基督教文化占统治地位的国都，无疑意味着对人间一切权威的挑战、对个性发展的推崇。正因如此，唯一神教的信徒以重理性、反教条、讲宽容、重个性、敢创新而著称。他们中有许多很有文化的人，其中包括象大化学家普里斯特利（Joseph Priestly 1733–1804）和大文豪狄更斯那样的杰出人物。就英国十九世纪的一神教教徒而言，他们积极推动和参与当时的社会和政治改革，成为激进派、功利主义者的有力同盟军。

在十九世纪二十到三十年代的英国，威廉·约翰逊·福克斯（William Johnson Fox 1786–1864）是最重要的唯一神教者之一。他是一个极出色的演说家。虽出身贫寒，但他的才华使他成为一个令人瞩目的公众人物。当时他是南场教堂（South Place Chapel ）的牧师。除了传教，他还是唯一神教的机关刊物《每月宝库》（Monthly Repository）的主编，并于 1831 年买下了该杂志。哈丽特在 1826 年认识了福克斯，并很快成了他的追随者和亲密的朋友。③ 福克斯对哈丽特的思想一定产生了深刻的影响。《每月宝库》不仅是当时

---

① 在当代的英美，许多一神论教成员是无神论者或只相信非人格化的上帝。参见“Unitarianism”一文中的“Terminology”一节及“God”(http://www.bbc.co.uk/religion/religions/unitarianism/beliefs/god.shtml, accessed Aug. 2, 2012)。

② 参见“Core Values” (http://www.bbc.co.uk/religion/religions/unitarianism/beliefs/beliefs.shtml, accessed on Aug. 2, 2012)。

③ 见 Packe 书，第 120–121 页。

最激进的刊物之一，也是当时最具女权主义色彩的刊物。它的许多撰稿人是女性。与这些女作者的交往无疑使哈丽特对与女权相关的许多问题开始有了新的思考。在这些女撰稿人中，最著名的是哈丽特·马蒂诺（Harriet Martineau 1802–1876）——英国最早的女性职业作家、女权主义者。她的早期生活是非常不幸的：在十二岁时丧失了听力，在二十四岁前已经历父亲、大哥、未婚夫去世以及贫穷破产之苦。她自十九岁时开始为《每月宝库》写稿，经过了十年的艰辛工作后，她已是一个很成功的作家，为求自立、争平等的妇女们树立了一个很好的榜样。① 她的女权主义思想对哈丽特（泰勒）的影响清楚地反映在后者这一时期的写作中和其后的主张中。在这些《每月宝库》的女撰稿人中，与哈丽特有着更密切来往的是弗劳尔姐妹，尤其是其中的姐姐。这俩姐妹中，姐姐叫伊丽萨·弗劳尔（Eliza Flower）或莉齐（Lizzie，莉齐是伊丽萨的昵称），妹妹叫萨拉·弗劳尔（Sarah Flower）。姐妹俩都是《每月宝库》的主要撰稿人，都是很有才华、魅力和激情的美丽女性。他们的父亲是福克斯的好友。他去世前，将萨拉、莉齐姐妹俩托付给福克斯。哈丽特与莉齐的关系尤为密切。由于同是女性且是好友，莉齐对哈丽特的影响也许比其他唯一神教者和女权主义者更直接。莉齐与福克斯是一对志同道合的情侣。他们先是无法结合的情人（因福克斯已婚），后终结为夫妻（福克斯离婚后）。在这中间，他们曾未婚同居，招来许多非议，以致危及福克斯在教区中的地位。在那些困难的日子里，莉齐把哈丽特当做知心朋友来倾诉苦衷，而哈丽特也以同样的信任和热情来对待莉齐。②

与这样一些生活得很充实、兴奋的朋友相比，哈丽特开始对她无所事事的生活感到不满，对她丈夫的不足之处感到失望。于是，

---

① 参见 Packe 书，第 121 页；V. Wheatley, *The Life and Work of Harriet Martineau* (London, Secker & Warburg, 1957); "Harriet Martineau"（http://en.wikipedia.org/wiki/Harriet_Martineau; accessed July 18, 2006）。

② 参见 Packe 书，第 121 页。也见 Hayke 书，第 24 页。

她也开始写作，对许多问题，特别是有关妇女的问题进行探讨。同时，她也越来越清楚地意识到，她的丈夫约翰没有艺术、哲学方面的灵性，所以，她对他的激情也开始消失。正是在这种情形下，她决定向福克斯求助。大概是在1830年春的一天，她找到福克斯说：她有些哲学问题需要找人讨论，但又找不到人讨论。福克斯决定介绍她认识穆勒。① 于是，福克斯安排穆勒、穆勒的两位朋友、马蒂诺以及他本人一起参加了在哈丽特家的一次晚宴。这就是那改变了穆勒与哈丽特人生的至爱之始。

那时只有二十三岁的哈丽特，显然是一位很有魅力的女性。虽然在穆勒的笔下，她的外貌和风采几乎从未被提及，但她的肖像和其他人对她的描述都证明如此。克莱尔在数封信中用“最美的”或“美人”形容哈丽特，② 并曾说“不到二十五岁的她活像浪漫故事中的女主人公，有着最清晰的的洞见，最高贵的意志，然而，有趣的是，难测的命运。”③ 福克斯的女儿在描述二十五岁左右的哈丽特时曾这样写道：

这时可能二十五岁左右的泰勒夫人具有一种独特的美和高雅。高④ 而又轻盈，微微下垂的身体，伴随着波浪般优美的动作。她有着不大的头部，天鹅样的前颈，珍珠般的皮肤，深色的大眼睛——

① 至于福克斯为何让年轻、聪明、漂亮且已对丈夫有所不满的哈丽特与穆勒那样有才华的异性相识，众说纷纭。一种说法是，福克斯想借哈丽特与穆勒的交往将穆勒拉入自己的圈子，使其成为《每月宝库》的撰稿人（参见Packe书，第127–128页）；而另一种说法则是，除此而外，他想让穆勒将注意力从莉齐身上移开。据说在穆勒认识哈丽特之前，他曾追求过莉齐（参见Capaldi书，第102–103页）。当然，福克斯之所以让穆勒与哈丽特相识，也许只是认为穆勒是回答哈丽特哲学问题的最佳人选。

② 参见Hayke，第80–82页。

③ 参见Hayke书，第111页。

④ 根据哈丽特护照上的记录，哈丽特并不高——近5.1英尺（相当于1.55米），但她可能給人的印象较高（参见Packe书，第110页，注3），加之福克斯的女儿见到她时只有七岁，很容易将一个成年人看得过高。另一个可能性是她护照上的记录不准确。

看上去既不软弱，也无倦意，而是颇有主宰力。与众不同低而甜美的声音加强了她那引人注意的性格的效果。她的孩子们崇拜她。①

二十多岁时的穆勒，不仅已是一个知名度很高的才子，而且也不乏吸引女性的性格和外表。现有的穆勒画像只反映了三十岁之后的穆勒形象（在他因病而大量脱发并得了眼疾之后），但从他同时代人的描述中我们仍可大致想象出年轻穆勒的风采。克莱尔在1831年初次见到穆勒后是这样描述穆勒的：他是“一个细高而优雅的年轻人：小而干净的、有着罗马式鼻子的脸，一双真挚地微笑着的小眼睛；谦逊，在说话的准确性方面有非凡的天赋，热情而又头脑清楚、平静；虽算不上伟大，但是才华出众而又和蔼。”②

在与哈丽特见面之前，穆勒与福克斯已有密切的来往。由于激进派与唯一神教的种种相同之处，二者的合作、二者成员的来往则是非常自然的事情。一方面，有些边沁的弟子加入到福克斯的圈子之内，而另一方面，福克斯本人也在激进派的机关刊物《威斯敏斯特评论》上发表过文章。所以，穆勒对唯一神教的人并不陌生，与他们在一起感到很自在。这就为他与哈丽特的深交打下了基础。除了这种大背景外，穆勒当时的特定情况使他与哈丽特的感情成为顺理成章之事。象上一章所言，经历了精神危机后的穆勒，精神上很孤独。一方面，他不能再全心全意地赞成激进派的哲学思想，而另一方面，他又不能赞成浪漫主义者保守的政治主张。就个人友谊而言，虽然他有几位朋友，但此时他们有的不在他身边，有的不同意他的新观点。斯特林这时已结婚并住在英属殖民地西印第斯（West Indies），容巴克（Roebuck）不欣赏穆勒所喜爱的沃兹沃思的作品，格雷厄姆（Graham）刚从生活了五年之久的印度回来，爱顿（Eyton Tooke）则因误以为自己恋爱失败而自杀。③ 在这种时候，一位像

① 转引自Hayke书，第25页。
② 转引自Hayke书，第29页。
③ 参见Packe书，第108页。

哈丽特这样才貌出众、志趣相投的年轻女性很自然会吸引他的注意力，赢得他的爱慕。

三、抽刀断水水更流——止不住的情

在最初的交往中，穆勒是以一个老师的身份出现在哈丽特面前的。但很快二人的关系就变得很平等了。对浪漫主义诗人的欣赏使二人感到强烈的共鸣。据说在与哈丽特相识之前，穆勒只是很喜欢沃兹沃思的作品，但对雪莱的作品知之甚少。而正是哈丽特将雪莱的诗介绍给了他。此后，雪莱一直是他最喜爱的浪漫主义诗人。与其他浪漫主义诗人不同，雪莱是一个政治上的激进派。早在 1811 年，他就因著文说不存在令人信服的关于上帝存在的论证而被赶出牛津大学。他后来继续论证说：上帝是对人类最宝贵的价值——宽容和平等——的一种比喻性的表达，而宗教如同诗一样为人们提供了对世界和人在其中的位置的综合看法。他还主张扩大投票权以及向不劳而获的财富征税。在哈丽特特别喜欢的《自由了的普罗米修斯》（Prumetheus Unbound）中，雪莱提出压迫者和被压迫者都是有毛病的社会制度的牺牲品。这一观点也由哈丽特介绍给穆勒。据友人回忆，在穆勒去世的前三年，即 1870 年，他曾非常激动地大声朗诵雪莱的《自由颂》，最后几乎由于太动感情而说不出话来。[①] 也许，让他激动不已的不仅是雪莱的诗句本身，而更是由此所勾起的对往事的回忆。除了在诗歌、艺术欣赏方面的共识，穆勒与哈丽特在道德上、政治上也完全志同道合。在两人相遇之前，在穆勒的生活中从未有人对他如此的相知相通，而且这种相知相通在二人的交往中贯彻始终。得一真正的知己已是人生之大幸，况且是一位有魅力的异性知己。由此也就不难解释为何穆勒与哈丽特的爱情如此天

① 见 Capaldi 书，第 103–104 页。

长地久。

按照穆勒的说法，他与哈丽特交往了至少两年后关系才变得非常密切。① 但有人推论他们的密切来往是在相识一年内就开始的。一来，哈丽特的好友莉齐在 1831 年 6 月给哈丽特的一封短信中问道：那篇文章（指发表在《爱丁堡评论》上的一篇关于拜伦的文章）“是你还是穆勒写的？”由此可见，莉齐那时已认为穆勒与哈丽特交往密切、观点相近。另外，从穆勒的一位法国友人在 1832 年 9 月给约翰·泰勒的一封信看，在这之前穆勒和约翰·泰勒曾有冲突并已和解。② 这说明穆勒与哈丽特的密切关系在 1832 年 9 月之前已引起过约翰的强烈不满。无论他们的相爱始于 1831 年还是 1832 年，一旦他们意识到彼此之间的感情，他们就陷入了痛苦、无望的困境。毕竟，哈丽特已为人妻、为人母，而且约翰是个他们不忍心伤害的好人。他们的婚外恋如果继续下去，不仅二人的名誉会受到损害、穆勒的前途会受到影响，而且他们会因欺骗约翰而痛苦。通过哈丽特的离婚来结束婚外恋不是完全不可能，但在当时的情况下并不可行。一来，她的离婚并不一定会得到批准，因当时只有通奸和暴行才被算作离婚的正当理由（穆勒与哈丽特间有的只是精神恋爱，而约翰又是个善待妻子的好丈夫，所以通奸和暴行在他们的情形下都不存在）。二来，按当时的法律，离婚后孩子归父亲所有。哈丽特不愿放弃她的三个孩子。三来，在当时的英国，离婚者不经一个特殊法律条文批准，不得再婚。③ 于是，在以哈丽特不离婚的前提下，二人为走出他们的困境作了最大的努力。

为了尽可能诚实地处理他们的问题，哈丽特主动向约翰谈了她对穆勒的感情，告诉他穆勒更深地打动了她的心，但她没有做任何对不起他的事情。约翰劝她为了她自己、为了穆勒、也为了她对家庭的义务而放弃与穆勒的来往，为了大家长远的满足而忍受眼前与

---

① 见 Mill, *Autobiography*, 第 145 页。

② 参见 Hayke 书，第 36–37 页。

③ 参见 Packe 书，第 138 页。

穆勒分手所带来的暂时的痛苦。① 于是，哈丽特托人给穆勒送去一封断交信，对穆勒说，他们间的一切都已结束，以后二人不要再见面。此信的日期不详，但穆勒是在1832年的8月初收到它的。当时他刚从两周的旅行回来，并准备带着为哈丽特采集的鲜花去看她。哈丽特的断交信无疑使他非常痛苦，但他还是用法语写了一封复信，一方面对哈丽特的决定表示尊重，而另一方面反映了他对二人终将走到一起的信念。他的回信全文如下：

写了这些字的手给人赐福！她给我写了信——这就足够了，尽管我不能硬说她的信不是在向我说永远的再见。她决不可相信我会接受这样的告别。像她说的，我们已分道扬镳。但我们定能、也应该再走到一起。当这一天到来时，不管是在何时、何地，她都会发现同样的我——仍与过去和现在一样。

她会被服从；不会再有我写的信扰乱她的平静或在她痛苦的杯中加入另外一滴。她会被服从，为了她所给出的理由，即使她仅仅是告诉我她的愿望，她也会被服从。服从她，是我的必需。

我相信她不会拒绝接受我从新森林的深处带给她的这些小花。把它们给她，如果必要，就算是你 ② 送的。③

给哈丽特回信后，穆勒全力以赴地投入工作，想以此压倒因与哈丽特“绝交”而带来的痛苦。④ 但二人的“绝交”是非常短命的。几星期后二人又见面了，虽然在复交之初彼此都尽量保持一定距离、不再表现出以往的亲密。据说是哈丽特主动恢复了二人的来往。由于观察到与她分手后穆勒的作品大不如以前，意识到她对穆勒这样一位能为人类进步做出极大贡献的思想家的重要性使她感到对人类

① 同上，第139页。

② 可能是指莉齐(伊丽萨·弗劳尔 Eliza Flower)，因为哈丽特给穆勒的信很可能是由莉齐转送的（参见 Packe 书，第139页）。

③ 法语原文见 Hayke 书，第38页；英语译文见派克书，第139页。

④ Packe 书，第140页。

负有了一种重大的责任，并认为她对人类的这种责任同她对丈夫和家庭的责任一样重大。所以，她相信她必须帮助穆勒成就伟大的事业。因此，她对丈夫约翰说，她不能将穆勒完全排处在她的生活之外。① 于是，穆勒又重新成为她家的常客，二人又重新就写作问题进行通信。起初，二人每周见几次面，而约翰也给他们的见面提供方便。但后来（大约在 1833 春）二人的关系又变得日益密切，以致让约翰无法忍受。所以，他再次劝哈丽特与穆勒停止来往，但这次她没有听从他。不过，她表示愿意听从他的安排，只要她还可以与穆勒保持联系。于是，约翰提出与哈丽特分居半年，让她到巴黎去住，以便让哈丽特在感到了与他分离的痛苦后回心转意，重新回到他的身边。哈丽特在 1833 年 9 月到达巴黎，穆勒则在 10 月也到了巴黎，并住了六个星期。他这时已坚信他与哈丽特在一起生活一定会很幸福，并希望哈丽特在六个月的巴黎生活之后决定离开约翰而与他结合。福克斯——这时已是穆勒的好友，也期待如此。由于“同病相怜”，福克斯与莉齐是最同情、最了解穆勒与哈丽特处境的人。在得不到外界谅解的情况下，这两对情人之间的互相支持与帮助则是非常自然和重要的。莉齐常向比她还小几岁的哈丽特讨主意，而穆勒则常征求此时已四十多岁的福克斯的意见。

从穆勒在这时期给福克斯的信中，我们看出穆勒与哈丽特在巴黎相处的那段时间对他们的意义以及他对哈丽特的挚爱和对幸福未来的憧憬。他在自巴黎发给福克斯的一封信中曾这样写道：

我本可以给你写一封长信，告诉你自我到这以后任何一天的事情、感情、思想。这两个星期仅就其时间性而言好像是一个世纪。说它像一个世纪，是就它已为我们所做之多而言。它给我们带来了许多年的经历——大多是好的和幸福的经历。在以前所有的环境中，我们从不能像现在这样地靠近，如此完全地亲密——我们从不能像

① 同上。

现在这样在无数更细小的关系和关注上都在一起体会；我们绝不曾像现在这么自由和无保留地说出我们心中所有的想法。我很惊讶，当我想到以前有多少的东西被限制，有多少东西未被说出、未被表明、未被沟通，现在又有多少东西仅仅由于被说出来而得以化解；我们间有如此多的真正的不相同及比这更多的关于我们之不同的错误印象——我现在得知了多数这些印象，仅仅是因为它们已不复存在，或它们的存在已不再令人痛苦。最近没有一天不是在排除某些真正的、严重的对幸福的障碍。与她的对比使我以从未有过的谦卑看待自己，使我第一次想到和感到我是如此地配不上她，也使我最强烈地（从未有过地）因我在某些方面不是另外的样子（为了她的缘故）而感到遗憾。当然，我现在所知道的并不够，需要知道的事还很多；就她和我对彼此是否合适而言，几乎所有引起她顾虑的东西实际上都是出于误会——而这些误会现在已不复存在，而且她此刻（她现在）很确信我们俩完全适合在一起度过一生——与现在这种不完全的伴侣关系相比，我们的确更适合完全的伴侣关系。①

但哈丽特与约翰的分居，既没有使她放弃穆勒（像约翰希望的那样），也没有让她下决心离开约翰（像穆勒期望的那样）。哈丽特在巴黎住了不到六个月就回到了伦敦。她仍想在穆勒与约翰间保持平衡，与两位男性同时有密切关系。这意味着回到分居前状态：她与约翰生活在一起，但约翰允许穆勒与她在家见面。当然，她不同二者中的任何一个有性关系，以便同时保持对二者纯精神上的友谊。② 虽然穆勒和约翰都不喜欢这样的安排，但他们对哈丽特的爱使他们都答应了她的要求。不过，这样的局面使穆勒和约翰都感到越来越难以忍受。所以，在哈丽特返回伦敦的一年左右，约翰给了哈丽特一幢在乡间的房子，让她和年幼的女儿长期居住。虽然约翰也时常到那看她们，但那里主要为穆勒与哈丽特自由往来提供方便。

① Hayke 书，第 49–50 页。

② 参见 Hayke 书，第 56 页。

在后来的许多年中，穆勒与哈丽特就是这样在一起的，直到 1851 年二人结婚为止。

在哈丽特有了单独的住处之后，由于穆勒想让他和哈丽特的关系公开化，他开始带她一起在一些社交场合露面。但这很快招来了很多非议。在他的朋友中，有不少人不赞成他与哈丽特的关系。他的好友容巴克在目睹了穆勒与哈丽特一起出现在一个晚会上所带来的尬境之后，出于对穆勒的关心而劝他终止与哈丽特的关系，但这使穆勒决定终止与他多年的友谊。这大约发生在 1835 年 6 月。容巴克曾这样描写事情的经过：

> 我对穆勒的感情是如此热烈和真诚，以致对他的任何嘲笑都让我伤心。我看到，或我认为我看到，他的婚外恋是多么有害。由于我们在所有事情上都变得像兄弟一样亲密，我很不明智地决定跟他谈一下此事。
>
> 第二天我带着这样的决心来到了印度屋，并坦率地告诉了他我认为他与泰勒夫人的关系会带来什么后果。他很冷淡地接受了我的警告。过了一会，我就离开了，而几乎没去想我的告诫已产生了什么效果。
>
> 这之后的第二天我又去了印度屋。这不是因为我想重提昨天的话题，只是由于长期形成的不断与穆勒见面和谈话的习惯。当我一走进他的办公室，我就意识到，对他来说，我们的友谊已经结束了。他的表现不仅是冷淡的，而且是排斥的。看到事情到了这一步，我马上就走了。在他那方面，我们的友谊已连根拔掉了，甚至是毁灭了，但在我这方面并没有变化。①

从穆勒的角度看，由于他对哈丽特的爱是非常纯洁高尚的，所以他期待他的朋友和亲人给予他理解与支持。当现实与他的期望正

① 见 Robert Eadon Leader, ed., *Life and Letters of John Arthur Roebuck* (London: Edward Arnold, 1897), 第 38–39 页。

相反时，他的失望和愤怒使他忽略了一些亲朋好友的善意，而将他们排除出自己的生活。[①] 他后来对自己的母亲和弟弟与妹妹的态度冷淡、甚至敌视，都与他们对哈丽特的态度不像他所希望的好有关。

在他与哈丽特的关系无法被他的社交圈子接受的情况下，穆勒和哈丽特开始退出社交，越来越多地生活在他们两人的世界之中。在与穆勒交往的最初两年，哈丽特仍有成为像马蒂诺那样的女作家的抱负，但她后来决定全力以赴帮助穆勒，让他写出伟大的作品而为人类造福。在二人相处的二十多年中，她的许多思想也通过穆勒之笔留给了后人。

---

① 派克根据许多的材料得出的结论是：虽然穆勒的确与几位反对他与哈丽特交往的老友在后来断绝了来往，但断交的原因是复杂的，包括在政治上和哲学上的严重分歧。参见 Packe, 第 321–25 页。

第七章

《逻辑学体系》

在穆勒的生活中，与哈丽特·泰勒的爱情几乎同时进行的是《逻辑学体系》（*A System of Logic*）一书的写作。不过，此书是唯一一本没有被穆勒认为是在哈丽特的参与下完成的书。[①] 在1830–1843年期间，虽然穆勒写了许多论文，但《逻辑学体系》一书无疑是他在这一阶段最大的成就。此书是他的第一部长篇著作。在穆勒写作《逻辑学》的那些年里，英国的政治改革有所突破。1832年6月，改革派们一直在推动的《改革法案》终于被通过而成为法律。这个法案极大地扩大了选举权，并将议会中的席位重新分配，让人口众多的大城市得到举足轻重的议员数额。这就使中产阶级在政治生活中有了更多的发言权。就穆勒的家庭而言，在那些年中，发生了非常不幸的事情。1836年6月，他的父亲因病去世。1840年4月，他的二弟亨利——仅十九岁——也因肺结核而去世。这些对穆勒的打击是可想而知的。就他自己的身体状况而言，在父亲去世之前已快到了崩溃的边缘，在那之后，情况更坏。他也曾认为自己生命的尽头即将来临。但是，他不仅活下来了，而且还在那段困苦的时间里继续着《逻辑学》的写作。

从体裁和风格上说，《逻辑学体系》是一本经验主义逻辑学和

① 参见 John Stuart Mill（约翰·斯图亚特·穆勒），*Autobiography*（《自传》），ed. John M. Robson（约翰·鲁伯森），London, Penguin Books，1989，186页。

认识论的教科书，但其思想内容远远深于和广于一般的哲学教科书。毫无疑问，它也是一本关于知识论和科学方法的专著。它以经验论反对先验论，主张一切知识都源于经验、归纳是演绎的基础。穆勒所说的经验主要是指观察和实验，而观察不光是指对外在事物的观察，也包括对人对自身心理活动的观察。[①] 此书所说的知识包括关于人类社会和人类行为的知识。在穆勒看来，社会发展和人类行为是有规律可循的，所以它们也是知识的对象。因此，关于人类社会和人类行为的科学是可能的。他将这样的科学叫做“道德科学”(moral science)。他所说的道德科学基本上等于我们今天所说的社会科学和人文学科中历史研究的总合（为了方便起见，本章也将穆勒所说的“道德科学”称为“社会科学”)。关于道德科学的章节是《逻辑学体系》一书最具特色、最重要的部分。《逻辑学体系》全书共分六卷。相对而言，前五卷论述逻辑学与认识论的专业术语较多。但这一切都是为第六卷铺路的。第一卷解释了逻辑学的基本术语，诸如“名称”、“命题”、“定义”等。第二卷重点讨论演绎推理及其与归纳的关系，论证了演绎推理的经验基础。第三卷主要论述了归纳的基本原理和方法，其中包括了对自然齐一律、因果律的讨论。第四卷讲归纳的操作，即观察、描述、抽象、命名、分类等。第五卷讲推理中的错误。第六卷，也就是全书最重要的部分，将经验的归纳方法推广到对人类社会和行为的研究，论证社会科学的可能性。

穆勒自 1830 年开始对《逻辑学体系》的写作。从此书的动笔到此书的出版，历经十三年。不过在这期间有五年穆勒没有进行此书的写作，由于他感到对物理学的了解太少以致难以讨论归纳问题，而且当时他找不到一本关于科学的概括和过程的书作参考。惠威尔(William Whewell）的《归纳科学史》(*History of Inductive Sciences*)在 1837 年的出版为穆勒提供了他一直期望知道的大量关于科学的材料。这促使他回到对《逻辑学体系》的写作。值得一提的是，虽然

① *CW* IV，第 329 页。

穆勒认为惠威尔提供了很有价值的资料，但他并不同意惠威尔所得出的哲学结论。① 穆勒于1840年完成了此书的第一稿，但没有书商肯出版。在1841年，穆勒重写了全书。1842年书商帕克(Parker)以极大的热情决定出版穆勒的书稿。由于当年已来不及出版，所以1843年3月《逻辑学体系》才与读者见面。② 虽然此书未能在1842年出版并不是穆勒所希望的，但它之晚出一年给他提供了一个对此书进行进一步加工、修改的机会。在等待出版期间，穆勒让贝恩（Alexander Bain）——一个年轻哲学教师和他的崇拜者——读了他的书稿。贝恩给他提出一些修改意见并为他提供了许多物理学和化学方面的例子。贝恩于1842年4月自苏格兰的阿伯丁来到伦敦，并住了5个月。在这段时间中，他几乎每周都有两次与穆勒交谈的机会，对穆勒的思想有了很多的了解。③ 这就是为何后来贝恩写了颇有影响的詹姆斯·穆勒和约翰·穆勒传记，成为穆勒研究权威。当然，他也以英国著名的哲学刊物《精神》（*Mind*）之创始人而闻名于世。④ 根据贝恩所提的意见和所提供的资料，穆勒对《逻辑学体系》书稿，尤其是前三章，进行了一些修改。⑤ 此书一出版就大获成功。它不仅很快被牛津大学、剑桥大学采纳为教科书，而且拥有不曾期待的读者。它甚至上了商店橱窗。可见它当时之受人欢迎。《逻辑学体系》出版后，立即得到了穆勒的朋友们的高度赞扬和他的反对者的猛烈攻击。他的挚友斯特林说"它将与英格兰同在，"⑥ 而他的对立面则将它看作宗教的大敌。一篇发表在《大不列颠批评家》上的长达百页的评论说：如果穆勒在其《逻辑学体系》中提出

---

① 参见 Mill, *Autobiography*, 第160页。

② Mill, *Autobiography*, 第170–71页；Alexander Bain（亚历山大·贝恩），*John Stuart Mill*: A Criticism (London: Longmans Green & Co., 1882)，第65–66页。

③ Bain, 第64–65 页。

④ 参见 Nicholas Capaldi（尼古拉斯·凯帕罗蒂），*John Stuart Mill: A Biography* (Cambridge: Cambridge University Press, 2004)，第164页。

⑤ Bain，第66–67页。

⑥ 转引 Michael St. John Packe（迈克尔·圣·约翰·派克），*The Life of John Stuart Mill* (New York: The Macmillan Company, 1954), 第272页。

的原则被接受为对真理的充分陈述，那么基督教神学的整个结构必被动摇和推翻。[①] 这样的攻击比朋友们的赞扬更让穆勒开心。[②]《逻辑学体系》的巨大影响也是相当持久的。它曾出了八版，并被用作英国大学的教科书长达半个世纪之久。[③] 即便在二十世纪，它仍被认为是对经验主义所作的前所未有的深刻阐述。[④]

一、成书动机

穆勒之所以写《逻辑学体系》，与其说是出于学术的爱好，不如说是出于强烈的政治和道德动机。可以说他之写作此书旨在为社会、政治和道德改革提供认识论和方法论的依据。他早就清楚的知道任何认识论和本体论都有其政治前提和效果。一定的认识论和本体论总是服务于一定的社会、政治哲学，为后者提供理论基础。[⑤]

要有效地改造社会，需了解与社会相关的规律。建立能够预见人类行为、指导公共政策的社会科学一直是边沁和詹姆斯所希望的。他们对心理学的重视，尤其是詹姆斯对心理学的研究，是他们试图建立这样的科学之第一步。在这方面，穆勒接过了边沁和詹姆斯已开始的工作，并将十九世纪欧洲大陆思想的某些成分应用于他对社会科学的建构之中。[⑥] 对人性复杂性的肯定、以历史的眼光看问题之态度使他对人类行为和社会发展的研究比老一代功利主义改革家的更加科学。《逻辑学体系》一书是穆勒建立社会科学的一个尝试。

《逻辑学体系》一书也是对当时所流行的先验论直觉主义的一

---

① Bain，第 69 页。

② Packe，第 272 页。

③ 同上。

④ 梯利著，伍德增补，葛力译，《西方哲学史》（北京：商务印书馆，2005），第 566 页。

⑤ 参见 Capaldi, 第 159 页。

⑥ 参见 Capaldi 书，第 158 页。

个系统批判。先验论直觉主义主张存在先天的真理，包括先天的道德真理。顾名思义，先天真理不是通过经验而得到的，而是先天的。不仅如此，先天的真理还是绝对的、普遍的、永恒不变的。它们只能由直觉来发现。当然，先验论直觉主义者不否认某些经验的、后天的真理之存在，但他们认为根本的、重要的真理都是先验的。正是这些先验的知识构成了知识结构和方法的基础。① 这种理论在当时是保守派的有力思想武器。那么。为何如此呢？如果真理与经验无关、只能由直觉来发现，那么真理的标准只能由以下两方面决定。首先，那些大多数人同意的东西必是在直觉上被认为正确的东西。这就意味着传统、习俗必体现了普遍而不变的真理，因为传统、习俗是大多数人所同意的东西。因此，改变传统和习俗的变革不会是正确的。第二，那些由权威机构和人物所肯定的东西必是在直觉上被认为正确的东西。由于教会和政府是权威机构，他们的代言人是权威人物，宗教教义和政府法令必体现普遍而不变的真理。因此，批判现存宗教和政府的改革不会是正确的。显而易见，这种直觉主义与政治上、道德上和宗教上的保守主义紧密地联系在一起的。作为改革者的穆勒自然要批判这种直觉主义，提倡经验主义，为改革在理论上进行辩护。穆勒在谈到这一点时这样写道：

我相信，在这些时期，那种认为外在于人的精神的真理是由与观察和经验无关的意识之直觉来认识的思想是对坏制度和错误学说极大的理智上的支持。在这种理论的帮助下，所有那些其起源已无法记起的根深蒂固的信念和强烈的情感都不必用理性去说明其合理性，而将其自身的存在当作其完全充分的可靠性和合理性的证明。以前不曾有过这种为使根深蒂固的偏见神圣不可侵犯而被设计的工具。在道德、政治和宗教中，这种错误哲学的主要力量在于其通常

① Henry M. Magid, “Introduction,” in John Stuart Mill, *On the Logic of the Moral Sciences: A System of Logic Book VI*, ed. Henry M. Magid (Indianapolis, IN: The Bobbs-Merrill Company, Inc., 1965), xi.

求助于数学和物理科学中数学分支的证据。将其从这些领域中驱逐出去意味着将其赶出其要塞。由于这从未有效地做过，即使在我父亲写了《精神分析》中那些话之后，在表面上看，就已发表的作品而言，直觉主义学派总的说来有最好的论证。为了试图阐明数学和物理真理的证据之真正性质，《逻辑学体系》在直觉主义哲学家先前被认为无懈可击之处与他们交锋；直觉主义哲学家用必然真理之特质去证明必然真理的根据必有深于经验的源泉，而《逻辑学体系》则用经验和联想对所谓必然真理的特质作出自己的解释。《逻辑学体系》是否已有效地做到了这一切仍无定论。尽管如此，使一种牢牢扎根于人类偏见和偏心的思维方式失去其纯思辨的支持只是向战胜它的方向迈出的很小一步。虽然只是一步，但却是很不可少的一步，因为毕竟偏见只能由哲学成功地击败。在证明它没有哲学上的支持和根据之前，无法对它进行一劳永逸的批判。①

那么，经验论如何为改革辩护呢？首先，如果所有真理在根本上是源于经验的，多数人的意见就不是检验真理的标准，代表多数人意见的传统和习俗就不总是正确的。况且，源于经验的关于社会和人类行为的真理不可能是绝对的、超时空的、不变的。在一定条件下的真理，在不同条件下就不是真理。所以，当历史条件变化后，真理也相应变化，新的实践也就应随之而来。所以，传统、习俗都不应是一成不变的。第二，如果真理源于经验，权威则不能为真理的仲裁者。当自经验而来的真理与宗教的教条和政府的法令相冲突时，人们应停止听从那些宗教教条和政府法令。可见，经验主义否认了传统、习俗、宗教和世俗政权的不可侵犯性，因而是为改革开路的。重经验必重归纳，因为自经验而来的结论都是通过归纳而得来的。这就是为何穆勒在《逻辑学体系》一书中大谈归纳的原因。当然，我们应注意到，穆勒并未否认演绎的作用，而是将归纳和演

① Mill, *Autobiography*, 第 171–72 页。

绎统一起来，将演绎基于归纳，强调了知识的经验来源。

二、新演绎法——归纳与演绎相统一的科学方法

穆勒的逻辑学既是关于真理的逻辑（logic of truth），也是关于经验的逻辑（logic of experience），而不是只讲演绎的形式逻辑。① 在他看来，只讲演绎的逻辑得不出新知识，所以他的逻辑学必须将归纳与演绎统一起来。他的逻辑学也需使用三段论，但它不是关于三段论的，而仅仅以它为手段。他的逻辑学包括两组规则：(1) 演绎规则，和（2）归纳规则。前者早就存在，后者需被发现。后者是发现和证明一般命题的规则。② 他的科学方法就是这种将归纳和演绎统为一体的推理方法。他称之为新演绎推理。他认为科学推理或他的新演绎推理包括了三个步骤：直接的归纳、演绎三段论、证实。③ 这也就是用归纳得到第一原则或演绎的大前提，然后用三段论演绎地推出结论，最后用经验或已知的经验规律对所推出的结论加以验证。④ 由于他强调推理的前提是由归纳而来的概括，且验证是由经验来验证，所以推理是从个别到个别。⑤

他强调了归纳在演绎过程中的中心作用，认为归纳是整个演绎推理的基础。归纳是他的新演绎方法或科学方法的第一步。这就是说，所有演绎推理在根本上都是以归纳为前提的。演绎推理的结论总是包含在其前提中的，所以演绎推理本身并不能给人以新知识。演绎推理的最终前提不可能源于演绎推理。穆勒认为，演绎推理的最终前提只能源于经验。根据穆勒的观点，演绎推理的前提不是先

---

① R. F. McRae, “Introduction,” in *CW* VII, ed. J. M. Robson (1973), xxvi-xxvii.

② 同上，xliv。

③ *CW* VIII, ed. J. M. Robson (1974), 454.

④ 关于这个科学推理的三阶段之较详细的讨论，参见 Samuel Hollander, *The Economics of John Stuart Mill*, vol.1 (Oxford: Basil Blackwell, 1985), 第 77–80 页。

⑤ *CW* VII, 186.

天的、由直觉得来的，而是后天的、由归纳而来的。例如，在“所有人都会死，苏格拉底是人，所以苏格拉底会死”这个演绎三段论中，“所有人都会死”这个大前提就是由对经验的归纳而得来的。① 在复杂情况下，三段论的小前提也自归纳而来，然后用于演绎。可见，经验是演绎的基础，归纳比演绎更重要。所以，归纳推理是唯一能使人得到真正的新知识的真正的推理形式 。② 不仅如此，归纳同时是发现和证实新结论的运作，③ 因为认识的过程是一个从对个别的观察得出一般结论而后又由个别对一般结论进行检验的过程。归纳的主要方法是实验和观察。当然，归纳需始于一定的假设，但这种假设不是任意的，而必须是关于原因或规律的命题且能由经验证实或证伪。④ 鉴于归纳在科学研究中的作用，科学逻辑的主要问题就是关于归纳逻辑的问题。正因如此，穆勒曾致力于建立归纳逻辑，试图为归纳建立严格的规则和科学的检验标准。⑤

要令人信服地说明知识的经验来源和归纳在认识中的关键作用，穆勒必须讨论数学知识的性质。像他已指出的那样，先验论者在论证知识的先验性时求助于最多的就是人们对数学知识的看法。穆勒认为，虽然在数学中，演绎推理用得很多，但作为数学推理之前提的数学公理仍是源于经验的。算术和几何都是以人类对外在物质世界的感知为基础的。就算术而言，人们对数的认识离不开感性证据。正是通过眼见、手触可感对象人们才能理解数的概念和计算。算术来自人们对可感对象进行收集、排列的活动。算术的基本原理是依赖于感官的归纳真理。在谈到算术时，他这样说道：

---

① 同上，第 201–202 页。

② 同上，第 283 页。

③ 同上，第 284 页。

④ 同上，第 490 页，494 页；也可参见 Geoffrey Scarre, “Mill on Induction and Scientific Method,” in John Skorupski ed. *The Cambridge Companion to Mill* (Cambridge: Cambridge University Press, 1998), 127–28 页。

⑤ Mill, *Autobiography*, 第 160 页。

在两个分开的包里的三块卵石和在一个包里的三块卵石对我们的感官不能造成一样的印象；且通过变换同一块卵石所在的地方和位置可产生一组感觉或另一组感觉的说法是一个熟悉的命题，但却不同于上面的命题。这是我们通过早年的和不断的经验而知道的真理——一个归纳的真理；这样的真理是关于数的科学的基础。数的科学的基本真理都依赖于感性的证据。它们之证明是靠向我们的眼睛和手指示出任何数量的对象，例如十个球，可通过被分开、重新排列而对我们的感觉展现出其所有不同的数的集合（sets of numbers），且每一数的集合所含的数之总和都是十。所有改进过的教孩子们算术的方法都是从知晓这样的事实出发的。所有那些希望孩子在学算术时全神贯注的人，所有那些希望教数字而不仅仅是数码的人，现在都用上面所描述的方式，通过感性的证据来教算术。①

至于作为几何学推理前提的那些公理，例如，“二直线不括一个空间”，也是自经验而来。虽然在实际中没有任何图形和线条能完全符合几何学中的任何定义（例如，没有一个实际的圆能满足几何学中圆的定义），但各种几何概念是对实际存在的物体之性质的理想化和抽象。② 所以，它们不是先天地存在于人的头脑中的，而是源于后天的经验。在实际中没有任何图形和线条能完全符合几何学中的任何定义这一事实并不说明几何学中的各种概念是先天地存在于人的头脑中的，因为在人的头脑中所能想象的所有图形和现象同样不符合几何学中的任何定义。譬如，一个人所能想象的任何线条都是有宽度的，而几何学中所定义的线则是无宽度的。③ 严格地说，几何学的真理不是确实的真理而只是假定的真理，因为它们无法与现实完全相符。④ 几何学最终的合理性在于它是基于实际的物质对

① *CW* VII, 256–57 页。

② 同上，225–26 页；梯利 573 页。

③ *CW* VII, 225 页。

④ 梯利，573 页。

象所具有的近似的规则性之上的。① 总之，较抽象的科学并不是独立于经验的。尽管这样的科学较多地进行演绎推理，但其演绎推理中使用的命题是由归纳而来的。归纳依赖于经验。因此，这样的学科虽不常直接从观察和实验得出结论，但并非不依赖经验。②

对穆勒来说，由归纳而得出的一般规律是由因果律统治的。用归纳对事物的解释基本上就是用因果律进行解释。科学知识就是关于现象间因果关系的知识。由归纳总结出的因果关系是事物间不变的前后连接，例如，火一出现总有温暖相随，而不是一般人所说的 A 与 B 之间内在的必然联系。但要强调的是，只有当不变地连接在一起的 A 和 B 出现的前后顺序不可颠倒时，二者的关系才是因果关系。否则就不是因果关系。例如，日与夜的关系就不是因果关系，因为二者的先后是交替的。③ 另外，穆勒清楚地认识到因果关系的复杂性——一果往往由多因造成。而且，他不否认意外因（disturbing cause）——不在通常的模式中的突发因，认为对此也必须考虑。

对穆勒来说，因果关系的概念无疑源于对经验的归纳。不过，我们可以经验 A 和 B，以及二者在过去的不变的前后连接关系（例如，A 一出现，B 就跟着出现），但我们无法经验在未来 A 一出现 B 总会跟着出现。对此，设定过去与将来的齐一性是我们相信因果律的前提。对归纳的肯定在逻辑上必须先肯定过去与将来的齐一性（uniformity），即过去与将来在性质上是一样的。人们自经验中所观察的总是过去所发生的东西，所以由归纳法所概括出的规律只是对过去所发生的现象的总结。当我们用由归纳法所概括出的规律去预料未来时，我们实际上已设定了过去与将来的齐一性。正因如此，穆勒把自然的齐一性（uniformity of nature）看作“所有归纳的最终

① Scarre, 85 页。

② McRae, xxxi.

③ 参见 Scarre, 第 125 页。

的主要前提，”[①] 并将之称为归纳的“基本原理”。[②] 他认为齐一性概念不是先天的，而是由经验所导致的。正因为在我们的经验中我们以齐一性为前提而作的预言重复地得到肯定，我们才会相信自然齐一性的存在。例如，在我们过去的经历中，每次我们预言火能取暖时，我们的预言都被证明是正确的，于是我们就相信在我们还未曾经历的未来火也一定能取暖。在我们过去的经历中，火与暖的关系从未改变过，也就是说是在自然中火与暖的关系的齐一性一直存在，我们对这种齐一性的经历使我们形成了齐一性概念。我们相信过去和未来有齐一性，是因为在我们的经历中“过去”和“未来”有齐一性。但是，毕竟人们的经验所证明了的只是“在过去，自然齐一性存在”。在逻辑上，从这并不能推出“在将来，自然齐一性存在。”若要从“在过去，自然齐一性存在”推出“在将来，自然齐一性存在”，我们必须先设定“过去与未来有齐一性”。但这个设定无法用经验来证明，因为我们无法经验真正的未来。所以，归纳法是以一个无法证明的设定为前提的。对此休谟已进行了详细的论证。休谟的结论是：我们对归纳的相信是不合理性的，因为从过去的经验推论未来是不合逻辑的。我们对因果律的相信是基于联想和习惯，而不是基于理性。穆勒对休谟的这些思想是很熟悉的。但与多数他的同代哲学家一样，他并不认为休谟的观点值得重视。[③] 不过，他还是承认作为归纳之基本原理的自然齐一性只是设想。但他认为这一设想是可以接受的。对他来说，科学推理必须始于某种无法证明的直觉知识或假设。最好的科学方法即基于最少的无法证明的假设的方法。而归纳则是基于最少的无法证明的假设的方法。[④]

穆勒的这种态度是典型的经验主义者的态度。对典型的经验主

① *CW* VII, 308 页。

② 同上。307 页。

③ 在穆勒生前，休谟在归纳问题上的怀疑主义还未引起哲学家们的重视。直到格林 (Green) 和格柔斯 (Grose) 所编的新版休谟著作在 1874 年出版后，情况才有了大的改变。见 Scarre, 117 页。

④ Capaldi 书，第 256 页。

义者来说，除了关于作为归纳依据的过去与未来的齐一性知识以外，所有其他知识都是从经验中得来的。罗素在评论这一点时正确地指出：归纳不是建立在纯粹经验主义之上的。归纳原理既不能自经验而来也无法从其他原则中推出，而是一种独立的逻辑。但没有它，科学则不能存在。①

虽然穆勒强调科学的经验基础，但也认为演绎必不可少。对演绎之必要性之强调使他不同于培根。② 他认为归纳只能先找出单个的因所产生的单个的果，得出最简单的因果律——第一层次上的规律。这一步是通过观察和实验来进行。但更复杂的因果律必须由演绎自最基本的、简单的规律来推出。在实际中，多因往往是同时起作用的，也就是说一果常是由多因决定的。科学所研究的现象主要是由多因相互作用而形成的果。科学的任务是决定什么是多因决定的一果，或多因如何决定某一个果。③ 单靠归纳程序往往不能得出科学结论，而必须进行抽象，进行演绎推理。④ 更具体地说，当得出多个单一因果律后，需要用演绎来推出它们结合在一起的结果，即它们相互作用的结果。⑤ 要研究多因的相互作用，先要研究单个的规律。这就是说归纳是必要的第一步。归纳后的演绎是必需的，因为只有通过演绎才能推出无法直接观察的复杂规律。所以在这个意义上，他认为科学方法在本质上是演绎的。

三、社会科学的可能性、方法论和分类

穆勒相信社会科学的可能性，因为他认为在人类活动和社会发

---

① Bertrand Russell, A History of Western Philosophy (New York: Simon & Schuster, 1945), 674.

② CW VII, 481–83; Holland, 76.

③ CW VII, 481–60.

④ CW VII, 451, 153, 439.

⑤ CW VII, 454 ；Hollander, 28.

展中也有因果律可循。社会科学即关于人类行为和人类社会方面因果律的科学。不过，承认人类行为受因果律支配就是承认决定论(determinism)，即承认一个人的行为总是由一定的原因所导致的。这样的决定论似乎与作为道德责任之前提的自由意志（free will）相矛盾。一个人之所以在道德上对他的行为负责任，首先是由于他选择了他自己的行为。如果他的行为是被某种他不能控制的原因所决定的，他对其行为则无法负道德责任。承认人类行为受因果律支配、因而可以被预料与承认人有自由意志、因而可以自由地选择其行为好像在逻辑上不相容。为了论证社会科学的可能性，穆勒必须承认决定论适用于人类活动，但对人类道德责任的坚持使他无法放弃对自由意志的信仰。所以，他提出了一种调和决定论与自由意志的折中主义或相容主义（compatibilism），① 论证了为何二者并不真正矛盾。他认为，一方面，人的一切行为都是被决定的——是有原因的；更具体地说，人的行为往往是由其品格和环境等决定的，而其品格又是由多种原因（包括环境）所决定的；但另一方面，人的意志可以改变人的品格。也就是说人不是消极地被决定的，而是能动的。② 人自身是其行为原因的一部分。人的行为是由其原因所决定的。因此，知道了其原因，诸如性格和环境，就可预料行为。但这并不妨碍人使用其自由意志改变其行为原因，因而影响作为结果的行为。③ 人的性格是自由意志和环境相互作用的结果。穆勒认为将必然性用于人类行为是不合适的。

穆勒认为，象其他领域中的真理一样，社会科学中真理在根本上也是源于经验的。上面所讨论的科学方法也适用于社会领域。社会现象是复杂的，由多因造成结果，况且一因在不同环境、不同时

① 在哲学上，在自由意志与决定论方面的相容论也被称作软决定论（soft determinism）。与之相对应，否认自由意志而只承认决定论的观点被称为硬决定论(hard determinism)，认为意志有时完全自由而不为外部原因所决定的观点被称为自由主义 (libertarianism—注意这不同于政治上的自由主义 liberalism)。

② *CW* VIII, 837–38; Mill, *Autobiography*, 134–135; Hollander, 105.

③ 梯利，575–76 页。

间也会有不同的表现形式。因此，这类学科的方法不应是几何式——由一个或极少的前提出发而推出所有的结论，因这样推出的结论有局限性，没有考虑一切条件；[1] 也不应是化学式的——对众多个例进行归纳，即纯归纳方法。像前面已提及的，归纳方法是基础，但在多个原因起作用时，不够用，必须在归纳后进行演绎；在社会领域中，由于总是多因在起作用，演绎是必需的。所以，社会科学的方法应是天文学式的——将多种原因都考虑在内的演绎推理。他将这种推理叫做“具体的演绎法”(the Concrete Deductive Method)。[2]

更具体地说，运用这种方法，首先，需要使用归纳找出在社会科学中最简单、基本的规律。他认为，在社会领域中，关于人性的原则是最基础的，社会现象的最基本规律是关于人性的规律。人性基本规律是心理学研究的对象。关于人之心理活动规律的知识实际上就是关于人之本性的知识。心理学是关于人之心理活动规律的科学，其方法是实验和观察。由于一个人对自己的心理一般比别人有更多的了解，内心反省是对人性很好的观察。但无论如何，人性的规律是从归纳而来的。关于人的精神的心理规律（psychological law of mind）是最高或最根本的经验真理。但值得注意的是，穆勒所讲的人性基本规律是关于个人的，而不是关于集体的。穆勒认为，群体的人之人性无别于各个人之人性。他说：

> … 在社会状态下，人仍然是人；他们的行为和激情服从于个人之人性的规律。当人们结合到一起后，他们并没有变成具有不同性质的另一种实体…。社会中的人只有那些源于和可以分解为个人之人性的规律的性质。[3]

穆勒似乎并不否认社会关系的存在，但他并不认为社会关系会

---

① 参考 Hollander，第 120–21 页。

② *CW* VIII, 895; 梯利，578 页；Magid, xxii-xxiii。

③ *CW* VIII, 879.

使社会的人在本性上不同于单个的人。换句话说，他不相信社会关系能产生单个人性不曾有的新性质。集体行为只是个人行为的相加。众多个人同样的行为是对个人人性规律的证实。①

詹姆斯和边沁都把人性归结为趋乐避苦性，将人看作为一己的快乐而活着的高级自私动物。与他们不同，穆勒认为，除了对快乐的追求之外，人性中既有同情心，也有对美的热爱。所以人性不能约简为一种单一的东西。以人性规律为基础形成的更复杂的学科是性格形成学（ethology—这是他自己发明的一个词）。性格形成学研究人的性格形成的规律，更具体地说，研究性格如何在人性与环境的相互作用中形成。穆勒既不认为人的性格完全是先天因素决定的，也不认为它完全是由后天的环境决定的，而是相信人的性格是人性与环境相互作用的产物。性格形成学的方法是演绎的，因它的结论是从有关人性的规律推出的。也就是说，它的结论是以共同人性为大前提，以不同的环境为小前提的。只要我们知道了共同人性和某个人所处的具体环境，我们就可推出这个人的性格。人们之所以会有不同的性格，关键在于他们的环境不同。因此，好的性格之形成依赖于好的环境，包括好的社会、家庭条件和好的教育。他将心理学和性格形成学统称为人性之学。总的说来，人性之学是以单个的人为研究对象的。

在人性之学基础上形成的是他所称的社会之学。穆勒认为各种社会现象是群体的人与其环境相互作用的结果。也就是说，各个人之人性在一定社会条件下就表现为一定的社会现象。“社会现象之规律无非是、只能是在社会状态下被联合到一起的人们的行为和激情之规律。”② 所以，以社会现象为对象的社会之学——关于社会的科学——必以人性之学为基础。社会之学由两大类学科组成：具体的社会之学和一般社会之学。前者以社会中的人、群体的人的行为和构成了社会生活的各种现象为研究对象，而后者则以社会本身为

① 同上，923 页。

② *CW* VIII, 879.

研究对象。[①] 前者可以相对独立地发展，但不能完全脱离后者。

具体的社会之学之必要是因为对社会现象进行分类研究是必要的。所有的社会现象都是由多因产生的，但不同的社会现象有不同的第一因、直接因（或主因）。对其主因不同的社会现象，我们需将其分为不同学科来进行研究，找出不同方面的社会规律。[②] 例如，政治经济学主要研究人们在追求财富方面的规律。为了知道人如何在多种动机下行动，必先知道其如何在单一动机下行动。研究某单一动机的行为规律是某一具体社会科学的任务。由这样的学科得出的结论之真实性只能是假设性的，因为只有在一定条件得到满足时它们才是真的。例如，当我们说"如果人们生活在市场经济的制度下，他们将会在工作中互相竞争"时，"他们将会在工作中互相竞争"之真实性就是假设性的，因为它的真实性取决于"生活在市场经济的制度下"这一条件的满足。关于某种社会现象的社会之学，例如，政治经济学，不能将其所研究现象的所有原因及与其有关的所有相互作用都加以考虑，而只能择其要而进行考察。比如，在政治经济学中，人之经济行为规律只以人之渴望发财、逃避劳动等为前提，而不考虑人的其他欲望对其经济活动的作用。因而，其结论只有在人的其他欲望不发挥作用时才能为真。[③]

社会之学中的另一大类——一般社会之学——以社会本身为研究对象。它研究社会如何产生、如何变化的规律。他在谈到此类社会学与具体社会学之区别时说：后者是在设定了一定社会条件下来看某种因会产生什么样的果，但并不考察其所设定的社会条件本身是如何产生的。但一般社会学则要研究这些社会条件产生的原因和发展规律。[④] 他相信人类历史是一个由低级向高级的发展过程。也就是说他相信社会的进步。一般社会之学可分两类：社会静力学和

① 同上，875 页。
② 同上，900 页。
③ 参见 Magid, xvi。
④ *CW* VIII, 911.

社会动力学。前者是对社会的横向研究——对各种社会现象如何相互作用、在某一社会状态下和谐共存的研究。它要找出的是社会稳定的条件。例如，迄今为止，法律的存在和权威的存在是所有社会维系其稳定的必要条件。静力社会学就是要通过对各种社会现象的研究来找到这种使社会得以稳定的条件。社会动力学是对社会的纵向研究——对社会变化和发展的研究。它的目的在于发现社会得以进步的原因和动力，找出历史发展的规律。[①] 穆勒认为，一般社会之学的方法应是历史的方法或“反向演绎法”(the Inverse Deductive Method)。与以最基本原则为推理第一前提的普通的演绎法正相反，反向演绎法以最基本原则作为验证标准。它的第一步是对个例进行观察。这种观察是跨文化、社会和时代的，是对不同社会、在不同历史时期中社会状况和变化的考察。为此，对历史的研究是至关重要的。它的第二步是进行归纳，得出基于观察的一个带一般性的结论。其后的一步则是通过与已知的更带一般性或更有普遍性的结论进行比较来进行确证。在社会科学中最带一般性或更有普遍性的结论是关于人性的结论。所以，“反向演绎法”的第三步实际上是以关于人性的总结论为标准对第二步所得出的结论进行检验。简言之，这种方法可归结为：对历史进行观察，从对历史的观察的归纳中得出一些一般性结论，最后用人性原则对这些一般性结论进行验证。[②] 在谈到“反向演绎法”的由来时，穆勒明确地将其归功于法国思想家孔德（Auguste Comte 1789–1857）。[③] 实际上，他认为这种方法适用于所有社会之学。

穆勒清楚地知道，一般社会之学所要发现的因果律不能由实验、观察直接得到。首先，由于社会方面的规律的条件是复杂的，它们不能在实验中被一一设定。所以这样的规律不可能由实验而来。第二，由对历史的观察而得出的概括只能是经验规律（empirical law），

① 参见 CW VIII 917–8 页。

② *CW* VIII, 897.

③ 同上。

不具有一般科学规律的普遍性。经验规律只在一定范围内有效，且并不必然反映任何因果联系。[1] 经验规律与一般规律（general law）之主要不同在于前者的有效范围有限，而后者普遍适用。例如，“乌鸦是黑的”是一个经验规律，但引力定律则是一般规律。前者是对到目前为止在一定地区观察的概括。但它并不排除在某一人们尚未去过的地区乌鸦不黑的可能性。但引力定律在地球上普遍适用，并被实验证实。对社会现象所作的概括具有的局限性是更清楚的，而且它在其使用范围内的正确性也只是大概的而不是完全准确的。例如，“老年人比年轻人更谨慎”这一概括就不是完全正确，而只是基本正确。[2]“人性中的自私成分大于利他成分”是由对迄今为止多数人类社会中的人的观察而得出的结论，但不等于它适用于所有现存社会和未来社会。穆勒相信，随着人类社会的进步，人类的利他心也会越来越多。总之，在社会领域由观察得出的经验规律只适用于它在其中被观察的社会，且即使在它适用的社会中也只是基本正确。穆勒认为，只有那些能转变为一般律的有关社会的经验规律才是科学规律。所以，需将所有这样的经验规律与人性的基本规律相对照，将那些与人性基本规律一致的社会经验律挑选出来。只有那些与人性基本规律一致的社会经验律才是科学的社会规律。这就是他为何认为“反向演绎法”的最后一步——用人性基本规律对由观察所得的概括进行验证——是必要的。

四、穆勒与孔德

在强调知识的实证性、相信社会科学的可能性以及社会现象的历史性和社会发展的进步性等方面，穆勒深受法国思想家孔德的影响，尽管他与后者的分歧也是显而易见的。

---

① 同上，861 页。

② *CW* VIII, 862.

孔德认为人类历史是进步的并要经过几个必然阶段。与圣西门一样，他主张对社会制度、人类思想应历史地去看。宗教和科学都是历史发展的产物。在他看来，人类的思想发展有三个阶段：(1)神学阶段，即人类思想发展的童年时代。在这一阶段，人们用人与神合一的观点看问题，将一切都看做是超自然物的表现。其对一切的解释以迷信为特征。这是君主政治和绝对权威的时代。僧侣是社会的领导者。(2) 形而上学阶段，即人类思想发展的青年时代。在这一阶段，人们认为形而上的、抽象的力量和实体存在于一切事物中并为一切现象的必然原因。其对一切的解释以抽象为特征。这是国家主义和人民自主的时代。法学家是领导者。在这两个阶段，人们相信他们可能得到绝对的知识、解释事物的内在本质。(3) 实证主义阶段，即人类思想发展的最高阶段。在这一阶段，人们致力于发现现象之间的不变的联系——自然律或规律性，而不再相信他们能发现事物内在的本质。他们用观察的方法来达到他们的认识目的，求助于现象间的关联性对事物进行解释。① 实证的知识之所以被称为实证的是因为它们是可由经验检验的。由于实证的知识所告诉人们的规律性是经验的，所以它们不是绝对的。这也就是穆勒所说的由归纳而得到的知识。社会科学是可能的，且社会科学是实证的科学。社会科学所发现的是那些关于社会现象的一般规律。这样的规律不是超时空的，而是有历史条件的。在这些方面，穆勒完全同意孔德的观点。但在社会科学内部的学科分类以及学科等级排列方面，他们的意见是不一致的。

孔德将整个科学分为数学(算术、几何和力学)、天文学、物理学、化学、生物学和社会学（后来他又将伦理学加在社会学后面作为一切科学的顶点）。这个排列是由简到繁的排列，又是应用范围从广到窄的排列。排在前面的学科是排在后面的学科的基础。排在后面的学科包含了排在它前面学科的所有要素，但它并不是排在它前

---

① 参见梯利，第 553–54 页。

面学科所有要素的简单相加。它具有排在它前面学科所不具有的新成分。这样，排在最后面的学科自然是最丰富、但应用面最窄的学科。他认为社会学（和伦理学）就是这样的学科。孔德是近代社会学的创始人。他是最早使用“社会学”一词的人。静力社会学和动力社会学之分也是由他最先提出的。前者研究社会事实、发展规律和秩序，而后者则研究社会演化。① 他不认为心理学是一独立的学科，而是将其看作生物学和社会学的组成部分。他认为主观心理活动是无法观察的。我们只能在客观上观察与心理活动相关的现象和其在社会中的体现。而且，他还认为所有精神活动都是大脑的功能，而无独立的存在。② 他不承认个人的自律性。他认为对社会的研究不应基于对各个人的研究，而应将社会看作一个有机体、以社会层面为研究的出发点。他也认为人性可以进化、利他心会随社会进步而不断增强。不过，他所说的不是在个体层面上的个人人性的进步，而是人类整体的人性进化。③

穆勒与孔德在理论上的分歧主要体现在以下几个相关的方面。第一，穆勒相信个人的自律性、在个体层次上的人性，认为社会是由各个个人组成的，社会中的人性是各个个人之人性的表现。也就是说，个人之人性是社会之人性的基础。因此，对个人本性的研究是社会学的起点。第二，由于把对个人本性的研究看作社会学的起点，他认为研究个人心理的心理学是所有社会科学学科中最重要的学科。对个人心理的重视是他与孔德的重要不同。而对历史观点的接受和对人性复杂性的承认又使他不同于边沁和他的父亲的人性论。孔德的社会有机论否认独立的个人人性的存在，而边沁和詹姆斯则将所有个人之人性归结为趋乐避苦。穆勒对二者都不能同意，因为他认为个人之人性存在但它不是一种单一的性质，且也不是永远不

① 梯利，558 页。
② 同上，555–56 页。
③ 同上，第 557 页。

变的。[①] 对穆勒来说，随着社会的发展，个人人性也在进化。第三，穆勒反对孔德所信奉的生物决定论，认为后天的因素对人的智力和成就极为重要。孔德是所谓的颅相学的创始人。他以思想是大脑的功能为依据，认为一个人的智力高低是由其大脑的大小决定的。穆勒则强调后天的环境和努力对一个人的智力发展和成功起关键作用。第四，穆勒反对孔德对妇女的歧视，主张男女平等。孔德由其大脑决定智力论推断男人的智力高于女人，因为男人的大脑比女人的大。他断言女人只能达到孩子的精神状态，没有进行抽象推理和做出冷静判断的能力，因而不应被允许参与政事。但他并没有真正将这种大脑决定智力论运用于男人内部，因为在实际中他并没有以大脑的大小来衡量不同男人的智力。当穆勒将孔德的大脑决定智力论告诉哈丽特时，她清楚地指出了这一点。[②] 穆勒和哈丽特对大脑决定智力论的批评已被事实证明为正确的。例如，西方种族主义者曾以中国人的大脑不如白人的大为由而断言中国人在智力上低于白人，但今天中国人在智力上的成就早已驳倒了那种种族主义的断言。

穆勒与孔德从未见过面，但有过几年的通信关系。他们的联系始于 1840 年代初期。当孔德著作的英文版于 1837 年在英国出版时，穆勒的归纳理论已基本完成。但穆勒很欣赏孔德的思想，并从中吸取了许多东西。例如，反向演绎法就是从孔德那里得到的。对此，穆勒在其《自传》中讲得很清楚。[③] 1840 年 11 月穆勒给孔德写了第一封信，表示了他对孔德思想的赞同。二人的通信就由此而开始。但二人的关系一开始就存有误会。在孔德方面，他把穆勒看做是其在英国的追随者，所以并不认为穆勒与他平等；在穆勒方面，他从未将他自己看作孔德的信徒，而是作为与孔德身份平等的学者来与孔德进行思想交流。他虽同意孔德的许多观点，但他与孔德的分歧

---

① 参见 Packe，269 页。

② 参见“Harriet Taylor to John Stuart Mill” (1844), in E. A. Hayek, ed., *John Stuart Mill and Harriet Taylor: Their Correspondence and Subsequent Marriage* (Chicago: University of Chicago Press, 1951), 115.

③ Mill, *Autobiography*, 第 162 页。

决定了他不会是一个孔德的门人，更何况他是在英国颇有影响的思想家。二人关系一开始就存在的误会埋下了日后二人破裂的种子。

二人在理论上一系列的重大分歧也使他们的分道扬镳难以避免。在妇女问题上的不同观点最为突出地影响了二人的关系。在1843年夏至11月期间，穆勒与孔德就妇女问题进行了许多辩论。穆勒始终坚持男女平等的观点，认为现实中妇女在许多方面不如男子的原因不是生理上的而是社会性的。在他看来，如果妇女享有与男子同等的教育和工作机会，妇女可以同男子一样有成就。但他无法说服孔德。在与孔德争论了一段时间后，他让哈丽特看了他与孔德通信中的有关部分。哈丽特对此的反应无疑大大加强了穆勒的信心。哈丽特在给穆勒的信中写道：

这些信使我极为吃惊、失望，但也使我高兴。这些都是仅就你的那部分而言——孔德的部分是我已预料到的——在一个他极欠考虑的问题上通常的偏见。…

不要以为我但愿你在这个问题说得更多些，我只是希望你已经说得那些话不是用建议性的而是用坚信不疑的调子讲出来的。

那种令人感到枯燥的人不是有价值的助手，也很少是有价值的敌人。以你在良心和公正方面理智上的天赋，会可能或有理由设想有人比你更有能力对那个问题进行判断吗?

在文化的精神理智方面你走在了你的时代的前面。即便除了完美的不偏不倚和对公正的不变的热爱你别无可言，你也会是你的时代最不平凡的人。我相信这两个不同的品质就人性而言是最少有、最难得的。①

哈丽特所说的这些话对穆勒是至关重要的。此后他的确为他在给孔德的信中的妥协感到难为情，以致很不情愿将他与孔德的通信

---

① “Harriet Taylor to John Stuart Mill” (1844), in Hayek, 114.

给任何人看。[1] 哈丽特的信所反映的远远不止她对穆勒在妇女问题上的观点的支持，而且也显示出她如何在不挑战穆勒的前提下对其进行批评、纠正和鼓励。[2]

后来当孔德以领袖、导师自居要求穆勒及其朋友给予他长期经济资助时，穆勒与孔德的关系变得更加紧张，直至完全破裂。孔德一生中在很长时间内都有经济压力。但在 1837–1843 年期间，在法国巴黎理工学院（the École Polytechnique）的多种职位使他有 400 英镑的年收入——那在当时是相当富裕的。他的这些收入中的 240 磅来自他在该校所任的检察员的职位。他此后的经济困难由以下几个原因所致。首先，他与他父亲发生了争执，因而失掉了一笔收入——数量虽小但却是祖传的。第二，他的妻子离他而去，他很慷慨地向她提供 120 磅的年收入。[3] 据说他的妻子与他结婚前是个妓女，与他结婚后，由于某种宗教信仰，仍时常做妓女之事。但她离开孔德的主要原因是不满于孔德歧视妇女的观点。[4] 第三，孔德在 1844 年落选，失去了在巴黎理工学院的检察员职位。这是他经济困难最重要的原因。他之落选主要是由于他的非正统哲学和宗教观点使他树敌颇多。对他不满的人传言说他是个精神错乱的人，而他在其《哲学》最末一卷的序言中又冒犯了教授群体。这就使他的反对派占了上风。所以，在那年七月的选举中他以略少于半数的投票而落选，丢掉了 240 英镑的年收入。事情发生之后，他向穆勒求助。穆勒先是托约翰·奥斯丁请当时的法国总理给孔德帮忙，但无济于事，只能等待下年的选举。然后，穆勒则开始为他筹款。穆勒当时的经济状况也不好。由于 1842 年“美国拒付”所引发的金融危机，[5] 穆勒损失了他自己的上千英镑和他父亲为全家留下的数千

---

① Packe，第 278 页。

② 参见 Capaldi, 第 278 页。

③ 参见 Packe，第 281 页。

④ 参见 Capaldi 书，第 172 页。

⑤ 由于经济危机、金融体系崩溃，在 1842 年美国许多银行拒付外国投资者的利息。这引发了英国多家私人银行的倒闭和信誉崩溃。

英镑。他那时正在用他自己的收入去补给其父留下的钱的损失。不过，穆勒还是设法为孔德捐到了 240 英镑。但在 1845 年的选举中，孔德再次落选。孔德又向穆勒及朋友求助。不过，这次他只从穆勒的朋友那得到了 24 英镑。孔德在给穆勒的信中对此进行抱怨。穆勒回信说他的朋友们认为孔德现有的 200 英镑左右的收入足以维持生活，对此孔德很愤怒。他在给穆勒的信中解释了他为何需要更多的钱并指责穆勒等没有尽义务。孔德的信使穆勒意识到孔德已将他们的关系误解为师徒关系，认为穆勒及其朋友有义务长期向他提供经济资助。于是，在给孔德的回信中，穆勒直截了当地说他及他的朋友从未接受孔德作为他们的领袖和导师。他告诉孔德，尽管他们对孔德本人及其著作非常钦佩，但他们在思想上与他一直存有严重分歧。所以，他们没有义务长期供养他。后来，当孔德在法国的支持者让穆勒为孔德捐款时，他只捐了 10 英镑，并注明他所捐的不是给孔德教的年金。不仅如此，他还让他的朋友在给孔德捐款时也作同样的说明。① 到了 1847 年，二人的通信完全中断，② 这就是二人关系的终结。

在 1852–1854 年期间，孔德在新发表的著作中明确倾向于精神专制。这使穆勒更感到与其断交是正确的，并为他与孔德的交往感到后怕。这可能解释为何穆勒在其《逻辑学体系》的新版中删掉了许多感谢孔德的话，并在其《自传》中对他之如何受益于孔德的思想也谈得很少。不过，穆勒于 1865 年在《威斯敏斯特评论》上发表了两篇关于孔德的长文，解释了他自己的真实观点。同年，这两篇文章合编成书，以《孔德和实证主义》为题出版。③

---

① Packe，281–83.

② 参见 Capaldi 书，第 173 页。

③ 同上，第 280 页；也见 Iris Wessel Mueller（爱瑞斯·威塞尔·缪勒），*John Stuart Mill and French Thought* (University of Illinois Press, 1956)，第 98 页，第 23 注。

第八章

《政治经济学原理》

继《逻辑学体系》之后，穆勒的又一大部头著作是《政治经济学原理》（全名为《政治经济学原理以及其某些在社会哲学中的应用》，以下简称《政治经济学原理》）。象《逻辑学体系》一样，此书在1848年一出版就大获成功。穆勒的《政治经济学原理》之如此成功，并比李嘉图的书更普遍地受到欢迎，主要是由于此书把专业性和通俗性很好地结合起来，所以能雅俗共赏。① 在19世纪该书出了32版，而在20世纪也几乎出了同样多的版次。在新古典派代表马歇尔的《经济学原理》在1890年出版之前，在西方世界，穆勒的《政治经济学原理》一直被用作标准的经济学教科书。它被看做古典政治经济学最后一部伟大著作和最具综合性的一部著作。正像当代学者所指出的，与马歇尔的《经济学原理》不同，穆勒的《政治经济学原理》的读者不仅是学者和学生，而且包括了那些思想严肃的一般公众。就其所涉及的研究领域之大和所影响的读者之广而言，穆勒的《政治经济学原理》可谓空前绝后。② 尽管新古典经济派的兴起使穆勒的著作在20世纪的大部分时间里受到一些冷落，但20

① 熊彼特:《经济分析史》，第2卷，杨敬年译，朱泱校（商务印书馆，1996），239页。

② Donald Winch (唐纳德·温池), "Introduction," in John Stuart Mill, *Principles of Political Economy Books IV and V*, ed. by Donald Winch (London: Penguin Books, 1970), 2.

世纪60年代以来，又有越来越多的对穆勒政治经济学的研究出现。穆勒的许多经济思想并不过时，它们对生活在21世纪的我们仍意义深远。今天这似乎已成为不争的定论。像拉斯基（Harold Laski）所指出的，“一个现代经济学家所使用的技术会比穆勒的更精致，但他极少能在他的材料中给出那么多的洞见；一个现代逻辑学家所用的工具比穆勒的精致得多，但正因如此他的作品才没有穆勒的那么好懂和有教育性。”① 穆勒的《政治经济学原理》今天仍是经济学家、政治学家、社会学家、哲学家所不容忽视的经典和许多关心社会进步的有志之士所推崇的杰作。

一、成书经过

《政治经济学原理》虽然篇幅很长——45万字，但穆勒只用了很短的时间就将其完成。这主要是由于穆勒对书中的大部分思想早已考虑成熟，只需将其付诸文字。穆勒对政治经济学的接触在他十三岁时就开始了。他父亲是他的第一个经济学老师。他对政治经济学的入门是在与父亲一起的散步中完成的。② 后来，在1829年——当他23岁时，他已形成他自己的政治经济学理论，并写了许多有关方面的论文。在1844年，他发表了《关于在政治经济学方面悬而未决的问题的论文》，而其中的多数文章是他在15年前写成而未发表的。有了这些准备之后，他于1845年秋开始了《政治经济学原理》的写作。到那年的冬末，他已完成了全书的一半。但由于种种原因，在接下来的一年中，他没有将精力集中在此书的写作上，甚至有时完全中断了对此书的写作。在这期间，正值《逻辑学体系》

① 转引自V. W. Bladen, “Introduction,” in *Collected Works of John Stuart Mill*, vol. 3, ed. John M. Robson (Toronto and London: The University of Toronto Press and Routledge and Kegan Paul, 1965), lxiii。

② 参见本书第二章，“童年和少年时代”。

的第二版将要出版，所以他必须花时间对其第一版进行修改和补充。《逻辑学体系》的第二版于 1846 年 4 月问世。对《逻辑学体系》修改的完成并没有使他的主要精力回到《政治经济学原理》的写作上。他为《爱丁堡评论》写了两篇长文，分别发表在其 1846 年 4 月和 10 月号上。另外，他也曾在夏天与哈丽特和她的两个较小的孩子在法国度了两个月的假。自 1846 年 10 月至 1847 年 1 月，因爱尔兰土豆歉收而引起的饥荒使他的注意力完全转到了爱尔兰农业问题上，就此问题在《早晨记事》（*Morning Chronicle*）上发表了大量社论（头版文章）。到那年 4 月为止，在《早晨记事》上他共发表了 47 篇社论。虽然在 2 月至 4 月他仍在发表这方面的文章，但他已把主要精力重新放回到对《政治经济学原理》的写作上。在 3 月期间，他完成了该书的初稿。① 此后，他用 9 个月的时间重写了全书。完成的书稿于 1847 年年底送交付印，并于 1848 年 4 月出版。

在《政治经济学原理》的写作过程中，哈丽特对穆勒的影响是明显的。书中的“劳工阶级可能的未来”一章是她提议加上的，且完全反映了她的思想。穆勒将此书看作二人一起完成的第一部著作。在《自传》中他对哈丽特对此书的参与作了高度评价。他写道：

“劳工阶级可能的未来”一章——其在思想方面的影响大于书中的其他部分——完全归功于她。在此书的第一稿中，那一章并不存在。她指出了加入这样一章的必要以及此书没有这样一章的不完善性。她是我写那一章的原因。那一章较总体的部分、对两种相反的关于劳动阶级适当条件的理论的陈述和讨论完全是对她的思想的说明，且常常使用了她直接说出的话来进行表述。虽然就《政治经济学原理》的纯科学部分而言我未从她那学到什么，但主要是她的影响给予了该书的总基调，而正是该书的这种总基调使其有别于以

① E. A. Hayek（海耶克）ed., *John Stuart Mill and Harriet Taylor: Their Correspondence and Subsequent Marriage*（Chicago: University of Chicago Press，1951）， 第 118 页。

前所有对能称得上有科学性的政治经济学的解释，且这种总基调在赢得对以前的那些解释反感的人们的好感方面是如此有用。这种总基调主要在于对财富生产的规律和财富的分配方式做了适当的区别：前者是依赖于对象性质的真正的自然法则，而后者则在一定条件下取决于人的意志。… 经济学的概括不仅取决于自然的必然性，而且也依赖于那些与社会既存安排结合在一起的东西；但那些与社会既存安排结合在一起的东西只能被看做是有条件的、随社会改进方面的进步而大有变化的东西。我的确从被圣西门的思辨在我心中所唤醒的思想中部分地学到了对事物这样的观点，但我妻的敦促使这样的观点成为渗透于此书、赋予此书生命力的活生生的原则。这个例子很好地说明了她对我的作品的贡献之总特点。总的来说，抽象和纯科学的东西是我的，而恰当的富有人性的因素则来自她。在所有将哲学应用于人类社会和进步的需要方面，我是她的学生。在思想之大胆和实际判断之谨慎方面，事情也是如此。这是因为，一方面她在预见事物的未来秩序方面比没有她的我更勇敢和更有远见——她预见到许多常常与普遍原则相混淆、应用范围有限的概括将不再有效。若不是由于她，在我的著作中，尤其是在《政治经济学》中，对未来会有的可能性的设想的部分，诸如那些被社会主义者所肯定、一般被政治经济学家激烈地否认的部分，要么不会存在，要么只会以更温和及更有条件限制的形式而存在。虽然她使我在对人事的思想方面更加大胆，但她思想的实际性、她几乎没有差错的对实际障碍的估计抑制了我所有不切实际的倾向。她的头脑赋予所有思想以具体的形式，使其成为关于它们如何才会可行的思想；她关于真实存在的感情和人类行为的知识是如此少的有误，以致在不可行的建议中的弱点很少逃过她的眼睛。①

除了在思想方面对穆勒《政治经济学原理》的贡献之外，哈丽

① Mill, *Autobiography*, 第 186–88 页。

特还帮穆勒与出版商谈判，从而得到了经济上较有利的合同。穆勒《逻辑学体系》的出版商帕克也是他《政治经济学原理》一书的出版人。像他与穆勒所签的《逻辑学体系》出版合同一样，《政治经济学原理》一书的出版协议中也商定作者与出版者平分纯利。由于哈丽特的坚持，这一条款在正式合同中只适用于一版。这使穆勒能够在此书再版后向出版者要求更多的纯利。① 事实上，在第二版之后、第三版之前，穆勒曾写信给帕克要求更多的利润分成。② 当1848年年初穆勒收到样书后，哈丽特也曾为书的正式出版而大为忙碌。为此，她写信给她丈夫又一次推迟他们的一次度假，说在4月前不能离开。③

为了感谢哈丽特的帮助和贡献，穆勒提议在书的扉页上写上这样的献辞：

> 献给约翰·泰勒夫人
> ——作者所认识的无论是在创造性上
> 还是在欣赏社会改良思想方面都最显著胜任的人
> 以最崇高的敬意将
> 这个解释和传播思想
> 的尝试献给她
> （其中许多思想首先自她那学到）④

虽然哈丽特为这样的献辞感到非常欣喜，但她认为需同她丈夫商量是否可以接受之、是否让它通过穆勒的书而公之于世。她在给她丈夫的信中写道：

---

① Hayke，第143页；Michael St. John Packe（迈克尔·圣·约翰·派克）, *The Life of John Stuart Mill* (New York: The Macmillan Company, 1954), 第308页。

② Packe，第308–309页。

③ 同上，第309页。

④ Hayke，第122页。

《政治经济学原理》一书——整个冬天都在做的工作——现在几乎已弄好了，将在10天内出版。我有点不确定是否接受此书的献与给我——敬献给妇女，即使哀悼的书的敬献，并非不寻常的事情；我想如果短而公正，献辞会有好处… 不过，我还没有做决定。你有何建议？总的说来，我倾向于认为这是件好事。①

她丈夫回信坚决反对她接受穆勒的献辞，认为接受的结果对人对己都很不好。他在回信中说：

某种考虑使得我坚决地认为，正像在我读了你的信的那一刻它使我坚决地认为的那样，所有献辞都是无礼的，而且在我们的情况下所提议的献辞会显示出作者以及他的书所要献给的女士之让我不能相信的不礼貌和不得体。…

不仅“几个庸人”将给予庸俗的评论，而且所有认识我们中任何一个的人都会如此——这个献辞将会唤回现已被忘却的往事，产生出只能让我极不愉快的意见和议论。

… 像以往一样，我很遗憾与你意见不一致。但既然你征求我的意见，我毫不犹豫地将我的看法告诉你。

没有人会比我更高兴让你得到公道和荣誉。如果我觉得我的感情和愿望是阻碍你得到二者的唯一障碍，我会感到很痛苦。但我不相信所建议的献辞将显出的我所认为的不得体会带给你公道或荣誉。②

出于对其丈夫的尊重，泰勒没有让穆勒的献辞出现在公开发行的《政治经济学原理》上。但数量很少的赠送本上印有穆勒的献辞。当《政治经济学原理》第2版出版时，沿用了同样的做法。不过，当其第3版在1852年出版时，穆勒的献辞完全消失。这是因为此

① 同上，第120页。

② 同上，第121页。

时泰勒的丈夫约翰已病逝，泰勒已成为穆勒的妻子，穆勒的献辞不再合适。

二、政治经济学理论

穆勒的《政治经济学原理》共分五卷。第一卷为“论生产”，第二卷为“论分配”，第三卷为“论交换”，第四卷为“论社会进步对生产和分配的影响”，第五卷为“论政府的影响”。虽然在前三卷中穆勒也有其独特的见解，但他主要还是阐发了李嘉图的政治经济学理论。穆勒称李嘉图为“政治经济学的真正创始人”并说他自己的《政治经济学原理》的抽象理论部分完全是李嘉图理论的推演。虽然这反映了他的谦虚，但也说明了他的政治经济学与李嘉图理论的密切联系。第四卷和第五卷则主要论述政治经济学原理在具体社会中的应用。正是这两卷集中地体现了穆勒对政治经济学的贡献。穆勒政治经济学方法上之创新和涉及领域之广泛都反映在这两卷之中。

首先，何为政治经济学？穆勒所说的政治经济学基本相当于今天所讲的经济学。穆勒认为政治经济学是关于财富、生产和分配的科学。更具体些说，政治经济学研究财富的性质，以及它的生产和分配的规律，包括直接和间接地使人类状况变得繁荣或相反的一切原因的作用。① 它不考虑全面的人性，而只抽出人性中追求财富的欲望而加以考虑，即讨论在求财的动机下，人会如何行为。② 经济现象是多因所致，但对财富的欲望被设想为其主要因，或影响所有经济活动的因 。③ 所以，政治经济学主要考虑这种因的结果。他接受了“追求最大财富”的经济人前提——即在研究经济活动中，设

① *CW* II, ed. J. M. Robson (1965), 3; 熊彼特，第 242 页。

② *CW* IV, 319, 320–21, 322; Samuel Hollander, *The Economics of John Stuart Mill,* Vol.1 (Oxford: Basil Blackwell, 1985), 106–7.

③ Hollander, 112.

定从事经济活动的人是自私的，求富的动机为其经济活动的直接原因，但他强调这只是假设，不是已证实的事实。① 也就是说，他不认为“最大财富原理”是普遍的、真实的，而只是假设性的。而且，他认为“求最大财富原则”这一政治经济学的基本假定只是具有历史和文化局限性的接近正确的设想。② 他认为关于追求财富的欲望在经济活动中为最重要的动机、是经济活动的结果之第一因这一点，只适用于英美国家。所以，追求财富的欲望在经济活动的首要作用并不具文化普遍性。③ 即便在英美，追求财富的欲望在经济活动中的作用也不是永远不变的。

正是因为政治经济学只考虑了人的求财欲望、其结论只能是抽象的、具假设性的，在应用政治经济学的结论时，要考虑人类的实际状况（多因的作用）。注重政治经济学的应用是穆勒的《政治经济学原理》的重要特色。虽然在方法论上，穆勒仍在原则上同意李嘉图的演绎为主，但他认为在应用演绎的结果时需注意到社会历史条件、应将经济学的结论看作有历史局限性的经验规律。同时，不可忘记经济现象与其他人类活动的关联性。一般认为李嘉图是第一个建立经济学推理模式的人。对李嘉图来说，为了找出一个带普遍性的结论，在推理时应将一些不重要的因素忽略不计，而突出主要因素的作用。例如，在研究地租问题时，土地的非农业因素不予以考虑。直到今天，在社会科学领域中，人们还是采用这样的方式建立模式。穆勒赞成这样的方法，认为这是科学的，但他强调了由这样的方法得出的结论的假定性、条件性。由这样的模式得出的结论只适用于符合其推论前提的情况，但现实的情况不一定都符合这样的条件。所以，这样的结论是有假定性和条件性的。对穆勒来说，由李嘉图的模式得出的经济学原则需被放入具体的社会历史过程中加以考察。而李嘉图本人正忽略了这一点。在注重经济因素与其他因

① *CW* IV, ed. J. M. Robson (1967), 325；Hollander, 111.

② Hollander, 116.

③ *CW* VIII, 906; Hollander, 113–114.

素的联系方面，穆勒更接近亚当·斯密。这就是为何熊彼特认为穆勒的《政治经济学原理》在本质上不是一部李嘉图派著作，而是对斯密思想的发挥，尽管穆勒本人并不这样认为。①

穆勒的确仍属于古典政治经济学传统，因为他在其《政治经济学原理》中仍坚持了其古典政治经济学前辈（斯密、李嘉图、詹姆斯·穆勒）对市场经济、自由贸易等的信奉，但他已将古典政治经济学发展到一个新阶段，因为他的《政治经济学原理》是在新的历史条件下对古典政治经济学的改造和创新。他为古典政治经济学打开了新的视野，输入了新的思想，引进了新的方法。穆勒与其前辈古典政治经济学家的主要不同，可简要地概括为以下几个方面。

首先，穆勒政治经济学的出发点与以前的古典政治经济学不同。穆勒之前的政治经济学之重点在于寻找财富增长的规律，发现国家经济发展最有效率之途径。穆勒的政治经济学则是其社会科学的一部分，是其推动社会进步、实现功利主义之造福人类的理想的手段。所以，穆勒的政治经济学最关注的不是如何增长国家财富，而是经济制度和经济发展同人类幸福的关系。更具体地说，穆勒最关心的是一个社会的经济制度和经济发展如何同其成员的自律、平等和自由相一致。他所寻求的不是最有效率的经济而是最能带来最大多数人的最大幸福的经济。穆勒政治经济学的这种道德感不仅使其别于先前的政治经济学和他之后的新古典政治经济学，也使其至今仍对所有关心人类幸福和社会进步的人具有强烈的吸引力。

第二，穆勒政治经济学主要讨论的阶级关系不是地主和资本家的关系，而是资本家和工人的关系。穆勒之前的政治经济学家生活在英国从封建经济向资本主义的过渡时期。所以他们的理论强调了地主阶级对经济发展的阻碍和资本家在经济发展中的积极作用。虽然他们对劳工阶级也有所讨论，但劳工阶级并不是他们所关注的重点。在新的历史条件下，在工业革命后资本主义经济已占主导的英

① Bladen, xxvii; 熊彼特，233。

国社会中，主要阶级冲突不再是地主和资本家的冲突，而是资本家和工人的冲突。政治经济学要与时俱进，就必须面对这种新情况，对劳资矛盾作出解释、并提供可行的解决办法。穆勒政治经济学就是这样的历史环境的产物。对劳资矛盾的关注使穆勒政治经济学相当多地涉及了有关资本主义、社会主义的探讨。

第三，穆勒的政治经济学在方法论上也不同于以往的政治经济学。穆勒之前的政治经济学家将他们所发现的经济规律看作永恒不变的、超时空的普遍律。但穆勒则将他在《逻辑学体系》一书提出的社会科学的方法应用于他的政治经济学之中，强调了经济规律的历史性、条件性。虽然他仍认为政治经济学需用演绎模式的推理，但他已用历史的观点对演绎的前提和结果进行解释和分析，并且强调了在经济领域中因果关系的复杂性和经济现象与其他领域的相互作用。就方法论而言，他的《政治经济学原理》是其《逻辑学体系》的继续。

以下将对这三方面进行一些更具体的讨论。

第一，穆勒不把寻求财富积累的规律作为其政治经济学的主要目标，因为他认为财富的增长和经济的发展不是人类应追求的目的本身，而是达到人类理想社会的手段。他承认高水平的经济发展是人类理想社会的必要前提，因为没有一定的物质生活水平，人类不可能幸福。所以，在经济不发达国家，经济发展是当务之急。但对经济较发达的国家来说，应放在首位的则是寻求经济发展与社会正义、自由、平等的一致性、让尽可能多的人过上有尊严的生活。在经济发展的水平达到相当高的程度之后，社会的注意力不应再集中在追求物质财富的增长上，不应再让占人口多数的劳动阶级终日为糊口而劳动，而是应让他们有机会受教育，有闲暇发展其才华和提高其修养。总的说来，尊重个人、鼓励个性的发展和个人的自主与提高生产率是一致的。但当提高生产率与尊重个人之自律有矛盾时，个人的自律应被优先考虑。自律是幸福的关键组成部分，是人之尊严所在。经济增长仅是为了提供个人普遍自律的条件，所以应放在个人自律之后考虑。在人类的理想社会中，经济水平处在一种稳定状态，而不是一种持续增长状态。穆勒已认识到社会之一味追求财富增长并不能带来最大多数人的最大幸福，而只能会导致金钱至上的物质主义和激烈的阶级冲突、甚至自由与进步文化的毁灭。此外，无止境地追求经济增长，还会导致自然资源的枯竭和环境污染，因而危及人类基本的生存权。这些都是他以前的政治经济学家，包括他的父亲，不曾考虑到的。据说正是因为他的新观点是对其父的一种尖锐批评，所以他在父亲去世前一直没有发表他有关政治经济学的论文。① 简言之，穆勒对经济上的理想稳定状态之推崇显然使其政治经济学不同于其以追求财富持续增长规律为主要目标的古典政治经济学前辈。在斯密和李嘉图那里，经济上理想的稳定状态并未被提出。虽然，穆勒的父亲詹姆斯可能对此有所提及，但他没有对此进行过讨论。可见，正是穆勒提出这样的一个稳定状态才是理想状态。他之所以将此看作理想状态，主要是由于他注重自律、自由、自尊对人类幸福的意义，因而比他的功利主义前辈更明确地将政治经济学纳入了求最大多数人的最大幸福的思想体系之中。

对于当时日益激化的劳资矛盾，穆勒所提出的解决方案既不同于托利党的保守主义结论，也不同于社会主义的激进主张。他的观点处于二者之间，但更倾向于社会主义。实际上他曾在《政治经济学原理》中说他和哈丽特都应算作社会主义者。不过，他所说的社会主义并不是与空想社会主义和马克思主义相联系的社会主义，而是更具调和色彩的工团主义。穆勒对社会主义的看法大概经历了三个阶段。②（1）认为它只是空想；（2）认为它是人类进步的最终结果，但目前人类对它还没有准备；（3）认为当今社会的巨大进步正在使它越来越有可能。这三个阶段清楚地体现在他对其《政治经济学原理》的修订过程之中。在该书的第一版中他对社会主义的批评是很明显的，而在第二和第三版中，他对社会主义的批评已渐弱，尤其在第三版中对傅立

---

① 见 Nicholas Capaldi（尼古拉斯·凯帕罗蒂）, *John Stuart Mill: A Biography (Cambridge*: Cambridge University Press, 2004), 第 205 页。

② 熊彼特，237–38 页。

叶特别赞扬。总的说来，他一方面认为资本主义的使命将要完成，而同时又不认为资本主义必定使工人阶级生活日趋恶化。他反对用革命来结束资本主义，主张一种进化社会主义。①

按照托利派的观点，统治阶级、富有阶级是穷人的庇护人，而劳动阶级则没有能力保护自己。前者就像成人，而后者如同孩子。所以解决劳资矛盾的方法不是劳动阶级自主自立，而是让统治阶级、有产阶级给穷人更多的施舍，正像父母应对孩子给予很好的照顾。穆勒对此观点当然是坚决反对的。穆勒相信劳动阶级有自立自主的能力。如果他们有条件发展自我，他们能像其他人一样有修养、有创造力。所以，劳资矛盾之解决在于改善工人生活条件、为他们创造发展自主自制能力和提高道德与文化修养的机会。他对劳动阶级的信心在很大程度上受了哈丽特的影响。像前面已提到的那样，讨论此问题的“劳动阶级之可能的未来”一章是哈丽特提议加入《政治经济学原理》一书的，且它也基本反映了哈丽特的思想。

至于如何提高劳动阶级生活水平的问题，穆勒的回答颇受马尔萨斯影响。他认为首先要阻止工人生活水平的不断下降，而控制人口增长是阻止工人生活水平不断下降的主要途径。当然，除了人口增长会降低工人生活水平的观点外，他并没有接受马尔萨斯人口论的其他部分。他并不认为人口增长将不可避免地大大超过生产的增长，更不同意天灾人祸是控制人口的唯一途径。像所有他的经济学前辈一样，他曾忽视了资本家的贪婪对工人生活水平的影响，而将工人生活水平的下降归于人口的增长。他后来对其结论的片面性有所认识，但并没有放弃他对人口控制的强调。他希望通过对劳动阶级进行教育，使他们对控制人口的好处有所了解，而使他们能自愿控制生育。他在青年时代之所以散发宣传节育传单（他曾因此而被捕），② 也是出于这样的信念。另外，穆勒主张提高工人工资，改善工人生活，而不应将劳动阶级的工资压低到维持最低生活的水平。

① 同上。

② 参见本书第三章。

与他的经济学前辈不同的是，穆勒并不认为劳动阶级在工资高过维持最低生活水平时一定会多生孩子。换句话说，他并不认为劳动阶级的低工资是控制人口的必要条件。在他之前的政治经济学家基本上都认为维持工人最低生活水平的费用是资本家所必须付的生产成本，而这种成本就是资本家给工人的工资。如果将工人工资提高到超过他们维持最低生活水平之上，不仅资本家的生产成本过高，而且工人会多生子女，从而将工资水平再降低到仅能维持最低生活水平、甚至更低的程度。所以，为了控制人口，有必要将工人工资保持在仅可维生的水平。对穆勒来说，从根本上控制人口的方法正好相反。当工人的工资高过最低维生水平之后，当工人们有一定机会受教育、提高修养时，他们会认识到控制人口的必要性而自愿节育。穆勒的这一结论已被后来的事实所验证。今天在许多发达国家，人口出生率正随着人们普遍生活和教育水平的提高而降低。即便在中国这样有重视传宗接代的传统的国度，出生率在生活和文化水平较高的大城市（如上海）比其他地区也要低得多。对穆勒来说，工人生活和文化水平的提高是道德的要求，也是有效政治民主的需要。劳动阶级有权利过上有尊严的生活，成为自主自立的人。广大劳动阶级的自主自立是广泛民主的保障。只有当占人口多数的劳动阶级有了较高的文化和道德修养水平时，民主制度才能发挥出最大的优越性。

穆勒认为提高工人生活和文化水平的重要途径是组织工人合资企业，让工人当企业的主人，成为其财产的所有者和管理者。因此，他高度赞扬了当时刚刚从英国大曼切斯特地区的罗切戴尔（Rochdale）城镇兴起的合作化运动（Co-operative Movement）。罗切戴尔以世界性合作化运动的发源地而闻名天下。在1844年，世界上第一个成功的劳动合作社—— 罗切戴尔公平开拓者社（“The Rochdale Society of Equitable Pioneers”）——诞生。它的第一批社员有28人，他们都是纺织工人或手艺人。他们每人出了1英镑，用总共28英镑的资金开办了一个食品店。为了确保合作社的成功，他们制定了一些原则。这就是反映了世界性合作化运动的理念并在其后成为世界性合作化运动指南的罗切戴尔原则。这些原则包括开放入社（open membership），民主决策（一人一票）、按贸易额的比例分配等等。① 16 年后他们的资产超过了 37000 英镑，有了 3450 个社员，年利润约 16000 英镑。② 今天在许多西方国家，类似的合作社仍存在。合作社运动早已是一个具世界意义的运动。穆勒之所以支持合作社运动，是因为合作社既能有效的帮助劳动阶级积累财富，又提供了让他们学习管理、提高自主自立能力的机会。而且，合作社可以是很有经济效率的，因为它们是在市场经济的框架中运转的。为了生存，一个合作社必须同其他合作社以及其他企业展开竞争。穆勒所希望看到的是一个由多个合作社构成的劳资合一的社会。在这样的社会中，劳动者同时也是企业的所有者和管理者，劳动者和有产者的划分不再存在。

需特别加以指出的是，穆勒所提倡的劳动者所有制不同于国家所有制。反对国家对经济的干涉、坚持自由的市场经济是穆勒与当时许多激进社会主义者的主要不同。穆勒认为，若实行国有制，取消了竞争机制和市场自发的调节，经济则不会有效率。首先，国家计划不会像市场调节那样准确的反映供求关系。与斯密一样，他相信市场这个“无形的手”能最好地使供求达到平衡。在市场经济下，当某一产品短缺时，其价格自然上升，于是自然会有人为了赚钱而转向这类产品的生产，而当此类产品不再短缺时，其价格的下降自然会使人们停止对其的过量生产。人们的经济行为虽然是由利己的动机所决定的，但其效果却是有利于全社会的。尽管，就个别的企业而言，生产的不足或过剩是会出现的，但整个社会的供求会是均

---

① 关于“The Rochdale Society of Equitable Pioneers”，参见 Sidney & Beatrice Webb, *The Consumers' Co-operative Movement*（London: Longmans, Green, and Co., 1921），第 5 页；J. Reeves, *A Century of Rochdale Co-operation*, 1844–1944 (London: Lawrence & Wishart, 1944)。本文提及的仅是最初的罗切戴尔原则。其后又有 1966 年和 1995 年的修正版。

② Packe，第 308 页。

衡的。同凯恩斯之前的大多数经济学家一样，穆勒没有看到自由市场经济可能会带来的供求不等。第二，在取消了竞争的国有经济下，人们不会有劳动积极性。就目前广大劳动者的思想水平而言，他们的行为主要由自我利益所驱使，不会为公益而努力工作。不过，他相信在遥远的将来，随着人们文化和道德水平的极大提高，人们的行为将不再主要被自私的动机所决定，同情心一类的利他情感会对人们的行为起更大的作用。到那时，经济效率将不再像现在这样依赖于竞争机制。在这方面，穆勒明显地不同于他的政治经济学前辈。他并未把利己看作人类永恒的行为动力、把自由市场经济看作有效经济的最终理想模式。对他来说，自私自利的人和以此为基础的市场经济都是人类社会发展在一定历史阶段上的产物。

在国家与经济的关系问题上，穆勒虽反对国家干预经济，但他并没有忽视国家在经济发展中的职能。他认为在与公益事业直接有关的经济发展方面。国家应起主导作用。与公益事业直接有关的经济实业不应以赢利为目的，所以国家的主导有利于这些事业的健康发展。例如，铁路、煤矿、供水等应由国家占有，但由国家交私营企业来经营，以求高效率。另外，国家应采取法律和经济措施来普及教育，促进全民文化和道德水平的提高。当然，国家不应直接管理学校，而是应让非官方人士来经营教育。这是因为国家直接管教育不仅工作效率差，而且还会妨害思想的自由发展而导致思想专制。[①]

在对古典经济学，尤其是李嘉图所推出的经济规律进行历史的考察中，穆勒得出结论说：生产的规律是自然的，但财富分配制度是人为的——就每个社会的分配制度是由其特有的社会条件决定的而言。所以，分配制度不是一成不变的。当历史条件变化时，分配制度也相应地发生变化。[②]他基本上没有否认私有制存在的必要性，但他并不认为现存分配制度是最好的、最合理的私有制。他认为人

① 对穆勒这个观点更具体的讨论，见本书第十章，《论自由》。

② Mill, *Autobiography*, 187; Hollander, 86.

们应对现有的私有制进行许多改进。① 现存私有制的最大弊病是没有遵从按劳分配的原则。除了提倡劳动者自愿组织劳资合一的合作社外，穆勒还提出一系列改造现存分配制度的措施。他主张国家要用立法来逐步削减不劳而获的收入。例如，地租收入应加以限制或剥夺。土地是公共资源，应是国家的财产或广大农民的财产（国家可用赎买政策将土地从地主手中拿过来），而不应成为占人口少数的地主不劳而获的专利。另外，他还认为应对遗产和惠赠财产收高税，并限定可继承财产的上限，② 因为继承人或受赠人并没有通过劳动来得到这些财富。由于能有大笔遗产的人只占总人口极少数，这样的税收制度对社会的多数人有百利而无一害。至于普通的收入税，他主张统一比例税，反对随收入增加税收比例递增的累进税。他的理由是后者不利于鼓励多劳多得。但他主张收入中用于维持生活的部分应免税，例如，如果一个人所收入的 150 英镑中有 100 磅必须用于生活必需品，这 100 英镑就应免税，而只有另 50 磅应纳税。由于穷人所得常常是刚够温饱、甚至不足温饱，根据穆勒所建议的免税方案，穷人应免税或交极少的税。③ 而且，免税量应随通货膨胀率而增大。关于社会救济制度，他坚持社会给失业者的福利不应使其生活高于一个在业劳动者的最低生活水平。只有这样才能鼓励人们劳动而不是依靠福利。总的说来，穆勒的这些建议基于对经济效益与公平分配的统一的考虑，符合功利主义的最大幸福原则。从今天的眼光看，这些思想仍很有价值。

① *CW* II, xlviii.

② *CW* III, 811.

③ 关于穆勒在免税份额及遗产税的观点的一个较详细的讨论，参见 Robert B. Ekelund Jr. and Douglas M. Walker，“J. S. Mill on the Income Tax Exemption and Inheritance Taxes: The Evidence Reconsidered,” *in History of Political Economy* 28:4 (1996), 559–81。

第九章

有情人终成眷属

一、精神伴侣的结合

在 1840–1850 这十年中，由于《逻辑学》和《政治经济学原理》的出版和不同一般的反响，穆勒在事业上已获得了巨大成功。在接下来的几年中，他没有发表任何重要著作，但却计划并完成了其后他那些最著名的伟大著作的草稿。在个人生活方面，他终于同他爱慕了二十年之久的哈丽特·泰勒结成夫妻，共同渡过了他一生中最为幸福的时光。

《政治经济学原理》完稿之后不久，穆勒和哈丽特就开始有健康问题。先是哈丽特在 1848 年冬开始犯老病（麻痹和风湿痛）加新病（脸痛——可能是一种慢性牙痛），① 接着是穆勒在 1848 年夏在海德公园跌伤臀部并因将用在身上的石膏弄到眼里而引起眼部感染，以致暂时失明。

1849 年夏天，哈丽特的丈夫约翰·泰勒因患癌症而去世。约翰去世后，穆勒和哈丽特并没有立刻考虑结婚。原因可能有三。第一，

① 参见 Michael St. John Packe（迈克尔·圣·约翰·派克）, *The Life of John Stuart Mill* (New York: The Macmillan Company, 1954), 第 331 页。

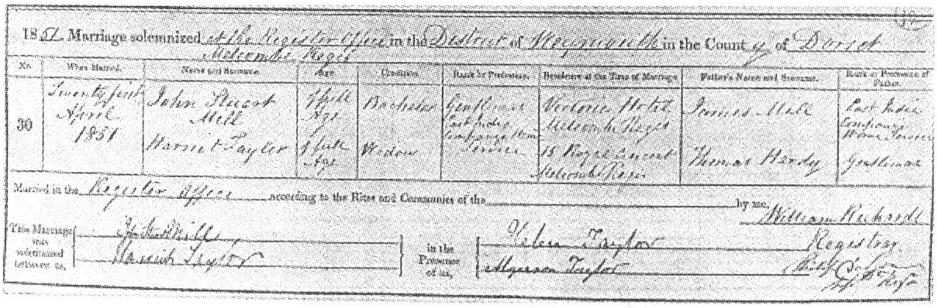

1851. Marriage solemnized at the Register Office in the District of Weymouth in the County of Dorset
Melcombe Regis

No.	When Married	Name and Surname	Age	Condition	Rank or Profession	Residence at the Time of Marriage	Father's Name and Surname	Rank or Profession of Father
30	Twenty first April 1851	John Stuart Mill	Full Age	Bachelor	Gentleman East India Company's Home Service	Victoria Hotel Melcombe Regis	James Mill	East India Company's Home Service
		Harriet Taylor	Full Age	Widow		18 Royal Crescent Melcombe Regis	Thomas Hardy	Gentleman

Married in the Register Office according to the Rites and Ceremonies of the ______ by me, William Richards Registrar

This Marriage was solemnized between us, J. S. Mill, Harriet Taylor; in the Presence of us, Helen Taylor, Algernon Taylor

穆勒与哈丽特的结婚登记表

他们想说明二人关系的纯洁性，不愿让那些有关二人有性关系的传言得到支持。第二，二人对当时的婚姻制度持批评态度，尤其是激烈反对法律所规定的婚姻关系中男女不平等（例如，一切财产归丈夫所有）。第三，二人的朋友关系已长达二十多年，向夫妻关系的转变需要时间。但经过一段犹豫之后，二人还是选择了婚姻。不过，为了表明在婚后与哈丽特关系的完全平等、对哈丽特的财产无意占有，穆勒在 1851 年 3 月曾作了一个声明，其主要内容如下：

如果我很荣幸地得到她的许可，我将与我真正了解的唯一女人结婚（她是我所想要结婚的女人）。现存法律所规定的婚姻关系特征是我和她都从心里完全反对的。我们反对的原因之一是：这样的婚姻关系给予其中的一方一个契约，即合法的权力（legal power）去控制另一方的人身、财产和行动自由，而不顾另一方的意愿。我无法从法律上抛弃这些可憎的权力（因为我无疑会有这些权力——如果婚约对我有法律效力），但我感到有义务在此记录下一个反对现存婚姻法授予这些权力的正式抗议，并庄严许诺在任何情况或条件下绝不使用这些权力。就我和泰勒夫人的婚姻而言，我声明以下是出于我的意愿的结婚条件：在所有方面她保有完全的行动自由、支配她已有的和可能将拥有的一切财产的自由，就像我们的婚约不曾存在一样；我完全放弃和否认由我们的婚姻而获得的任何权力。①

① *Collected Works of John Stuart Mill*, vol. 21, ed., John M. Robson (Toronto and London: The University of Toronto Press and Routledge and Kegan Paul , 1984), 第 97–99 页。

在约翰去世近两年后，穆勒与哈丽特于1851年4月21日在英格兰南海岸上的麦尔康伯·瑞格斯（Melcombe Regis）登记结婚。他们有意选择在这个没有人认识他们的乡间结婚，以便尽可能少地引起人们的注意。除了给他们办结婚手续的两位当地官员和哈丽特的女儿海伦和次子阿尔杰农（Algernon，也就是哈基——Haji），没有其他人在场。手续一办完，他们就回到临时住处并开始工作（为哈丽特的一篇文章的发表做准备）。一周后，他们回到伦敦，并在《时代》上宣布了他们结婚的消息。为了避开社交、远离熟人，他们在离伦敦约7英里处的布莱克黑斯公园（Blackheath Park）租了一栋房子住下来。哈丽特的女儿和次子与他们同住（后者5年后搬出）。他们雇了一个厨子和一个园丁。一家人还养了一个听话的鸣鸟和一只漂亮的波斯猫。

需要说明的是，穆勒在婚后与他自己的家人基本已无来往。当他与哈丽特做出结婚决定之后，穆勒通知了他的母亲和在伦敦的两个妹妹。由于不知所措的她们没有做出他所期待的热烈反应，尤其是没有马上对哈丽特做出欢迎的表示，穆勒对她们极为不满，并从此与她们很少联系。哈丽特为了缓和穆勒与其家人的关系，曾主动到穆勒家拜访，但由于穆勒的一个妹妹待在房间里不肯出来见她，穆勒对他的家人可能更加愤怒。几天后，当他的这个妹妹来到哈丽特住处以弥补过失时，却被穆勒挡在门外，不得入内。他最小的弟弟乔治，比他小近20岁，本是与他很亲近的，并且是哈丽特的儿子们的朋友。穆勒结婚时，他正在外地养病——他患了肺结核。穆勒既没有把结婚的决定在事先告诉他，也没在婚礼后让他知道。乔治为此而有些伤心。而且，当他听说穆勒和哈丽特结婚后，曾写信给哈丽特的儿子，批评穆勒和哈丽特结婚是对世俗价值的屈服、对他们自己的原则的放弃。这使穆勒和哈丽特都对他很不满，致使他们与之关系破裂。在之后的几年中，穆勒的母亲一直都对穆勒对她的态度感到伤心，并一直在自责。直到去世前，她仍希望穆勒能原谅她、对她好些。① 这一点清楚地反映在穆勒的小妹给穆勒的信中。他的小妹玛丽这样写道：

母亲很不快乐，因为她认为没有很好地对待你的妻子。她不断地催我们去布莱克黑斯拜访她，说这样会使你很高兴；现在没有什么能把她的注意力从这种想法上移开。她现在仍然很虚弱，不能站起来，并且显然认为你很生她的气，因而不来看她。… 所以，你能否让我们知道我们怎样做更好，或为了母亲，给她写几行字，以免她希望我们到你那去，或以某种方式使她安心些。②

在收到这封信后的两天，穆勒给他母亲写了一封信。两个月后，他母亲病重，他曾去探望过一次。母亲去世时，他在国外。他母亲的后事处理完毕之后，他与自己的家人的联系就中断了，直到晚年才有所恢复。③ 这就是目前所存的资料对同哈丽特结婚前后穆勒与其家人关系的描述。如果这些资料是准确和全面的，作为他母亲的长子和弟弟妹妹的长兄，他对母亲和弟弟妹妹的态度让人感到太不近人情。也许一个能像穆勒那样去爱一个女人的男子和天才，已难以像普通人那样合乎常情地对待家人和朋友。不同寻常的爱情导致不同寻常的思想和行为。他的爱情令人赞叹，但其对家人的不宽容则令人难以接受。

① 关于这些情况，参见 Packe 书，第 353–357 页。

② 转引自 Packe 书，第 355 页；原文见 MT Coll. 47/26, MS. 3 April ,1854 (“MT Collection” 即 “The Mill-Taylor Collection in British Library of Political and Economic Science”——穆勒与泰勒通信手稿，存于英国政治经济学图书馆，也就是伦敦政治经济学院图书馆；“MS” 指 “手稿”；“47/26” 指 “47 卷，第 26 大张”)。

③ 关于穆勒晚年与小妹关系的恢复，参见本书第十五章，《生命的尽头》。

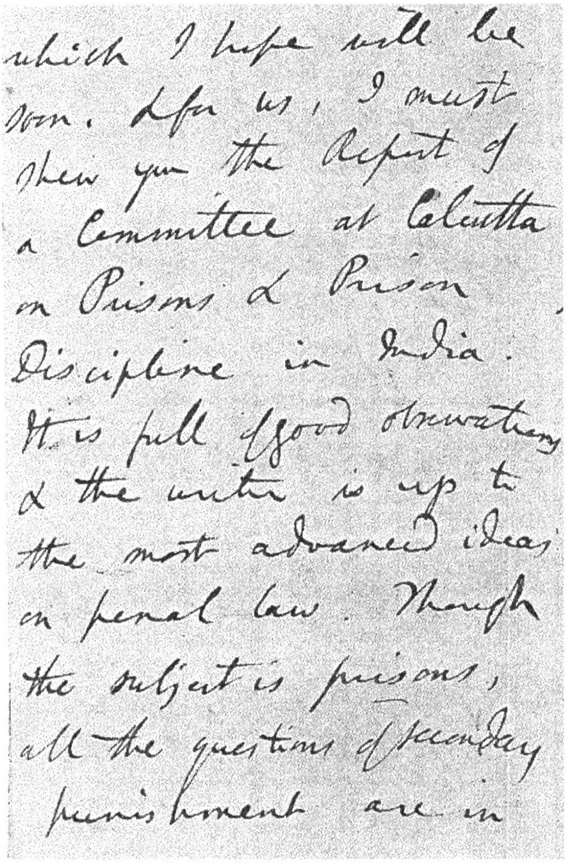
which I hope will be
soon. Before us, I must
shew you the Report of
a Committee at Calcutta
on Prisons & Prison
Discipline in India.
It is full of good observations
& the writer is up to
the most advanced ideas
on penal law. Though
the subject is prisons,
all the questions of secondary
punishment are in

穆勒书信手稿（1）
（英国政治经济学图书馆 The British Library of Political and Economic Science）

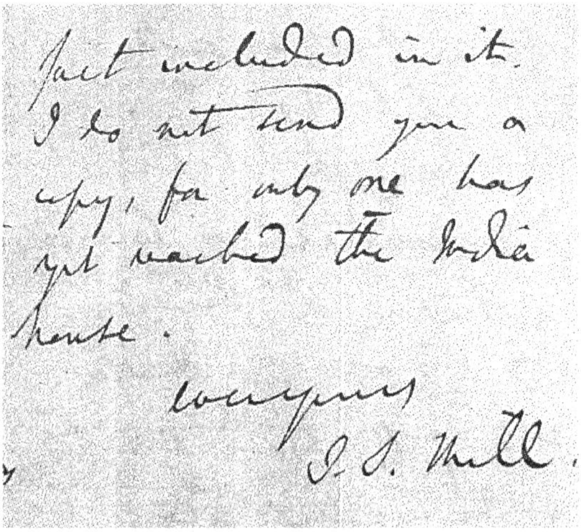
fact included in it.
I do not send you a
copy, for only one has
yet reached the India
house.
Ever yours
J. S. Mill.

穆勒书信手稿（2）
（英国政治经济学图书馆 The British Library of Political and Economic Science）

二、恬静的婚后生活

婚后穆勒和哈丽特的生活非常恬静。他几乎没有社交活动。除了到伦敦上班，穆勒只去参加政治经济学俱乐部的会议。在伦敦他也很少与人来往。即便是贝恩，也只能在他的办公室短暂见面（除了有几次陪他从办公地点走到去布莱克黑斯的火车站）。① 在布莱克黑斯居住的7年中，穆勒很少在家接待客人。据说只有一开始就支持他与哈丽特来往的福克斯（Fox）及其女儿和三个外国人（意大利学者 Gomperz Villari，Pasquale Villari， 和 Giuseppe Mazzini）去过他家做客。像穆勒和哈丽特这样相爱的伴侣，在最终得以结合之后，其幸福和满足感足以使他们对社交活动无兴趣。正如有人评论道的那样："实际上，他们如此全神贯注于探究彼此，以致将任何外来的交往都看作不受欢迎的打扰而尽可能加以避免。" ② 但他们之尽量避免社交也与他们对普通社交之弊害的看法有关。穆勒在《自传》中曾这样说过：

现在英国所进行的一般社交是件枯燥乏味的事。即使对那些使其成为现在这个样子的人，也是如此。这样的社交之继续存在，是为了理性上的考虑，而不是为了其所带来的快乐。… 对一个在思想和情感上不平庸的人来说，这样的社交必是非常没有吸引力的，除非它有助于他的某些个人目的之实现；当今多数心智很高的人很少加入这样的社交；… 那些心智很高但却又不这样做的人几乎毫无例外地因这样的社交而极大地使自己退化，更不用说浪费时间和使情调下降。他们对那些不能在其常打交道的社交圈里说的主张越来越

① Alexander Bain(亚历山大·贝恩), *John Stuart Mill: A Criticism* (London: Longmans Green & Co., 1882), 93 页。

② Packe 书，第 358 页。

不热诚；他们开始认为崇高的目标不现实或至少仅是遥遥无期的见解或理论；… 一个高心智的人绝不应该进入低心智的社交圈，除非他能作为一个使徒而进入；然而只有具有崇高目标的人才能安全地进入。即使那些精神上有抱负的人，如果可能，最好经常同与他们同等水平的人交往，且尽可能同在知识上、精神上和情感高度上高于自己的人经常交往。进一步说，如果品格已经形成，对人类意见的基本看法已经确定，在一个真正最热诚的人的心中，就总会感到信念上的一致性和对这些信念的同感是真正的友谊所最不可缺少的东西。这些联系在一起的因素使我现在愿意寻求交往的人数很少，愿意寻求密切关系的人数更少。①

另外，他们尽量避免社交也必与他们强烈感到了时间的迫切性有关。由于身体不好，感到来日不多，他们想抓紧分分秒秒，在有生之年完成尽可能多的著作。婚后的头一年，穆勒生活得比较悠闲。可以说，有生以来，他第一次过得如此放松。早上他通常同哈丽特聊天，一直到需离家去上班为止（大约早上 9 点）；晚饭后或与哈丽特的小儿子哈基下棋，或是读点书，或是弹钢琴给哈丽特听。穆勒需要做的唯一家务事就是下班回来后烧烧茶。星期天则给了他的植物学业余爱好：他通常步行再加乘坐火车到野外去收集植物标本。② 相对以前而言，在这一年中，穆勒较少写作，而较多地享受生活。但这样的悠闲日子并不长。从婚后第二年开始，穆勒和哈丽特都开始生肺病。可能是穆勒的父亲将肺结核传染给了穆勒，他又把它传染给了哈丽特。在那个时代，人们并不知道肺结核是传染

① John Stuart Mill（约翰·斯图亚特·穆勒），*Autobiography*（《自传》），ed. John M. Robson（约翰·鲁伯森），London, Penguin Books，1989，173–74 页。

② 参见 Packe 书，第 358–359 页。

的，而以为是遗传的。那时也没有对肺结核有效的治疗方法。① 所以，得了肺结核几乎就等于得了不治之症，正像今天得了癌症一样。开始穆勒并不清楚他是否得了肺结核，但他的症状很像。直到 1854 年 3 月他才被确诊为肺结核。知道得了“不治之症”后，穆勒并没有放弃战胜病魔的希望。由于给他确诊的大夫对他的治疗毫无信心，穆勒去找了另一位对肺结核很有研究并相信其可能被治愈的医生。这位医生建议他每天做三次呼吸练习（每次半小时）。这种练习可有助于扩肺，从而防止结核的进一步发展。

在被确诊为肺结核两周后，穆勒将自己的病情告诉了哈丽特。正在法国养病的哈丽特赶回了布莱克黑斯。面对早逝的可能性，二人重新制定了生活计划，以便在最短时间中完成尽可能多的著作。② 在穆勒的病确诊之前，他对自己的健康状况已感到很不好，所以同哈丽特共同研究，一起列出了要写的论文集的论文主题单目，计划了下几年的写作计划。他当时最担心的是在生前不能完成这些著作，因而有负他的道德使命。他在日记中这样写道：“我很痛切地感到我是怎样地耽搁了完成写作的神圣使命。这样的使命要求我将心中所有那些能帮助摧毁谬误与偏见和扶植正义感和真理的思想写出来，而不让它们与我一同死亡。” ③ 在给哈丽特的一封信中他曾这样说：“我近来一直强烈地感到（如果我没有如此感觉我必是失去了感觉任何东西的能力）生命之短暂和不确定性以及未将我们想说的最好的部分写出来而是将它们留给机遇的控制的错误。我决心更好地利

① 参见 Packe 书，第 360 页。更详细的说明，参见北京市卫生局的《结核病的历史》，其中说道：“1882 年科霍发现了结核病的病原菌为结核杆菌，人类对结核病的认识才取得革命性的飞跃，但由于没有有效的药物治疗，结核病仍在全球广泛流行。自 1945 年，有效抗结核药物链霉素发明并应用于结核病的治疗以来，结核病不再是不治之症，结核病的治疗才有革命性的进步”（http://yljk.beijing.cn/fjhfz/n214063851.shtml；2012 年 8 月 5 日网页）。

② Packe 书，第 367 页。

③ E. A. Hayek（海耶克）ed., *John Stuart Mill and Harriet Taylor: Their Correspondence and Subsequent Marriage*（Chicago: University of Chicago Press，1951），第 190–91 页。

用我们能有的时间。如果好好利用，我想两年能让大部分我们最好的思想达到可发表的程度——如果达不到就普及效果而言最好的形式，但也可达到浓缩的思想的状态，… 我想象着看到身后发表的一大卷或两小卷论文集，以《人生》① 为其第一部分。如果我们能活到 1855 年圣诞节，我会尽全力把这些论文弄到可以发表的程度，到那时如果我们仍能活着对它们加以改进和扩充，则先不发表它们。”②

由于面对死亡的可能性穆勒想得最多的是如何将其思想留给世人，他的病不仅没有使他消沉，反而使他争分夺秒地不停工作。身体越不好，他的写作越起劲。③ 不过，到了 1854 年 6 月，他的健康状况已明显恶化（例如，明显的消瘦），以至于他只得到气候温暖的法国去休养。到法国不久，他的身体明显好转。仅在到法国的头 3 周内，他的体重就增加了 4 磅，在其后的 10 天又长了两磅。在法国修养了 7 周后，他的病情已得到很好的控制。此后虽然仍有健康问题，但肺结核却不再是问题。要不是穆勒奇迹般地治好了肺结核，他那些最有影响的著作（例如《论自由》、《功利主义》）就不可能出现了。这真像是上天给了他机会，好让他把其最好的思想留给人类后再走。顺便说一下，那时在法国生活比在英国便宜得多。加之穆勒又很节省，所以，在法国的 7 周他一共只花了 31 英镑。④ 自 1854 年 12 月至 1855 年 6 月，穆勒独自在欧洲大陆旅行了半年（因哈丽特的身体不好，无法与他同行）。要写《论自由》一书的念头就是在此次欧洲之行中出现的。在这之前他只是想写一篇论自由的文章。⑤

在此后的几年中，穆勒几乎完全停止为杂志写文章，而是集中精力地写他计划写的东西。他将已发表的《逻辑学体系》和《政治经济学原理》看作仅是他要完成的工作的序幕，认为它们只建立起了他的第一原则。他下面要做的是将它们应用到更具体的领域，而

① 指《自传》。
② Hayke，第 191 页。
③ Packe 书，第 368 页。
④ 同上书，第 374 页。
⑤ Mill, *Autobiography*, 第 182–83 页。

这才是更重要的工作。[①] 他后来的一系列著作都是在这样的前提下动笔的。他后期的主要著作（例如《论自由》、《功利主义》、《代议制政府》、《论宗教的三篇论文》和《自传》等）的草稿都是在婚后的几年内完成的或计划的。从这个意义上说，婚后的几年是他最有成果的时期。哈丽特参与了穆勒后来所有重要著作的写作，尽管她并没有直接执笔。穆勒并不将他的思想与哈丽特的思想区分，而将他的著作看作二人的共同成果。他在《自传》中曾这样说：

当两个人的思考完全一致；当他们精神上的或道德上感兴趣的所有问题在他们的日常生活中得以讨论，并探讨的比在那些为一般读者而写的著作中通常或方便听到的深入得多；当他们从一样的原则出发并一起经历探讨过程而达到结论，就原创性问题而言，他们中谁执笔都是无关紧要的。写的最少的那个可能提供了最多思想，由此产生的著作是二人共同的产品，且这必是不可能去分清各自的部分并确定什么属于这个人、什么属于那个人。从这种广义上说，不仅我们婚后的那些年，而且在我们婚前作为亲密朋友的那些年间，就我所发表的著作而言，她的贡献同我的一样大。但是，随着时间的推移，她的贡献越来越大。[②]

从现有的资料看，穆勒之肯定哈丽特的贡献、将其著作看做他和哈丽特的合作并非仅仅出于爱情，而是有事实根据的。例如，二人一起反复推敲了《论自由》；穆勒的《妇女的屈从》是自哈丽特的文章《妇女之权利》发展而来的。[③] 从下面哈丽特给穆勒信中的这段话，我们可以看到她是一位多么有思想的女性：

亲爱的，说到论文，宗教，也就是“宗教之功用”难道不是你

① Packe 书，第 368 页。
② Mill, *Autobiography*, 第 183–84 页。
③ 参见 Packe 书，第 370 页。

最有话可说的题目之一吗？你可以解释某种宗教（迷信）之普遍的存在是由于恐惧、希望及神秘之本能；抛开被称为宗教的所有学说、理论及权力工具，说明宗教和诗如何满足了同样的需求——对更高的对象的渴求，对痛苦的安慰，出于自私而对天堂的希望，上帝对温顺者和感恩者的爱；说明这些如何必须被道德所代替——道德之力量源于同情和仁慈，而道德之奖赏来自我们尊敬的人们的认可。①

对此，在给哈丽特的回信中穆勒说道："你关于论宗教的文章设想非常好，但它需要你来完成——我可以试试看，但我对这个题目要说的一切用几段话就可以说完。"② 尽管这样说，后来穆勒还是在《宗教的功用》一文中讨论了哈丽特在给他的信中建议他讨论的题目。③

在身体不佳却又急于完成更多的著作的情况下，穆勒没有辞职，而是继续在东印度公司上班。这主要是因为他若在那时自愿退休，退休金可能不足以维持他和哈丽特所习惯于的生活水平。虽然哈丽特拥有她前夫留下的所有财产，但穆勒信守婚前声明中的诺言，把哈丽特的收入排除在他的家庭预算之外。但他如果是因病被迫退休，他则可能会得到相当于在职工资三分之二的退休金（也就是一年 800 英镑）。而且，如果他的大夫认为他需到海外休假养病半年，东印度公司还要支付他海外养病的费用。所以，在 1854 年 6 月之前他一直坚持上班，且工作得很有效率——曾在两个半月中完成半年的工作。由于想留住他，东印度公司还给他加薪 200 英镑（原年薪为 1200 英镑——在那时已是相当高的）。④ 不过，当他后来身体得到恢复后，退休问题已不再迫切。1856 年穆勒成为新的印度通讯总审查员——一个他父亲曾做过的位子。这也就是说他成为东印度公司伦敦办公室的第一把手，担负着相当于一个部长的责任。1857 年

① Hayke，第 195–96 页。
② 同上，第 197 页。
③ 关于次文的内容，见本书第十五章。
④ 参见 Packe 书，第 371–73 页。

他的薪水从 1400 英镑提到 2000 英镑。

但是，到了 1857 年年底，东印度公司本身的生存已成问题。此时《更好的印度政府案》已通过。一个部长即将被任命来处理印度事务。也就是说，印度将被英国政府直接统治，东印度公司将被解散。① 1857 年在印度曾出现兵变反英。东印度公司为此而受到严厉指责。当时的东印度公司已是一个庞大的官僚机构，负责印度的军政事务。当时印度人对英国人日益加深的不满被当做东印度公司统治不利的证据。所以，要求解散东印度公司而由英国政府直接统治印度的意见占了上风。

穆勒为东印度公司在统治印度中的作用作了很有力的辩护。他认为在印度的兵变不是由于东印度公司的管理无效，而是由于英国政府的干涉和控制。他认为东印度公司在保护印度当地人方面有积极作用。他反对当时英方对兵变的镇压方式。在任职期间，穆勒支持让更多的印度当地人参与管理，以获得自治的经验。他认为用英国政府的直接统治取代东印度公司的脚色只会更有利于在印度的白人。②

穆勒反对英国政府直接统治印度，主要不是出于对东印度公司的忠诚，而是出于他的政治信仰。在根本上，他是反对殖民主义的。他认为一个国家不应对另一个国家进行直接统治且这样的统治也存在不下去。殖民统治有悖他的自治理念。一个先进国家管理一个还不具备自治条件的落后民族的唯一正当理由是帮助后者走向自治和独立。③ 在他看来，像印度这样古老而又落后的国家，专制统治仍是必要的，其人民需要长期的启蒙后才能实行民主制度。④ 所以，在现阶段，最好通过英国政府的代理人而不是英国政府本身来管理。东印度公司，作为这样的代理人，其工作是很有成效的。⑤ 他很清

---

① 参见 Packe 书，第 387–88 页。

② 参见 Capaldi Nicholas, *John Stuart Mill: A Biography* (Cambridge: Cambridge University Press, 2004), 第 242–243 页。

③ 同上，第 242 页。

④ 这类思想在他后来发表的《代议制政府》中有清楚的表述。

⑤ 参见 Packe 书，第 389 页。

楚地知道英国的海外殖民是为经济利益所驱使。他既不认为这在道义上站得住，也不认为英国的经济有必要依赖海外殖民。①

尽管穆勒对东印度公司在印度的管理功能作了有力辩护，东印度公司还是于1858年被解除了在印度的行政和军事指挥权。从这时开始印度成了英国政府直接统治的殖民地。新任命的负责印度事务的部长曾邀请穆勒为其顾问委员会成员，但被穆勒婉言谢绝了。1858年，穆勒以高达1500英镑的年薪退休，因而其后在经济上无任何问题。②得知他退休的消息后，他的朋友和助手柔顿（Thornton）向几个同事提议一起凑钱做个纪念品送给穆勒。大家立即响应他的提议，很快凑了50–60英镑。他们用这些钱为穆勒定做了一个极好的银制墨水台。但穆勒听说了他们的计划，很生气地找到了柔顿，说他不能接受他们的礼物。无论柔顿如何让他相信大家是心甘情愿这样做的，穆勒坚持总有人是不好意思拒绝才会同意凑份子的。最后，柔顿等只得让银制墨水台的加工者派人送到穆勒家，并吩咐去者把银制墨水台交给穆勒家的仆人后，不等回话，立刻就走。这个办法可能奏了效，因为后来柔顿在穆勒家看到过这个银制墨水台。至于是否是由于哈丽特的劝说穆勒才把它收下，则无人知晓。③这虽是一件小事，也可看出穆勒的为人。

三、永远的思念

穆勒退休后，他和哈丽特终于可以自由自在地享受生活并将更多的时间投入写作。他们都很喜欢在法国旅游和生活。于是他们决定一起先到法国旅游，然后再去意大利和希腊。二人在1858年10

① 参见 *CW* XIX，第565页；也见 Capaldi 书，第242–243页。

② Packe, 390.

③ 参见 W.T. Thornton, “His Career in the India House,” in Herbert Spencer and others (no editor), *John Stuart Mill: His Life and Works* (Boston: James R. Osgood and Company, 1873), 36–37页。

哈丽特·泰勒·穆勒 Harriet Taylor Mill
(伦敦国家肖像美术馆 National Portrait Gallery, London)

月离开伦敦前往巴黎。哈丽特的女儿海伦从阿伯丁（苏格兰的一个城市）赶来送别。到达法国后，开始一切都很顺利。但当他们到达莱昂斯（Lyons）后，哈丽特开始生病：发烧、咳嗽。但她以前也有过类似的病症。在停留了一周后，他们坚持着到达了更南边的阿维尼翁（Avignon）。但到阿维尼翁时，哈丽特的身体已经完全垮下来了。到那的第一天，当地医生给哈丽特看过病，但他们开的药不管用。哈丽特加用了一些随身带来的药品。第二天，也就是 10

月 28 日，穆勒写信给以前曾治好过哈丽特类似病状的一位在奈斯(Nice——法国南部城市)的大夫格内 (Gurney)。① 在信中穆勒写明，任何费用都不成问题，最重要的是他能尽快赶到。他写道："我恳求您立刻来。我几乎不需要说，同救她相比，多大的费用都比鸿毛还轻。" ② 但是在这位远在 150 英里之外的大夫赶到之前，哈丽特的病情急剧恶化并在穆勒的信发出几天后（也就是 11 月 3 日）病故。③ 穆勒的悲痛是难以描述的。但他还是尽快地做了他认为有必要为哈丽特做的几件事情。他写信给阿维尼翁市长，通知他哈丽特在此地去世，并附上捐给当地穷人的 1000 法郎；他还给当地新教教堂捐了钱。仅仅由于哈丽特病故在此地，他想尽其所能对当地人做些事情。当格内大夫从奈斯赶了一周的路到达阿维尼翁时，虽然已经太晚，穆勒还是说服他收下了 1000 英镑的酬金——相当于一个高级专家从伦敦到奈斯救活一个病人的报酬。④ 另外，穆勒还为哈丽特写了一个讣告，托他的朋友桑顿送《时代》发表。在托桑顿发讣告的信中，穆勒也提到了哈丽特去世给他带来的悲痛和打击。他写道：

> 我的妻子——我所有情感的分享者、所有最好思想的激发者、所有行动的向导——已经走了。… 很难说我今后还能做好任何事——无论是公共的还是私人的。我生命的弹簧已经断了。但是，我将竭力实现她的愿望，通过坚持尝试做有用的事。⑤

在其后的日子里，对哈丽特的怀念和完成她的遗愿的决心使穆勒更加努力地工作。"化悲痛为力量"这句话用到穆勒身上实在是再确切不过了。当然，穆勒在哈丽特去世后之所以能顺利地生活和工作下去，哈丽特的女儿海伦对他的帮助和照顾是至关重要的。

---

① 参见派克书，第 392–93 页。

② *CW* XV, ed. Francis E. Mineka and Dwight Lindley (1972), 572.

③ 参见 Capaldi 书，第 245–246 页。

④ 参见 Packe 书，第 398 页。

⑤ 转引自 Bain 书，102 页。

在哈丽特病重时，穆勒曾在 11 月 1 日给海伦发了电报。海伦一收到电报就赶往阿维尼翁。但还是太晚了。她到达后，在给他兄弟哈基的信中，海伦曾提及穆勒悲痛欲绝的情形并说她必须照顾他。① 实际上，从此以后海伦就留在了穆勒的身边，担负起照顾穆勒的责任。如果海伦没有这样做，我们很难想象穆勒如何生活下去，更不用说完成他后来那些伟大著作。在谈到海伦时，穆勒在《自传》中这样写道：

虽然激发了我最好的思想的人已不再与我在一起了，但我并不孤独：她留给了我一个女儿，即我的继女海伦·泰勒小姐。海伦继承了许多她母亲的智慧和她所有的高尚品格。从那时到现在海伦之不断发展和成熟的才华一直都贡献给了同样的伟大目标，而且比她母亲的才华更好地和更广泛地为人所知，尽管现在她的才华远还没有像我所预料的那样多地为人所知、远还没有她此生定能达到的那么为人所知。关于她与我直接合作之重要性，今后多少会被人说到；而我欠她的——就她极大的思想创造力和极高的正确实践判断力所给予我的指导而言，则无法让人有充分了解。无疑，在我之前无人如此幸运——在遭受了我所遭受的那么大的损失后，在人生的赌场上又中了另一个彩——另一个具有罕见品格的伙伴、激励者、顾问和老师。无论是现在还是将来，任何想到我和我的著作的人绝不可忘记我的著作不是一个人的而是三个人的才智和良知的产物，而且在它上面署名的正是在这三人中最不重要、最少创意的那个人。

穆勒的这些话当然表现了他一贯的谦虚，但也的确说明了海伦对他的重要性。正是海伦陪伴他走完了他人生的最后十五年。

哈丽特被葬在阿维尼翁的圣维兰公墓。为了尽可能地靠近她，穆勒在哈丽特墓地附近买下一座房子。从这座房子，可以看到圣维

① MT Col. 24/708 MS; 也见 Packe 书，第 398 页。

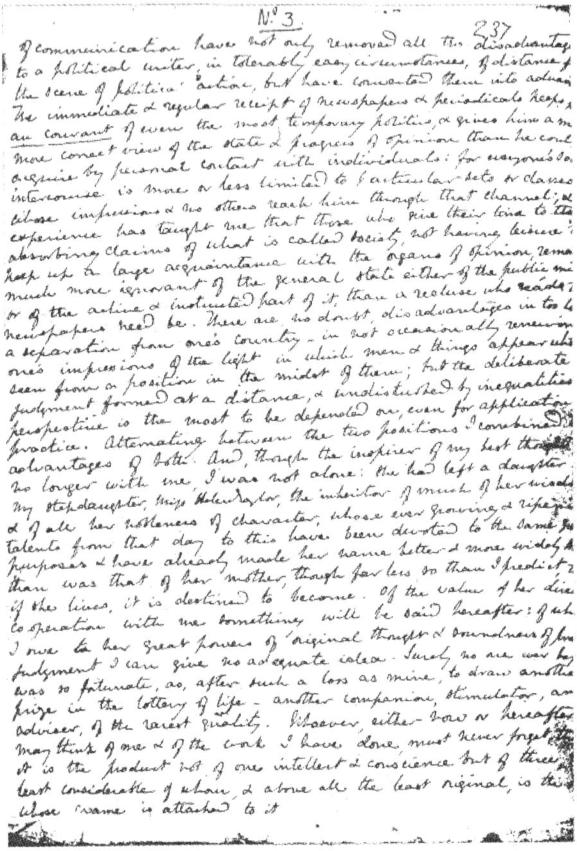

No. 3 237

of communication have not only removed all the disadvantag
to a political writer, in tolerably easy circumstances, of distance f
the scene of political action, but have converted them into advan
The immediate & regular receipt of newspapers & periodicals keeps h
au courant of even the most temporary politics, & gives him a m
more correct view of the state & progress of opinion than he coul
acquire by personal contact with individuals: for everyone's so
intercourse is more or less limited to particular sets or classes
whose impressions & no others reach him through that channel; &
experience has taught me that those who give their time to the
absorbing claims of what is called society, not having leisure
keep up a large acquaintance with the organs of opinion, rema
much more ignorant of the general state either of the public mi
or of the active & instructed part of it, than a recluse who reads t
newspapers need be. There are, no doubt, disadvantages in too l
a separation from one's country - in not occasionally renewin
one's impressions of the light in which men & things appear wh
seen from a position in the midst of them; but the deliberate
judgment formed at a distance, & undisturbed by inequalities
perspective is the most to be depended on, even for application
practice. Alternating between the two positions I combined
advantages of both. And, though the inspirer of my best thou
no longer with me, I was not alone: she had left a daughter,
my stepdaughter, Miss Helen Taylor, the inheritor of much of her wisd
& of all her nobleness of character, whose ever growing & ripeni
talents from that day to this have been devoted to the same gr
purposes & have already made her name better & more widely k
than was that of her mother, though far less so than I predict t
if she lives, it is destined to become. Of the value of her dire
cooperation with me something will be said hereafter: of wh
I owe to her great powers of original thought & soundness of pra
judgment I can give no adequate idea. Surely no one ever bef
was so fortunate, as, after such a loss as mine, to draw anothe
prize in the lottery of life - another companion, stimulator, an
adviser, of the rarest quality. Whoever, either now or hereafter
may think of me & of the work I have done, must never forget th
it is the product not of one intellect & conscience but of three
least considerable of whom, & above all the least original, is th
whose name is attached to it

穆勒《自传》手稿（在此页上有对海伦的称赞）
[此手稿存于英国政治经济学图书馆 The British Library of Political and Economic Science]

兰公墓。穆勒还买下了哈丽特去世时所在旅馆房间里的家具，将其搬入这座房子。直到去世，穆勒每年都在此处住很长一段时间。当他在此居住期间，他每天都要到哈丽特的墓地去至少两次。① 虽然哈丽特已不在了，但她仍是穆勒的灵感和动力之源。在很大程度上，穆勒在哈丽特逝世后的著作是为了纪念哈丽特、完成二人一起计划的工作而写的。穆勒对哈丽特的爱真正可称得上是一生一世，始终

① 参见 Capaldi 书，247 页。

不渝。在穆勒生前，他竭尽所能让世人知道哈丽特对他的思想的影响并说他的若干重要著作实际上是他与哈丽特合著。但是他越是表白哈丽特之不平凡，他的朋友和读者就越是不相信哈丽特真是像穆勒所说的那样。由于他对哈丽特的挚爱和崇拜，几乎没有他的同时代人相信哈丽特对穆勒的著作真有贡献。直到 1951 年海耶克所编的穆勒与哈丽特的通信集（即《约翰·斯图亚特·穆勒和哈丽特·泰勒》）出版后，世人才第一次相信穆勒与哈丽特不仅是一般意义上的爱人，而且是精神上的知音和著作的合作者。穆勒若地下有知，从此总算可以安心了。

第十章

论自由

在办完哈丽特·泰勒的后事并买下哈丽特墓地附近的那栋房子后，穆勒回到了在布莱克黑斯的住处。1858 年冬天，仍处在极度悲痛之中的他感到最迫切需要做的是让世人了解哈丽特、让她在思想上的贡献得到承认。这可以解释穆勒为何在回到英国不久就与出版商联系，讨论出版《论自由》一书。按照穆勒的说法，此书的思想主要是哈丽特的，虽然他自己是执笔者。对穆勒来说，在他的所有作品中，此书最是他和哈丽特直接合作的产物。① 在他 11 月 30 日给出版商帕克的信中，他告诉对方，《论自由》的书稿已可交他出版。②

《论自由》最初的雏形是穆勒 1854 年完成的一篇文章。但穆勒在 1855 年游罗马时产生了将它写成书的想法。实际上整个书稿在哈丽特去世 18 个月前已写完。穆勒和哈丽特已一起进行过仔细的讨论和修改。用穆勒的话说，“其中没有一句话未经我们一起多次研究和推敲”。③ 不过他们还想等等再发表，以便加入可能的进一步修改。

---

① John Stuart Mill (约翰·斯图亚特·穆勒), *Autobiography* (《自传》), ed. John M. Robson (约翰·鲁伯森), London, Penguin Books，1989，188.

② Michael St. John Packe(迈克尔·圣·约翰·派克), *The Life of John Stuart Mill* (New York: The Macmillan Company，1954),399.

③ Mill, *Autobiography*, 188.

但现在哈丽特已经不在了，同哈丽特一起修改此书已无可能。① 所以，他想尽快发表此书。《论自由》于 1859 年 2 月出版，并在出版后很快售完。同年 8 月出了它的第二版，印数为 2000 册。1864 年又出了其第三版。1865 年，售价便宜的大众本出版。② 从初版的问世到今天，《论自由》已重版了许多次，译为多种语言，③ 其影响经久不衰，一直被视为论述自由的经典。

一个人若要了解西方自由主义思想，不可不了解穆勒；而要了解穆勒，最不可不读的就是《论自由》。④ 正像穆勒自己所认为的那样，《论自由》是他一生写得最好的著作，最能体现他思想的精华，最能在他身后流传千古。他在《自传》中说道：在我的著作中没有一部像《论自由》那样仔细地写出并进行过如此认真的修正。⑤ "《论自由》很可能比我所写的任何东西（《逻辑学》有可能除外）都生存得长久"。⑥

一、主旨

《论自由》旨在阐明社会施用于个人的权力的适当范围或社会干预个人自由的适当限度。它所建立的是"一条很简单的原

① Packe, 399.

② Jonathan Riley (乔纳森·赖利), *Routledge Philosophy Guidebook to Mill on Liberty* (London and New York: Routledge，1998), 30.

③ 关于《论自由》传入中国及在当时的影响和意义，参见 Xinyan Jiang, "Enlightenment Movement," in Bo Mou ed., *History of Chinese Philosophy* (London: Routledge, 2009), 第 477–79 页。

④ 关于穆勒的自由主义与现代西方自由主义的同与异，参见 Alan Ryan, "Mill in a Liberal Landscape," in John Skorupski ed. *The Cambridge Companion to Mill* (Cambridge: Cambridge University Press, 1998), 519–537 页。

⑤ Mill, *Autobiography*, 183.

⑥ Ibid .(同上)，189.

则”（穆勒语），[1] 即社会不应干涉个人自由，除非当个人行为危害他人之时。也就是说，社会对个人的强制只应是自卫性的。只要个人行为不危害他人利益，社会（无论是政府还是公众）都不应干预。[2] 穆勒所提出的这条原则通常被称为“自由原则”(Liberty Principle)，“不干涉原则”(The Principle of Non-interference)，或“伤害原则”(Harm Principle)。在谈到《论自由》和穆勒的这个原则对自由主义的意义时，著名的穆勒学者约翰·斯高汝普斯基（John Skorupski）说道：“在所有自由主义经典中，穆勒的论文《论自由》居第一位。它所阐述的那个原则，对许多人来说，几乎定义了自由主义本身。”[3]

在《论自由》的一开篇，穆勒就说明此书所要讨论的不是意志自由，而是公民或社会自由。穆勒认为，个人和社会之间权力界限问题虽然不是个新问题，但在新的历史条件下需对此予以不同于过去的新处理。他所说的新的历史条件即民主社会建立了多数人的统治后的社会情况。他所主要关心的是在西方民主社会建立之后如何防止多数人统治对个人的压制的问题。对穆勒来说，真正的民主必须保障所有个人的权利、允许不同个性的充分发展，而不是用多数人的意见取代所有个人的意见、用多数人认可的方式塑造所有的个人。西方民主社会所建立的还仅仅是多数人压倒少数人的民主，而这种民主对个人自由发展的妨害已日益显露出来，尽管这种对自由的妨害与非民主社会的不能相提并论。到了社会发展的这个阶段，自由、民主的真正实现有赖于对多数人统治权的适当限制。

穆勒认为，对自由的追求古而有之，不过在人类社会的不同历

---

① John Stuart Mill (约翰·斯图亚特·穆勒), *On Liberty* (《论自由》), ed. Currin V. Shields (Indianapolis, IN: The Bobbs-Merrill, Company, Inc., 1956)，第 13 页。本章自该书的引文均为作者的翻译，但对程崇华的中译本（北京：商务印书馆，1982）有所参考。

② Ibid.

③ John Skorupsiki, *Why Read Mill Today* (London and New York: Routledge, 2006), 39.

史阶段，人们所争取的自由之含义是不同的。在社会发展的第一阶段，也就是在专制或权威时代，自由意味着防范政治统治者的暴虐，对其权力有所限制。在那样的时代，统治者和被统治者处于对立状态。凌驾于多数人之上的政治统治权被视为是必要的，少数人统治多数人，统治者不代表多数人的意愿。统治者通常是通过继承或征服而获得其权力的。在这个阶段，争得自由的途径主要有两个。第一，让统治者承认大众的某些政治自由或权利。如果统治者侵犯这些权利，人民的反抗则是正当有理的。第二，在宪法上规定政权的某些重要举措必须得到群体或代表群体利益的组织的同意。这第一种方式在那时的大多数欧洲国家已或多或少地取得了成功；而第二种方式（出现的较晚些）进行得没有那么顺利。

在社会发展的第二个阶段，自由意味着大众的自治。这时政权不再独立于多数人、与多数人利益相悖。相反，它是多数人的统治，代表大众的利益和愿望。① 这正是卢梭在《社会契约论》中所倡导的。② 这样的民治可以是直接民主或代议制。在这个阶段，自由与权力的斗争体现为不同民主政党间的竞争。不过，在这个阶段，大众自治政府的权力不受限制。所以，尽管政权反映多数人的意志，每个人的个性并没受到尊重，不同于多数人的少数人并没有得到保护。行使权力的人民不等同于实际存在的人民，“自治”不是每个人的自治，而是每个人被人口的多数所统治。“进一步说，人民的意志实际上意味着人民的最大多数或最活跃部分的意志，也就是多数人或那些成功地被接受为多数的人的意志；作为结果，人民可能想压迫他们的部分成员，所以防止这种权力滥用的措施正像防止其他类型的权力滥用的措施一样必要。”③ 总之，在这个阶段，存在“多

① Mill, *On Liberty*, 13.

② Riley, 40.

③ Mill, *On Liberty*，6.

数人的暴政”(the tyranny of the majority[①]) 的问题。

在社会发展的第三阶段，自由意味着对民治政府权力的限制。美国是最先进入这一阶段的国家。在这一阶段，政府不仅要代表多数人的意愿，而且要在法律上保证少数人不被多数人或他们的代表加以不公平的对待。不过，这仅仅限于保障个人平等的政治权利，只在行政层面上解决“多数人的暴政”问题。但是，“多数人的暴政”并不仅仅限于政治权力方面。多数人的意见与情感对个人的压迫是“多数人的暴政”的重要方面。

在社会发展的第四阶段，自由意味着免于多数人的意见和情感（尤其是商业精神）对个人的压迫，而这种压迫实际上就是舆论与习俗对个人的压迫。穆勒很清楚地知道舆论与习俗对个人的压迫在人类发展的早些阶段也很严重。但在社会发展的第四阶段，由于其他类型对个人的压迫已不是主要问题，反对舆论与习俗对个人的压迫才成为争取自由之斗争的主要形式。穆勒认为，社会通过舆论和习俗对个人所施的暴虐比其政治上的暴虐更可怕，因为这样的暴虐使人“更难逃避，深入得多地渗入生活细节，奴役心灵本身。”[②]这样的暴虐将社会通行的思想和做法当做行为准则强加于意见不同的人，阻碍与其不协调的个性发展、甚至扼杀这样的个性之形成。[③]

① “多数人的暴政”(the tyranny of the majority) 的提法在穆勒的《论自由》之前早已出现，但《论自由》使其更广为人知。“多数人的暴政”最初出现在美国第二届总统约翰·亚当斯（John Adams 1735–1826）的一本论文集中 [*A Defence of the Constitutions of Government of the United States of America,* Vol. 3 (London: Printed for C. Dilly, in the Poultry, 1788), p. 291]。后来，法国历史学家和思想家阿历克西·托克维尔（Alexis de Tocueville 1805–1859）在其著名的《民主在美国》（*Democracy in America*, 1835）一书中将此作为其中一节的题目并加以论述。从那时开始，这个提法已有了相当大的影响。在《民主在美国》一书发表的当年，穆勒就发表文章给予高度赞扬。在穆勒的《自传》中曾谈到此书对他的影响，但也说明了他关于民主的理论之形成经历了一个多年的过程（参见 Mill, *Autobiography*, 149–50）。至于托克维尔对穆勒的影响到底有多大，还是一个学者们仍在讨论的问题。

② Mill，*On Liberty*，第 7 页。

③ 关于这四个阶段的论述，参见 Mill, *On Liberty*, 第 3–7 页。穆勒本人没有明确地在行文上使用四个阶段的提法，但赖利（Riley）在解释穆勒有关思想时使用了这样的概括（见 Riley, 第 39–42 页）。我在此沿用了赖利的用法。

托克维尔在其《民主在美国》中对美国社会的这种“多数人的暴政”的观察和分析为此提供了大量证据。穆勒已料想到，在民主国家，中产阶级权力的增长将使商业型的人格成为社会普遍认可的东西，因而使商业精神决定社会的道德和文化，使人难以有与众不同的个性和思想。平庸的见解将越来越占上风，有创造力的个人将越来越受压抑。① 事实上，美国及西方民主国家还一直继续向这个方向走，尽管穆勒在 150 多年前就想使之得到矫正，并且《论自由》的基本思想在这些国家已广为人知。

穆勒认为，虽然很多人都会同意有必要防范社会对个人的暴虐，但迄今为止人们还没有划出个人自由和社会控制间的适当界限。他的《论自由》就是要完成这个任务，建立起一个划分个人权力和社会干涉之适当限度的普遍原则。这样的原则就是一个关于自由的原则。② 但是，《论自由》不是仅仅要建立一个保护个人自由的消极原则，而是更为强调积极自由——个人发展的自由。整部《论自由》都在论证这样一个信念：对人类和社会来说，个性的极大多样性和充分的自由发展对人类社会至关重要。他将此称为“一个很简单的真理”，将《论自由》看作关于这个真理的教科书。③ 一旦了解了这个“很简单的真理”在《论自由》中的分量，我们自然也就明白了穆勒为何在《论自由》的正文前引用洪堡（Wilhelm von Humbolt）下面的话来表明该书的要旨：“在这些页中所展开的每一个论证都直接集中到一个总的和主导的原则，即人类在最丰富的多样化中发展

① 对穆勒有关思想的概括，参见 Riley, 42; 关于穆勒原著中的相关论述，参见 Mill, *On Liberty*, 80–82; “De Tocqueville On Democracy in America [II]” , in *Collected Works of John Stuart Mill*, vol. 18, ed., J. M. Robson (Toronto and London: The University of Toronto Press and Routledge and Kegan Paul, 1977), 198 页。

② 参见 Mill, On Liberty, 第 7–8 页。

③ 参见 Mill, *Autobiography*, 第 189 页。

之绝对与根本的重要性。①

二、论思想自由和讨论自由

思想自由和讨论自由是穆勒自由原则的首要应用。按照他的自由原则，只要个人行为不损害他人利益，社会无权干涉。人们的思想和对其意见的表达基本上属于无害于他人的东西的范围，所以，总的来说，社会不应该压制不同思想和意见。即便一个代表多数人利益的政府，也无权这样做。在穆勒写《论自由》时，英国和许多西方国家已建立了民主制度，政府已是民选的。所以，在理论上，这些国家的政府是代表民意的，是在行使多数人的统治。因此，穆勒对思想自由和讨论自由的阐述是针对这样的情况而发的，所强调的是多数人不应压制少数人的言论和思想自由。对他来说，不代表人民的专制政府无权为了其自身的利益而压制言论自由，这是显而易见、无须再讨论的结论。他要向人们说明的是：一个代表人民的民主政府也无权压制思想和言论自由。社会中人口的多数无权压制少数人的不同意见。他这样说道："最好的政府并不比最坏的政府更有权这样做。迎合公众意见来进行压制与违背公众意见来进行压制相比，同样有害，甚至更加有害。假如除了一个人以外，全人类都持有一样的意见，全人类之使那一人沉默并不比那一人（如果他有权力）使全人类沉默更正当。"②

为何思想和言论自由不应被压制？因为思想和言论自由有助于

---

① 引自 Wilhelm von Humbolt(洪堡)的 *Sphere and Duties of Government*（《政府的势力范围和职责》)。穆勒在《自传》中提到洪堡和其他几位德国推崇个性发展的思想家对《论自由》的影响（见 Mill, *Autobiography*, 190–91）。关于洪堡的思想与穆勒的《论自由》的关系，包括《论自由》与洪堡的《政府的势力范围和职责》的某些异同，参见 Nicholas Capaldi（尼古拉斯·凯帕罗蒂）, *John Stuart Mill: A Biography* (Cambridge: Cambridge University Press, 2004), 第 266–70 页。

② Mill, *On Liberty*，第 21 页。

发现和发展真理。穆勒主要分三个层次论述了这一点。首先，压制不同意见有可能压制真理。如果一个不合乎习俗的意见是正确的，压制它就是压制真理。由于没有人能一贯正确，与我们不一致的意见就有可能是对的。因此，压制它就有可能是在压制真理。第二，压制不同意见无助于发展真理。不受欢迎的意见可能会有真理的成分，而流行的意见中也有错误的成分。前者可用来补充或纠正后者。第三，压制不同意见无助于坚持和光大真理。即便一种意见真是错误的，让它说出来，然后去驳斥它，也有利于弘扬真理。正如中国俗话所说，理越辩越明。①

下面从这三个方面看一下穆勒更详细的论证。首先，许多众人认为是错误的意见实际上是正确的。在穆勒看来，众人之惯于压制不同意见主要是由于对自己的可错性缺少认识。由于多种原因，包括历史和社会原因，我们的看法不可能总是正确的，且众人的认可并不证明我们意见的正确性。他用历史事实说明，许多人们当时认为不容置疑的信条后来被发现是错误的。对不同意见的不容忍酿成了许许多多的历史悲剧。例如，智慧而高尚的苏格拉底竟被雅典人以不虔诚、败坏青年的罪名处死。穆勒有力地论证了为何自由讨论不应有禁区。没有任何信条是神圣不可侵犯的。就那些被多数人认为是千真万确的真理的信条或原则而言，如果它们的确是对的，少数人的批评并不能打倒它们；如果它们并不真的正确，人们就该放弃它们。有些人认为，对某些信条之坚持对社会有益，无论它们是否是真理。对此穆勒回答说：那些信条对社会有益的说法本身就不一定对，就是需要讨论的。而且，只有真理才对社会真正有益。有些人认为压制不同意见在现代社会已不是大问题。毕竟，思想犯不再被处死。穆勒从两个层次反驳了这种观点。第一，在当时的英国，在法律上惩罚或歧视异教徒或无神论者的情况仍然存在；第二，社

① 在《论自由》，第 2 章。穆勒将他的论证总结为四点，但他所说的第三和第四点可以大致并为一点。在这方面，我参考了 Currin V. Shields 的观点（见 Shields, "Introduction," in John Stuart Mill, *On Liberty*, ed. Currin V. Shields, 1956 , xvi-xvii)。

会舆论、占主导的意见对少数人的、非正统的意见的压制非常严重。在这种缺少精神自由的气氛中，有独立见解的人往往只在私下表达自己的真正信仰，而在公众场合则尽量迎合流行的信条，或只谈无关紧要的事情。这无疑极不利于思想家的产生。要成为一个伟大的思想家，一个必要条件就是自由地追随自己的智力之指引，无论由此会得出怎样的结论。但精神自由远不仅是产生伟大思想家所需要，其对普通人民之实现其智力潜能同样重要，甚至更加重要。在缺少精神自由的气氛中，虽然很难，但毕竟曾出现过，且将来可能还会出现伟大的思想家。但在这样的气氛中，从来也没有，将来也不会有精神活跃的人民。哪里不允许对原则进行争议，哪里对重大问题不允许讨论，哪里就没有希望发现在大范围内的高度精神发展。只要人们的谈话需要避开那些能激发热情的至关重要的问题，人民的头脑就不能从根本上被调动起来，就没有推动力把具最普通智力的人提高到有思想者的尊严的水平。①

第二，穆勒论证说，在多数情况下，一个学说最多只是部分的真理，而与之相反对的观点也含有部分的真理。例如，卢梭对文明社会的批评、对自然状态的推崇未必在总体上正确，但他的思想中有许多正确因素。他对文明社会中虚伪的揭露、对简朴生活的价值之肯定都很可贵。再如，持不同见解的政党，一方可能强调稳定，另一方可能强调进步，但二者都不全对，也不全错。正是在二者的对立和斗争中，各自的正确方面才得以显现出来。针对有人认为基督教道德教义为完备的真理，穆勒指出基督教道德教义不仅吸取了远古的思想，而且本身并不全面——许多高贵的道德学说存在于世俗思想中而没有被包括在基督教教义之中。只有允许自由讨论，才能使真理得以补充和完善。真理在很大程度上就是对立物的协调和结合。由于人们易于固执己见，自认完全正确，仅靠自身很难认识自己观点的局限性、弥补自己观点的不足。因此，只有通过不同意

---

① Mill, *On Liberty*，41–42。

见的自由辩论，真理的各个方面才能得到公平竞争的机会，从而得以全面发展。①

第三，如果不允许自由讨论，真理就不能为人们真正理解和掌握，就不能成为真正有生命力的信仰。在没有自由讨论的情况下，所能有的只能是教条，对人们的生活并不产生实际的作用。当对一信仰的反对意见不允许被表达，因而此信仰不需为自己辩护时，它只是简单地灌输给人们，不让人们对此做出自己的思考。这样一来，不仅其根据被人忘掉，而且其本身的意义也常被人忘掉。于是，对它的信奉者来说，它不再是活生生的信仰，而仅是未经理解的说教。人们虽然可以声称信奉这些教条，但他们并不在生活中将其付诸实践。这解释了为什么几乎所有道德教义和宗教信条在其早期充满活力，但获得统治地位后却不再有生气。对其创始人和最初的信仰者来说，这些教义或信条是被深切了解和领会的，而这是与他们不断地反驳其反对者密切相关的。可是一旦其生存不再是问题，其正统地位一旦确立，它不再需要同反对者论争，因而也就失去了让人们懂得它的机会。所以，它也就不再是活生生的思想。早期基督徒和后来的基督徒之不同清楚地说明了这一点。前者对基督徒教义身体力行，为世人树立了可歌可泣的道德榜样。但基督教在西方世界取得了绝对优势之后，信徒们则大多言行不一。他们虽说相信基督，以基督教教义为生活准则，但实际上并不按其行动。这主要不是因为他们虚伪，而主要是因为他们并不真正理解这些教义，它们在他们心中没有扎根。它们对他们来说只是外在的东西，对他们来说并没有活生生的意义。可见，即便要使人们真正相信某种东西，也需要自由讨论作为条件。②

总之，为了获得和完善真理以及掌握和光大真理，思想自由和言论自由必须被允许。

---

① Ibid. 47.

② Mill, *On Liberty*, 48–53.

三、个性发展与人类的幸福和进步

穆勒认为个性的自由发展是人类幸福的一个基本要素，也是人类进步的重要条件。虽然行动之自由（甚至言论之自由）都是有限度的，即以不损害他人利益为前提的，但人们的大量行为都是在可允许的自由范围之内的。若在一个社会中，人们的个人自由能在最大限度内得以实现，人们的个性能得以最大限度的发展，在那个社会中人们就是最幸福的，那个社会就是最发达的。可见，在根本上，穆勒是用功利主义为其自由理论辩护的。①

为何个性之自由发展是人类幸福的一个基本要素？因为个性的自由发展意味着自我实现、自我完善，而自我实现、自我完善则是人之目的和最高的幸福。自我实现、自我完善意味着最充分地发展个人的才智和道德，而只有个性的自由发展才能使个人的才智与道德得以最大限度的发展。不同的人有不同的能力和秉性。正像世上没有完全相同的两片树叶，世上也没有在能力和秉性上完全相同的两个人。只有允许人们在最大限度上自由地选择其行为，他们才有可能最大限度地发挥其潜能，因而达到最大限度上的按其本性生活，获得最大限度上的自我实现。穆勒并不是说每个人的人生道路都应与他人不同，而是强调每个人都应自由地选择他的道路，而不是消极地由他人决定。② 只有在这种自由选择中，一个人的个性才能得以发展，才智得以发挥。更具体地说，人的多种能力，例如感知力、判断力等，只有在使用中才能发展和完善。如果一个人基本上听命于习俗和权威而不是把自己的行为建立在独立思考之上，他的特有

① 对这一点的讨论，参见 Riley , 151–154 页；Ryan, 501 页。关于功利主义的基本原则，参见本书第十二章及第一章、第二章有关部分。

② Richard Reeves, “The Genius of Autonomy,” *The Philosopher's Magazine (tpm)*, No. 46 (2009), 67.

能力就不会得到发展，甚至会退化。“智力的与道德的能力也和肌肉的能力一样，是在使用中得以改善的。”① 至于人性中欲望和冲动的部分，也应得到发展。其发展也是人的自我完善的一部分。② 一个有强烈的欲望和冲动的人是一个富有精力的人。虽然欲望和冲动可以用到做坏事上，但一个富有精力的人可以比缺少精力的人能做更多的好事，只要他将精力用到好的方向上。“自然感情最丰富的人也总是可以具有最强烈的修养出的情感的人。使一个人的冲动生动而有力的那种强烈的感受力，也正是对美德最热烈的爱和最严格的自我节制的源泉。”③ 一个缺少属于自己的欲望和激情的人必缺少个性。属于一个人自己的欲望和激情是其本性的表现。所以，欲望和冲动的丰富和发展是个性的充分发展所必需的。在人类发展的较低阶段，人们的欲望和冲动过强，以致人们的自发性和个性需要被大大地约束。否则，正常的社会生活则不能进行。但在现代社会中，问题正相反。人们太习惯于趋同他人，以致太多地失去了个性。

在我们的时代，从社会的最高等级到最低层，每个人都像生活在一个有敌意的、可怕的检查官的目光之下。不仅在有关他人的事情上，就是在仅关乎自己的事情上，一个人或一个家庭并不问自己：我更喜欢要什么？什么适合我的性格和气质？什么能让我身上最好与最高级的东西得以施展、发展并茁壮成长？… 他们从不想到做与习俗不同的事。… 他们作为人的能力枯竭了；他们不再能够有强烈的愿望或自然的快乐，一般也没有了源于自己的或真正属于自己的看法和感情。④

为何个性之自由发展也关系到社会进步呢？个性的自由发展不

① Mill, *On Liberty*, 71.

② 参见Mill, *On Liberty*, 第69页。此处穆勒也引用了洪堡的话，说明人生目的在于人的各种能力的和谐与高度发展。

③ Mill, *On Liberty*, 73.

④ Ibid. 74–75.

仅使个人的生活更充实、更幸福，同时也使个人对他人、对社会更有益、更有价值。由于作为社会的集体是由个人组成的，所以，其成员自身价值之提高意味着社会整体价值的提高。人类整体价值的提高取决于个人价值的提高。允许个性发展才能产生出更好的人类。更进一步说，个性的发展可以产生出有益于全社会的创见。首创性对人类的价值是公认的。“所有美好的事物都是首创性之果”。[①] 首创性只有在允许个性自由发展的社会中才易于出现。虽然有创见的人总会是极少数，但他们却是人类进步必不可少的。他们是人类中最具个性的人。自由是他们存在的土壤。“天才只有在自由的空气中才能自由地呼吸。”[②]

在穆勒看来，当时的社会是平庸统治的社会。社会中的多数人总是平庸的。让多数人的意见统治社会，必是让平庸主导社会。“思想卓越者之越来越显著的个性则是对这种倾向的抗衡和矫正。… 在这个时代里，仅仅是不随大流的例子，仅仅是拒绝向习俗屈膝，这本身就是很有作用的。”[③] 对他来说，习俗总是妨碍个性发展的。它们是进步的敌人。[④]

只有当人们有个性地生活，最大限度地发挥其才智，他们才最有创造力、生命力。当一个社会充满了有活力和创造力的个人时，这个社会才能富于进取，欣欣向荣。相反，如果人们被迫按习俗和权威生活，个性被泯灭，才智就无从发展和施展，他们所在的社会必会死气沉沉、停滞不前。他认为那时的中国就是这种压抑个性、长期无进步的例证，尽管中国历史上有伟大的成就。[⑤] 所以，个性发展与社会进步紧密相连。因此，穆勒说：“哪里个人不以自己的特性却以传统或众人的习俗为行为的准则，哪里就缺少人类幸福的一

---

① Mill, *On Liberty*，80.

② Ibid. 79.

③ Ibid.81.

④ Ibid. 85.

⑤ Mill, *On Liberty*，87–88.

个主要成分——也是个人与社会进步的一个相当主要的成分。”①

四、自由原则的恰当应用

尽管穆勒认为他的自由原则具有普遍性，但其应用是有范围限制的。穆勒明确地说过，此原则既不适用于未成年人和其他需要别人照顾的人，也不适用于仍不具备民主条件的社会。② 除了这样的限制，自由原则普遍适用。在这一原则适用的范围之内，对它的恰当使用取决于无害于他人与有害于他人行为的正确区分。这是因为穆勒的自由原则——社会不应干涉个人自由，除非当个人行为危害他人——所划出的个人自由与社会干预之间的界限之应用取决于无害于他人与有害于他人的行为的区分。那么，一般来说，哪类行为是无害于他人因而可以自由去做的行为呢？

穆勒认为，那些基本不涉及他人而主要关乎当事者本人的行为是无害于他人的，因而是可以自由地去做的。③ 那么，哪些行为主要只关乎当事者本人呢？在穆勒看来，除了内心的思想，首先，不妨害他人的个人生活方式就在这个范围之内。所以，在无损于他人的前提下，人们有根据自己的特点计划自己的生活的自由；有选择不同品味和追求的自由。④ 他人或政府不应强迫一个人改变其无害于他人的生活方式，即便出于改进当事人生活质量、增进其幸福的动机。也就是说，“为了他好”的家长式干涉与强制违背了自由原则，不应被允许。⑤ 第二，个人间自由地达成的不损害他人的契约也是只关乎当事者的事情，社会不应进行干涉。⑥ 许多商业契约属

① Ibid. 68.

② Ibid. 13–14. 关于建立民主制度的条件，参见本书第十一章。

③ Mill, *On Liberty*, 68.

④ Ibid. 16–17.

⑤ Ibid. 13.

⑥ Ibid.

于这一类。不涉及第三方利益的婚姻也不应在被干涉之列（但若涉及孩子或其他人的利益，情况则不同）。① 他也强调，自由原则旨在保护个人自由，所以它不允许个人完全放弃自由。例如，一个人选择卖身为奴不属于他人无权干涉的自由范围。② 如果某些主要关乎个人的行为引起他人感情上的不悦，但并不造成直接的损害，他人或政府都不应加以干涉。

但是，如何准确划分主要关乎当事人本人的行为与其他行为的界限？真的存在不关乎他人的行为吗？许多批评者认为穆勒对此没有做出令人满意的回答，且这个问题的确不好回答。因而，这是穆勒自由理论的一大弱点。但在这一点上为穆勒辩护的学者则认为，我们的常识可以告诉我们主要关乎当事者本人的行为和不是主要关乎当事者本人的行为的区别，尽管在个别情况下二者的区别会有些模糊。所以穆勒的自由理论基本是可行的。③

值得注意的是，对穆勒来说，虽然所有只关乎当事者本人的行为（因而无损于他人）都不应受到社会的干涉，但并不是所有对他人有伤害的行为都应受到社会干涉。有些正当行为也会伤害别人，但当事人却仍有自由行之。例如，在竞争性的考试中，或职业性的竞争中，得胜者自然会伤害失败者，但人们有自由去参加竞争。社会不应干涉自由竞争，除非有人在竞争中使用了不正当的手段（例如，欺诈）。④ 因此，“有害于他人”是允许社会干预个人的一个必要条件，但不是其充分条件。

另外，自由原则并非鼓励对他人毫无关爱的自私自利。⑤ 穆勒认为强调社会不应干涉主要关乎当事者本人的行为不等于对他人漠不关心，并不意味着对只关乎当事者本人的行为不表示任何意见。人们应该鼓励、劝告彼此改进其主要关乎当事者本人的行为和品格。

---

① Ibid., 126–127.

② Ibid. 125.

③ Skorupsiki, 47–48.

④ Mill, *On Liberty*，115.

⑤ Ibid. 92.

但在这种事情上，一个人可参考他人意见，但不应被强迫接受。最终，当事人是决定者。当然，人们也有权利讨厌、回避具有某些行为的人。

在穆勒看来，由于迄今没有一个公认的关于自由的普遍原则，人们在该自由的地方往往得不到自由，而在不该自由的地方却很自由。这也就是说，在只关乎当事者本人的行为方面，人们被社会干涉过多（包括来自习俗的以及来自于政府的），而在关乎他人利益的事情上、在履行义务方面却没有得到足够的管束。例如，就当时英国政府在这方面的情况而言，对家长让孩子受教育的义务就没有进行应有的干涉。国家应出钱让出不起学费的孩子受教育，并对不让孩子上学的家长进行处罚。做父母的既然把孩子生出来，就有义务让孩子的身心都得到发展。不这样做的家长，就道德上而言，不仅是对其后代的犯罪，也是对整个社会的犯罪。国家应该监督家长去履行他们对其子女的义务。但政府不应干涉家长对其子女学校的选择，且不应直接管理、指导教育。只要有条件，教育的具体管理就应交私人来做。如果政府直接主办的某些学校有必要存在，它们也只应与非官方学校并存、与之竞争。① 那么，为何政府不应直接管理教育、指导办学呢？因为政府直接管理教育、指导办学会扼杀个性、导致专制。如果政府直接掌管普通教育，它必用统一的模子把人铸造成一个样子。“… 由于这个模子又必定是政府中的主导者——君主、牧师、贵族或当今的多数人——所高兴有的那个，且这个模子越有效、越成功，他们就越高兴，”这样的教育就会建立对精神的专制。② 为了限制政府对教育的不当影响，对各级教育和各类学科的考试应限制在知识和事实之内，而不应以与意识形态相关的、有争议的东西为内容。他说：“国家在有争议的题目上使其公民倾向于某种结论的一切企图都是罪恶，但国家来确定和证明一个人具有必要的知识以对任何一个值得用心的题目得出结论则可能是恰当

① Ibid. 129.

② Ibid.

的。”[1]

虽然《论自由》一书讨论习俗对自由的妨害多于政府对自由的妨害，但其对政府权限的论述很能代表自由主义的经典观点。在穆勒看来，反对政府过多干涉的理由除了有损于个人自由之外，还有以下三个：第一，有些事情，例如工业，由有兴趣的个人做会比政府做得更好。第二，有些事情虽由政府来做总的说来可能会办得更好，但也最好让个人来做，因为这样可以发展个人的才能和判断力以及丰富个人的知识，因而有助于训练出有自治能力的公民。而且，这样做也能带来由于发展个性和鼓励多样化的益处。政府做事趋于千篇一律，而个人或个人自愿结成的组织则会有多种模式。第三，不必要地增加政府的权力是大害。这是三个理由中最有分量的一个。如果政府控制社会的一切重要企业、机构和教育，人民就会依附政府而失去独立性。一个政府的这种控制越有效，它的害处就越大。一旦人民习惯于指望政府为他们代办一切，他们就会把事情的结果都归于政府。如果结果之坏超过了他们的承受力，他们就会进行推翻政府的革命。但是，只要政府机制不改，这样的革命只能是改朝换代。在强大的国家官僚机构统治下，每个人都是其奴隶。他认为当时的中国就属于这种情况。[2] 对于发展个性、鼓励个人发展之事，国家应多做。“从长远看来，一个国家的价值就是组成它的所有个人的价值”。[3] 如果国家机器不允许个人的发展，最终它将失去原动力而一事无成。[4]

《论自由》中的基本思想是以承认个人的自立性为前提的，虽然穆勒并不否认人必须在社会中生活。[5] 对他来说，个人的发展极大地受其环境的影响，一般不能超越其历史条件。所以，建立好的

---

① Ibid. 131.

② Ibid. 136–137.

③ Ibid.

④ Ibid. 141.

⑤ 对穆勒关于人之社会性和非社会性的讨论，参见 Ryan, 第 530–31 页；Capaldi, 281–282 页。

政治制度、创造好的社会环境对人的才智与道德发展至关重要。但是，个人是真实的实体，社会是个人的相加。与之相反的集体主义观点则认为个人为社会之有机部分而不是独立实体。派克 (Packe) 为穆勒争辩说，尽管他的自由学说并不完整，但比与其完全对立的集体主义在逻辑上更连贯。社会不是一个有机体，个人不是社会的有机部分，因为当一个有机体的一部分受到伤害时，整体必感伤害；但当一个普通个人死亡时，社会并不受到影响。① 不过，在《论自由》发表的年代，各种集体主义理论正占上风。② 况且，《论自由》中对那些将教义看作教条而不解其真义的基督徒的批评冒犯了众人。此外，既存传统和制度的辩护者也可能故意曲解了《论自由》中思想，以致让它听上去更有懈可击。所以，《论自由》提出的基本观点在当时并不受欢迎。在穆勒的有生之年直至他去世后不久的那个时期，《论自由》虽产生了极大反响，但得到的评论多是很不友好的。③ 然而，随着时代的前进，《论自由》的敌人大多已被遗忘，但穆勒的自由主义却继续教育和激励着一代又一代追求自由、民主的志士仁人。

---

① Packe, 403.

② 有关讨论，见 Packe 书，第 403 页。

③ Riley, 31.

第十一章

代议制政府

在《论自由》发表两年后，穆勒于1861年发表了《代议制政府》一书。此书系统地阐述了他的政府理论，至今仍是研究民主政体的最重要的著作之一。在为此书所写的导言中，穆勒这样说道"承蒙读过我以前著作的人，也许从目前这本书中得不到任何强烈的新奇印象，因为其中所叙述的原则是在我大半生中逐渐形成的，而所提出的实际建议则大多经别人或我自己先前提到过。然而，新奇之处在于我把它们汇集一处，并在它们的彼此联系上将它们展示出来；而且，我相信，还在于为支持它们而提出的许多论据。"① 尽管穆勒本人如此谦虚地强调此书无内容上的创意，只是他自己和他人已有观点的集合，但综合与组合就形成了新体系，而且书中并不乏闪光的新思想。

一、政府形式的选择和评判标准

在此书中，穆勒首先讨论了一国的政府形式在多大程度上是个选择问题。在这个问题上，他的观点介于两个极端之间。在极端的

① 穆勒著，汪瑄译：《代议制政府》（北京：商务印书馆，1982年），第3页。

一边是政府形式上的绝对自由意志论。这种观点认为，政府完全是人之自由发明的产物，正像一台机器是人的创造一样。既然如此，人们当然可以任意选择政府形式。也就是说，一个国家采纳什么政体，完全是个自由选择问题，并不受其国情和民族性的限制。与此相反，在极端的另一边则是政府形式上的绝对决定论。根据这种观点，任何政府形式都不是人为选择的，而是自然生成的。这意味着一国的政府形式完全是由其社会条件和民族习惯与特性决定的，没有任何选择余地。穆勒认为二者都只对了一部分。在他看来，政府形式在本质上是个自由选择问题，但只是有条件的选择。一方面，政府是人的创造，不同于自然产物。没有人去发明、去努力，就没有任何政府形式。但另一方面，一种政府形式的生存与运转取决于与其相关的人民。所以，一个国家能采纳何种政府形式不完全是个自由选择问题，而是受某些外在条件制约的。

更具体地说，一种政体要在一个社会生存，它必须满足三个条件。第一，它的人民愿意接受它，或至少不强烈反对它以至设置不可逾越的障碍去阻止它。第二，它的人民愿意并能够为它的生存做必要的事情。例如，若要使民主体制得以生存，人民需具公共精神，愿意参与政务，并为民主之维护而斗争，而不将自身基本自由放弃、将权力委托于某个强人。第三，它的人民必须愿意并能够为实现它的目的而履行义务。例如，要达到一个文明政府的目的，其人民需有克制力。否则，一定程度的专制就是必需的。再如，要使一个重法治的政府达到其目的，其人民必须积极协助法律的实施。当它的人民习惯地将法律看作与其利益无关、甚至将法律看作其敌人时，法制是无法实现的。当然，他也看到，民众对法制的无视或敌对通常是先前的坏政府所导致的。这种状况最终将会被好政府所克服。不过，当人民仍处于这种可悲状态之下时，他们还不能履行一个法治政府所要求他们的义务。① 在这方面，穆勒似乎看到了坏制度和

① 同上，第7–10页。

民众之低素质间的恶性循环——坏政府产生人民的低素质，而人民的低素质又使好的政府形式难以生存。

如何打破这种恶性循环？穆勒似乎没有提出明确的解决途径。但他讲到，当一国人民对一种更好的政治制度缺少准备时，设法让人民了解好的制度是极为重要的。他说："一国人民也许对好的制度缺乏准备，但激起他们的渴望就是这种准备的一个必要部分。推荐和拥护特定的制度或政府形式，并将其优点极大地突出出来，就是一种——而且经常是唯一一种可行的——教育人民在思想上不仅接受或要求这个制度，而且去实行这个制度的方式。"① 他显然看到了思想启蒙在推动建立先进的政治制度方面的巨大作用。当一个社会不具备建立某种先进的政治制度的三个条件时，先进制度的支持者应积极地为新制度创造条件，而不应只消极地等待条件成熟。

与之相关联，穆勒在讨论一种政治制度的建立与一个社会的主导力量的关系问题时，又强调了舆论的作用。他认为，虽然一个社会中最强大的力量可主导该社会的政治制度，但政治力量是处在变化中的，而不是消极静止的。在衡量力量时，意志是不可忽视的。一个有信仰的人抵得上九十九个没有信仰的人的力量。人的信念是很受舆论影响的。所以，舆论本身就是一种极大的社会力量。当认为某种政府形式是更好的、是应被采纳的信念在一个社会中得以广泛认同，支持这种政府形式的人们在使社会力量倒向自己一边方面就迈出了最重要的一步。② 可见，他坚信思想在社会变革中的巨大力量。③ 他也进而指出了知识分子在改变社会力量对比方面的重要性。他认为，虽然普通人的信念在很大程度上是由其在社会中的地

---

① John Stuart Mill, *Representative Government,* in *Utilitarianism, Liberty, and Representative Government* (no editor but with A. D. Lindsay's Introduction, New York, E. P. Dutton and Company, Inc., 1951), 245。自该版本的引文，均为我的翻译，但对汪瑄的中译本有所参考。*Representative Government* 一书的全名是 *Considerations on Representative Government*。

② 同上，第 246 页。

③ C. L. Ten, "Democracy, Socialism, and Working Classes," in John Skorupski ed. *The Cambridge Companion to Mill* (Cambridge: Cambridge University Press, 1998), 381.

位所决定的，但那些与他们地位不同的人的信念和那些有知识的人的权威对他们的影响是非同小可的。因此，当一个社会中有文化的人大多对某种政治制度的优越性达成了共识，社会上占优势的力量也就在很大程度上转向支持那种制度。① 因此，知识分子对政治制度的进步负有特殊使命。

那么，什么是判断政府形式好坏的标准呢？要了解此，首先要知道政府的恰当功能何在。要知道政府的恰当功能何在，必须注意以下两点。第一，政府的恰当功能并非是一成不变的。在不同的社会状态下，政府之恰当功能也是不同的。在较落后的社会，其政府的适当权限就比在较先进的社会广泛得多。第二，政府的特征不会被充分估计到，如果我们只限于考察其在合法权限之内的作用。虽然一个政府的好处会限于其法定范围之内，但其坏处却会大大超出这个范围。人类所能遭受的各种苦难和各种程度的苦难都可能来自政府。所以，考察政府时需从社会利益的总合去看。不过这样做要求我们对社会利益先有所分类。关于社会利益的分类，迄今只是分为“秩序”和“进步。”但这种分类不科学也不正确。

先以秩序为例。秩序之意时宽时窄。但无论其意多么宽，它也不能包括进步之外的所有社会利益。就其最狭之意而言，它只是指服从。再放宽一点，秩序可以指一国人民将其纠纷交由政府解决而和平相处，而不用私人暴力自行解决。一个政府若不能建立这样的秩序，其统治不能维持。但这样的秩序只是政府生存的条件，而不是其目的，所以不能用作判断政府的好坏标准。若将“秩序”定义为保持既存一切好东西，并将“进步”定义为增进这些好处，实现二者的条件则是同一的。“例如，什么样的公民个人品质最有助于保有社会现有全部良好行为、良好管理、成功与繁荣呢？大家都会同意，那就是勤奋、正直、公正和明智。但这些品质不同样最有助于进步吗？… 又如，人类的哪些品质看起来最与进步相关而不直接关

① Mill, *Representative Government*，247.

系到'秩序'与'保存'呢？它们主要是智力活动、进取心和勇气。但这些品质，不是对保有我们已有的利益同增进我们的利益一样需要吗？"①总之，若对"秩序"做最广义的解释，保有秩序所必需的东西在较低程度上对进步也是必需的，而对进步所必需的东西则在较高程度上对保有秩序是必需的。② 当然，如果从区分秩序与进步的角度看，秩序有时需为进步牺牲。总的来说，进步包含秩序但高于秩序。不过，就具体的进步与秩序而言，某种进步可能要以某种秩序的破坏为代价。但这种牺牲是为了更高的秩序，而这种更高的秩序则与更高的进步相统一。

对穆勒来说，将"秩序"与"进步"区别为两个独立、甚至相对立的概念，是不恰当的。但如果勉强用二者去衡量政府的好坏，则应以促进进步作为好政府的标准。他认为秩序是进步的手段和组成部分，而不具有自身独立的目的。所以，进步包含了秩序。就总体而言，有进步才有真正的秩序。由于他反对将"秩序"和"进步"相分离的做法，他反对用二者作为衡量政府好坏的标准。所以，他提出了一个衡量政府好坏的新标准。这个新标准可以这样表述：最能促进其人民之美德和才智的政府即最好的政府。在这方面做得最好的政府很可能是在其他一切方面也是最好的政府。③ 人民的优秀品质提供国家机器有效运转的动力，而好的政治制度则能促进其人民的才智和道德的普遍提高。他还进而指出，好的政治制度的双重优点在于：(1）有效提高社会普遍的精神水平（包括才智、道德、工作效率等方面)，(2）有效利用其社会所具有的才智、道德资源，对公共事物发挥积极作用，对政府施加巨大影响。④ 坏的政治制度则使人民道德败坏，使人民的才智和能动性受到严重压抑。⑤ 他指出，当一国的政治制度不适合其国民的发展阶段时，它将阻碍、甚

① Ibid.（同上），251–52.

② Ibid.

③ Ibid. 259.

④ Ibid. 262.

⑤ Ibid. 263.

至中止其社会的进步。在他看来，政府对人民的影响是极为巨大的。除了宗教，政府就是塑造人民性格的最大力量。另外，在考虑何种政府适合某个社会时，也应考虑到在现阶段上政体的形式对下一发展阶段的影响。如果在现阶段上所采纳的政体会妨碍社会下一步的前进，则这样的政体就不该采纳。他这样说道："这样的事例是常有的，而且是属于历史上最可悲的事件。埃及的等级制度、中国的父权专制曾是将这些民族带到他们已取得的文明水平的恰当工具。但是，当他们达到了那样的文明之后，他们则由于缺少精神自由和个性而处于永久的停滞不前。将他们带到现有文明水平的制度使他们无力获得进一步前进的必要条件；而且，既存制度至今都没有垮掉以让位于新的制度，因此，进一步的改进就停止了。"①而犹太人的情况则非常不同。虽然他们也采纳了绝对的君权和等级制，并还有祭司的统治，但他们却是古代最进步的民族。这是因为在他们的制度中保有一种与君主和神职人员抗衡的力量，即被称为先知的一群人。"先知"们可以批评世俗的权威和宗教的组织，因为他们能直接以上帝的代言人的身份出现，并对圣典不断进行新的解释。他们的存在保证了犹太民族的不断进步。②

根据他所提出的判断政府好坏的标准，专制政体显然不是最好的政府形式。即便在一个贤明君主治下的专制政府也无法具有民主政体的优越性。专制政体的本质决定了其统治下的人民没有权利参政，无法主宰自身利益。他们必须听命于政府，将自己的幸福寄托在好君王身上。专制政府不可能有效地为人民谋福利。就多数人而言，一个人对自身利益的关心总是多于对他人利益的关心。执政者自然更关心其自身利益，而忽视人民的利益。即便有时他们想到人民的利益，他们也很难从人民自身的角度看问题。③ 所以，如果社会的多数人被排斥在政权之外，对自身利益无发言权，他们的利益

① Ibid. 268.

② Ibid. 269–70.

③ Ibid. 280.

不可能被很好地顾及。由于国家不为民众谋福利，民众对国家也不会真正关心。在这样的制度下生活的人民之性格必是极为消极的。由于对国家大事、公共事物无法参与，人民必然就对这些很冷漠。这就使他们的知识和能力之发展大受限制，而越发狭隘与愚昧。由于对自己的命运无能为力，自身利益之获得倚赖于上面的恩惠，民众自然会倾向认命、迷信。越是认命、迷信，人民则越有嫉妒心。“生活中的成功越是被认定为命运和偶然性的结果，而非努力所致，嫉妒就越会成为一民族性的特征。”① 可见，专制统治下的人民，其才智、道德都无法得以积极向上的发展。由于这一点，一个专制社会不能具有长期的活力和繁荣。尽管专制对某些社会是需要的，由于其人民需要学会服从或还不具备管理自己的能力，但那绝不是人类发展的高级阶段，专制体制绝不是人类最理想的政府形式。

与专制政体形成鲜明对比的是民主政体。穆勒认为，真正的民主政府是唯一可以取得最佳当前和长远社会效果的政体。“它比任何其他政体既更有利于提供良好的管理，又促进较好的和较高形式的民族性格的发展。”② 民主体制的优越性建立在具有普遍真理性和适用性的两个基本原则之上。“第一个原则是，就每个人或任何一个人的权利和利益而言，只有当相关的个人能够并习惯于捍卫它们时，才可免于被忽视。第二个原则是，从事于促进普遍繁荣的个人能力愈大，愈是富于多样性，普遍繁荣就愈达到高度，愈是广泛普及。”③ 第一个原则解释了为何民主政体使政府的目的——为民谋福利——得以实现。由于“每个人是他自己权益的唯一可靠捍卫者，”④ 而在民主政体中人民可以参与政治、有为自己争取权益的机会，所以他们的利益才有保证。民主社会中的政府无法置人民的意愿于不顾，因而人民的利益得以最大限度的实现。除此而外，民主社会必然鼓

① Ibid. 285.

② 穆勒（汪瑄译）：《代议制政府》，第 44 页。

③ 同上。

④ Mill, *Representative Government*，279.

励积极进取的性格的发展。由于个人的努力往往富有成效，人们就趋于改造环境，而不是竭力适应环境。具有这种积极性格的人民，精力充沛，富有创造性。与专制社会中人民的消极性格相比，这种积极性格无疑更有利于社会的进步与繁荣。除了对积极性格的塑造之外，民主政体有利于民众智力与道德水平的提高。在参与政治和公共事物的过程中，民主社会中的人民能得到很多锻炼，因而增加见识，提高能力和道德修养。在讨论这一点时，穆勒谈到民众参与公共事物或担任公职可直接帮助他们走出狭隘的小我，加强公共意识，进入更高的智力和道德境界。由于多数民众整日为生存而工作，他们的精神难以超出对个人的事情的考虑。让他们为公众做些事情，就多少可以弥补所有这些缺陷。如果情况允许分派给他相当多的公共义务，就会使他们成为有教养的人。① 他以古希腊民主对公民素质的提高为证。他说："尽管古代的社会制度和道德观念存在着缺点，但是古雅典的陪审员和公民议会的实践将普通雅典公民的智力水平提高到远远超过古代或现代任何其他群众曾有过的事例。…中等阶级较低阶层的英国人，由于他们负有担任陪审员和教区职务的责任，于是产生了性质与此相同的好处，尽管在程度上远逊于古雅典人。②他认为，"更为有益的是普通公民参与公共职能的行使（即使这种情况极少）所得到的道德方面的教育。当一个人这样参与其中时，他要衡量的不是他自己的利益；遇有相冲突的权利要求，他要以和他个人偏爱不同的原则为指导；他要到处应用以公共福利为其存在理由的原则和准则；并且他通常发现在同一工作中和他共事的人们比他更熟悉这样的观念和实际运用——对它们的学习会为他对普遍利益的理解提供理由，并进一步激发他对普遍利益的感情。这一切使他感到自己是公众的一分子，凡是对公众有利的也是对他有利的。"③

由于民主政体以上的优越性，民主社会的公正与繁荣就是必然

① Ibid. 290.

② 穆勒（汪瑄译）：《代议制政府》，第 53–54 页。

③ Mill, *Representative Government*，290.

的。若对同一时代的不同政府进行比较，自由国家的发达是不可否认的。尽管在民主社会也存在一些问题，但这些决不可与专制社会之暴政对民众的践踏和掠夺相提并论。① 总之，只有民主政体才是理想上最好的政府形式。在理想的民主政体下，社会整体掌有最高支配权，每个公民对其主权的行使都有发言权，并能有一定机会参与政府或公共事物。由于在一个有一定规模的国家，每个公民的直接参政是不现实的，所以代议制政府就是可行的最佳政府形式。② 在代议制政体下，全体人民或一大部分民众通过由他们定期选出的代表行使对政府的最后控制权。人民是决定政府行为的主人。③ 与其他政府形式相比，代议制更能将社会上普通人的美德与才智和精英的才智与美德用于左右政府。④ 当然，穆勒并不认为代议制应在现存的不同社会都得以推行。像前面已提到的那样，对他来说，处在不同发展阶段的社会，应有不同的政体。

二、实行代议制的条件及议会的恰当职能

那么，在什么样的条件下代议制才能生存呢？将前面提到的一种政体要在一个社会生存需满足的三个条件应用于此，穆勒对实行代议制的必要条件作了以下概述。第一，人民必须愿意接受它。“当一国人民对代议制缺乏足够的估计和爱慕时，他们就几乎没有希望保持住这种政体。”⑤ 但只要一国的代议制是其本国人民自己建立的，而不是由其开明的统治者恩赐给他们或由外国人强加给他们的，这一条件的满足是不成问题的。第二，人民必须愿意并能够做为代议制的生存所必要的事情。如果负责制约政府行政权力的机关得不

① Ibid. 282.
② Ibid. 292.
③ Ibid. 305.
④ Ibid. 261.
⑤ 穆勒（汪瑄译）:《代议制政府》，第 57 页。

到国内有效舆论和感情的支持，政府行政就会专权，代议制也就名存实亡。“代议制的永久性必然有赖于人民在它遭到危险时随时准备为它而斗争。如果过低估计这一点，代议制就根本难以站住脚，即使能站住，一旦政府首脑或任何能集合力量搞一次突然袭击的政党领袖愿意为取得绝对权力冒些微风险的话，也几乎肯定会被推翻。”① 第三，人民必须愿意并能够履行代议制加给他们的义务和职能。如果公众对政治和公共事物的兴趣达不到形成公共舆论的程度，议会政治就变成了政客谋私利的工具。在这种情况下，民主不复存在。“如果行政的力量弱，国家就会因单纯的争夺职位而趋于混乱；如果行政的力量强，它就用分赃来安抚代表或其中能制造麻烦的人的便宜代价使自己变成专制政府；而全国代表制所产生的唯一结果就是：除真正进行统治的那些人以外，多了一个由公众供养的议会，而且凡涉及到议会一部分人的弊端就根本得不到消除。”② 他还进一步谈到人民还不具备建立代议制的两种情况。第一，极没有纪律的野蛮人不适合于代议制政府。当一个部族仍处于游动状态时，其人民很勇敢却还没有服从的习惯。在这种情况下，其军事首脑的专断，而不是代议制的民主，更能使人民走出野蛮，进入文明。第二，极端消极被动、习惯服从暴虐的人民同样不适合于代议制政府。“假如这样屈从于人物和环境的人民能够得到代议制度，他们将不可避免地选择暴虐者作为他们的代表，他们身上的枷锁将会因为这个表面上可能指望将它减轻的新办法而变得更为沉重。”③

另外，他还指出，即便在那些适合于代议制的社会，民族性格中的不同倾向也会导致代议制优点在发挥程度上的不同。他认为，如果一个民族统治他人的渴望大大强于不受别人统治的愿望，当有一线希望得到前者时，他们就有可能愿意放弃不受别人统治的个人独立。他们注重于得到权力的机会，而不注意限制当权者的权力。

① 同上。

② 同上，58 页。

③ 同上，60 页。

这样的民族所建立的代议制偏于获取职位上的平等性，而不惜让权力损害个人自由。他批评说："这些人就是职务猎取者民族的成员；政治的进程在他们主要决定于职务的猎取；在那里关心的只是平等而不是自由；… 在那里民主观念仅仅是把职位向一切人而不是少数人的竞争开放；在那里制度越带有民主性，所设置的职位就越多，而一切人对每个人，以及行政部门对一切人所实行的过分干涉就越可怕。"① 虽然他说把法国人看做这样的民族是不够公平的，但法国人的确在某种程度上具有这种性格。他认为英国人的性格则与之相反。英国人一般地来说，不愿被人统治的愿望大大强于统治别人的愿望。他们不热中于获取权力，但对别人施于其上的权力却很敏感。所以，他们注重限制权力，而不是谋求得到权力的机会。"如果外国人了解了这一点，他们就会理解英国人的政治感情上的某种表面上的矛盾；他们毫不犹豫地愿意让较高的阶级统治自己，同时却很少个人的卑躬屈节，没有一个民族那么喜欢反抗权威，如果它越出某种规定的限界，或者那么坚定地使他们的统治者永远记住他们将只接受按照他们自己最喜欢的方式的统治。"② 穆勒由此认为英国人的性格最能将代议制政府的好处发扬光大。所以，在英国没有欧洲大陆那么庞大的官僚机器。作为一个英国人，他的观点可能带有英国人的偏见，但他的分析对了解英国与欧洲大陆民主之不同也的确有借鉴意义。

在代议制政体之下，由于国家的实际最高权力归人民代表，由人民代表组成的议会是否很好地承担其适当的职能则具根本性的意义。那么，到底议会应有的适当职能是什么呢？穆勒对此进行了较为详尽的讨论。为了知道议会应该做什么，有必要先知道它不该做什么。首先，议会不应该管理国家事务。"对政府事物的控制和实际去做这些事务，其间有根本的区别。同一个人或同一个团体可能控制一切事情，但不可能做一切事情；而且在许多情况下它企图亲自

① 同上，66 页。
② 同上，66–67 页。

去做的事情愈少，它对一切事情的控制就愈完全。”① 作为一个人数众多的团体，议会是不适合进行国家事务的管理的。它应对负责行政管理的人进行监督，但却不应取而代之或过多干涉。行政管理应让有管理才能和经验的个人去做。每个公共行政部门都有其特有的专业性，需要有才能、有经验的内行来管理。第二，议会也不适合于直接的立法事务。“几乎没有任何脑力工作像立法工作那样，需要不仅是有经验和受过训练，而且通过长期而辛勤的研究训练有素的人去做。这就是为什么立法工作只有由少数人组成的委员会才能做得好的充分理由，即使没有其他理由的话。”② 那么，议会应有的职能是什么？那就是监督、控制政府，表达人民的意见。议会有权罢免和任命政府的高级官员。一切法律必须经议会批准才能生效。人民中的各种意见都应在议会中得以反映。在论述议会的职能时，穆勒做了这样概括：

代议制议会的适当职能不是管理——这是它完全不合适的——而是监督和控制政府：把政府的行为公开出来，迫使其对人们认为有问题的一切行为作出充分的说明和辩解；谴责那些该受责备的行为，并且，如果组成政府的人员滥用职权，或者履行责任的方式同国民的明显舆论相冲突，就将他们撤职，并明白地或事实上任命其后继人。这的确是广泛的权力，是对国民自由的足够保证。此外，议会还有一项职能，其重要性不亚于上述职能：既是国民的诉苦委员会，又是他们表达意见的大会。它是这样一个舞台，在这个舞台上不仅国民的一般意见，而且每一部分国民的意见，以及尽可能做到国民中每个杰出个人的意见，都能充分表达出来并要求讨论。③

鉴于议会的性质与职能，议员不必为国民中最优秀的人，而应

① 同上，70 页。
② 同上，76 页。
③ 同上，80 页。

是最能代表人民意愿的人。所以，穆勒认为，人民议会不是一国"最伟大的政治人物的拔萃（关于国民的意见很少能从这种人物的意见中可靠地推论出来），而是（当适当地组成时）毕竟有资格在公共事务上发言的、人民中各种程度的智力的一个相当好的标本。"① 总之，只有当议会将其职能限制在其恰当权限之内时，代议制政体的优点才能充分表现出来。

穆勒认为，就具有高度政治技巧和能力的政府而言，它们不是代议制，就是官僚政治。君主制和贵族统治都属于后者。将代议制与官僚政治相比较，前者无疑是更好的。官僚政治就是由官僚管理国家。在官僚政治下，官员有可能较有经验，有一定的专业训练（因为他们终生从事于行政）。但是，由于没有对其权力的有效监督和限制，内部腐败必然严重。而且，由于年复一年地做同样的事情，官员们必然将管理看做是例行公事，只求无过，而不求创新。所以，官僚政治必然是保守的、无生气的。他认为沙俄政府和满清政府都是说明官僚政治弊病的明显例子。在这样的政治制度之下，即使最卓越的君王也无法克服这些问题。② 在代议制下，管理者仍可以是训练有素和有经验的，但他们受到人民的监督和限制。所以，他们不会像官僚政治下的官员那么腐败和守旧。可见，代议制可以克服官僚政治的弊病。因此，在那些可以实行代议制的地方，如果在代议制政府和可以想象得到的最完善的官僚政治之间进行选择的话，不应有任何犹豫地选择前者。③

三、代议制的完善和理想的民主

但是，代议制也有其自身容易有的弊病。代议制容易产生的弊

① 同上，82 页。
② Mill, *Representative Government*，331.
③ Ibid. 332.

病主要有两种：第一，议会及控制它的民意在智力上不足或偏低；第二，构成人口多数的阶级实行阶级立法，即立法为与不同于社会普遍利益的阶级利益所左右。对这两点，穆勒都进行了较详细的讨论。首先，如果议会和左右其决定的民众才智和知识水平差，议会就无法很好地监督和控制政府的行为。例如，它有可能在官员任命和罢免上犯错误。它也可能会支持对国家有害的立法或政策。在谈到这一点时，穆勒这样说道：

它的构成愈不能保证这种智力条件，它就愈将用特别决议侵犯行政的职权范围；它将撵走一个好阁员或提升和支持一个坏阁员；它将对他们（官员）的滥用权力加以纵容或姑息，将被他们的虚伪借口所蒙骗，或对那些忠心耿耿地努力尽其职责的人不予支持；它将赞助或者加强一种自私的、任性的和感情冲动的、眼光短浅的、无知的和有偏见的对内对外的一般政策；它将废除好的法律，或制定坏的法律，导入新的弊端，或固执地墨守旧的弊端；也许，在发自它本身或其选民的一时的或持久的使人误解的冲动下，当公平审判不会得到公众感情的同意时，它甚至将容忍或纵容将法律完全撇开不管的做法。如此种种就是从代表的构成不保证议会中适当的才智和知识而产生的代议制政府的危险。①

穆勒对占人口多数的阶级利益左右立法的坏处的分析，在很大程度上基于他理想的或真正民主的理念。他认为，真正的民主应平等地对待所有人，包括那些在人数上极小的阶级或阶层的成员。真正的民主和在人口上占优势的多数人对少数人的统治不是一回事。而且，最有修养、最有智慧的人在人口中总是少数，他们比大众更能看到社会的长远和普遍利益。如果简单地用少数服从多数的办法来决定大政方针和有关的政务，不仅对少数人不公正，而且有损于

① 穆勒（汪瑄译）：《代议制政府》，第 91 页。

社会的真正利益。一般而言，人们通常只看到眼前的、显而易见的利益。所以，处在不同阶级的人们，通常也就努力争取其阶级的眼前和直接的利益。而对立阶级的眼前利益一定是冲突的。况且，人们常常不了解他们长远的真正利益。在代议制下，如果议会只代表在人口上占多数的阶级的利益，其决定就可能不仅损害少数人的利益，而且不利于社会的整体利益。他举例说，在任何社会，劳动阶级都是多数人，他们的利益与雇主阶级的利益是对立的。假如一个国家的多数人是体力劳动者，而且他们在代议制下成为统治阶级，那么，种种减少劳动力市场竞争的立法（诸如对使用机器克税，限制技术改进，闭关贸易保护）就是他们要力争的。① 但这样的立法显然不符合社会的长远利益。一个阶级，无论是在人口中占多数还是少数，都不应独揽大权。此外，穆勒认为，当一个人或一个阶级独揽大权时，他或它就会被权力腐化。一旦一个阶级或一种单一力量在一个社会中占了绝对优势，这个社会必然停止不前。社会进步正是在不同势力之间的斗争中得以实现的。“当任何一方取得结束争斗的完全胜利，又未发生其他冲突时，最初的停滞就跟着发生了，然后就是衰退。”② 正由于穆勒对这一点的强调，认为社会进步有赖于多个权力中心间的碰撞被有些学者看做是穆勒思想的一个重要特征。③

在解释为什么任何一个阶级或一种力量的绝对统治必然带来不良结果时，他这样说道：

一个人或一个阶级的人，一发现他们手中有权力，这个人的个人利益或这个阶级的独有的利益就在他们的心目中具有更大的重要性。发现他们自己被别人崇拜，他们就变成他们自己的崇拜者，认为自己应当身价百倍；另一方面，他们所得到的为所欲为、不考虑

① Mill, *Representative Government*，336.

② 穆勒 (汪瑄译):《代议制政府》，第 115 页。

③ Ten, 380.

后果的便利，不知不觉地削弱了那种使人期待后果，甚至是影响到他们自己的后果的习惯。这就是建立在普遍经验之上的、人们被权力所败坏的普遍规律。人人都知道，以一个人处于普通人的地位的行事来推论他处于专制君主地位将同样行事，那会是何等可笑。处于后一种地位时，他的人性中的坏的部分，不是受到他的生活状况和周围的人的限制和压制，而是受到所有人的阿谀奉承，并且一切情况都对他有利。就一个阶级来说，如抱同样期待也将会是完全一样可笑的，平民阶级或任何其他阶级都一样。即使在他们之上有更强大力量时他们是非常谦虚和通情达理的，但当他们自己成为最强大力量时，我们就可以料想到这方面的全然变化。①

对穆勒来说，民主制和其他政体一样，也存在着当权者的腐化和损害社会普遍利益问题，只是当权者可能是个人数众多的阶级。"由人数上的多数掌权比其他的人掌权较为公正也较少危害，但它伴随着同样性质的危险，甚至更为确定的危险。"② 在个人或少数人为统治者的社会中，民众作为对立面而存在并为政权的反抗者提供道义上的支持。但在多数人进行统治的民主社会中，少数人所发出的不同声音就很难被重视和支持。所以，民主社会所面临的一大挑战就是如何容纳不为占优势的公众舆论所支持的意见，保护少数人进行社会批评的权利。③ 在这里，我们可以再一次看到，像托克维尔一样，穆勒对"多数人的暴政"极为关注。在这方面，穆勒与他父亲詹姆斯不同，因为他并不认为多数人的意见一定代表真理、多数人所要求的利益一定符合社会普遍而长远的真正利益，而且穆勒也不认为不同个人的利益可以作为同质的东西简单地相加为一个作为集合的集体利益。④ 象已有人指出的那样，"他的代议制概念包

① 穆勒（汪瑄译）：《代议制政府》，第 96–97 页。

② 同上，115 页。

③ 同上。

④ 参见 Nadia Urbinati, *Mill on Democracy* (Chicago: University of Chicago, 2002), 第 78–79 页。

含着平等原则和个人表达（即自由）原则。”①

那么如何防止代议制会有的那些弊病呢？为了防止在人数上占优势的阶级以其利益损害社会的整体利益，任何一个阶级或可能联合起来的阶级都不应该在政府中有压倒一切的优势。具体地说，在议会中相对立的阶级应在代表的安排上保持平衡。例如，利益相对立的劳动阶级和雇主阶级在议会中应势均力敌，每一方左右议会中大致相同的票数。当两方争执不下时，每一方中那些能超越本阶级利益的少数人就可以使最后的表决倾向于公正。关于这一点，他是这样说的：

因为，假定每一阶级的多数在他们之间的分歧中主要受他们的阶级利益的支配，在每一个阶级中就会有一个少数，它的考虑服从于理性、正义和全体的福利；而任一阶级的这个少数和另一阶级的全体结合在一起，就会使天平倒向他们一边来反对他们自己阶级中多数的那些不应当得逞的要求。… 代议制度应当组织得能保持这一事态，它不应当容许任何一种地方利益强大到能够压倒真理和正义以及所有其他的地方利益的总和。永远应当在各种个人利益之间保持着这样一种平衡，使任何一种个人利益要获得成功必须有赖于得到至少一大部分按照更高动机和更全面更长远的观点行动的人们的支持。②

但在实际运作中，如何保证议会不为在人数上占优势的阶级的利益所左右？他认为必须设法让少数人的选票起作用，而使他们在议会中有一定的席位。而要做到这一点，就必须改变现行的议员选举制度。根据英国那时的选举制度，在每一选区当选的议员是在竞选中获得半数以上选票的人。有时，当选人仅仅获得刚刚过微弱半数的选票。所以，他实际上仅仅是刚过半数的选民的代表。当议会

① 同上，第79页。

② 穆勒（汪瑄译）：《代议制政府》，第99–100页。

用勉强的过半数通过某种决议时，它所代表的则最多只是半数人民的半数之意见。能赢得过半数选票的人，往往是树敌最少的人，但也往往是没有出众的见解的平庸之辈。穆勒认为，这种情况在美国非常突出。这种问题很难解决，但这不意味着不应解决、根本无法解决。不允许在投票中占少数的选民在议会中有自己的代表，违背了按人数比例决定代表这一民主制的原理。但如何才能让少数派也能在议会中被代表？

对此，穆勒竭力支持当时托马斯·黑尔（Thomas Hare）提出的选举改革方案。这个方案的要点如下：首先，将选民总数除以下院席位数，得出每一个议员应代表的选民人数。只要一个候选人得到了这个数量的选票，他就可当选，不论这些选票是从多少个地方选区聚集起来的。选民们仍在地方进行投票，但他们可以自由地投全国任何地方的候选人的票。这意味着那些不愿意选举本地候选人的选民可以用他们的投票帮助在其他地区的他们喜欢的候选人。此外，黑尔的改革方案还建议，在选票上，选民可按其选择的先后列出三个候选人，但只按给一候选人的一票计算。当一个选民的第一候选人落选时，他的票则自动投给其第二候选人；当他的第二候选人也失败时，他的票则投给其第三候选人。这样，少数人的投票权就会起到相当大的作用。① 此外，这种选举制度也有利于提高下院的智力水平。如果实行这种选举制度，有些在地方上或政党中影响不大的杰出人士就有可能当选，因为他们的著作或在某一领域中的工作可能会为他们在全国范围内赢得足够的选票。也就是说，在各个地方选区支持他们的可能都是少数，但这些少数加在一起就足以让他们当选。这样不仅使占少数的人口的投票权起作用，使一定数量全国性的优秀人物当选，而且也能促使多数派推举更有能力的候选人。由于人们不再必须在投赞成票或反对票给地方领袖所提出的候选人之间选择，地方候选人所面临的竞争加大，地方领袖不得不推出更

① Mill, *Representative Government*，351–53.

有竞争力的候选人。穆勒认为，将一部分社会精英选入议会对实现真正的民主至关重要。在他看来，由于在现代文明社会中选举权的不断扩大，代议制政府自然会越来越趋于集体的平庸，以致主要权力越来越置于教养水平不高的阶级手中。美国就是一个这样的例子。他说，在美国修养最高的人，除非愿意成为在知识上低于自己的人们的代言人，很少参加议会竞选，因为他们当选的机会甚少。① 虽然社会精英的人数很少，但他们的意见是否能被听取对社会的影响还是很大的。即便采纳黑尔的改革方案，最出色的人在议会中也只能是少数。但只要他们能进入议会，无论他们的人数多么少，他们都能对多数人产生影响。由于要同他们辩论，或与他们进行讨论，其他的议员就会得到提高；而且他们的才能，一旦有了表现的舞台，也会说服一些群众。“只有在有教养的少数这部分人中才能够给民主制的多数的本能倾向找到一种补充或使之臻于完善的矫正物。”② 在现存的民主制下，这样的少数没有发言权。穆勒认为黑尔的改革提案为此提出了可行的方法。当然，他不认为人们会轻易接受这样的改革。美国人的表现说明了这一点。但他对英国的情况持乐观态度。他说：“在美国，人数上的多数长期以来完全保持着集体的专制，他们大概会和一个专制君主或由少数人统治的贵族整体一样不愿把它丢开。但我相信英国的民主政体还是会满足于防止他人的阶级立法，同时也不要求他们自己实行阶级立法的权力。”③

穆勒并不认为代议制可能有的弊病应通过限制选举权来解决。在智力上高水平的议会有赖于高水平的选民。得到高水平选民的方法不是将众多水平不高的民众排除在选举之外，而是把他们提到更高的水平上。像在前面已提到过的那样，民众通过参政可以在道德和才智上得到提高。“自由政府的主要好处之一就是，当人民被要求参加直接关系到国家巨大利益的行动时，就会对人民的最底层进

① Ibid. 357.

② 穆勒（汪瑄译）：《代议制政府》，第 115 页。

③ 同上，117 页。

行知识和思想感情的教育。”① 参政对人民的提高在美国人身上已清楚地体现出来。由于美国人的广泛参政，他们的中下阶级比别处同样的阶级更有修养和才智。当然，这不否认美国民主的缺点——将最优秀的人排除在政治之外。在一个充分发达和文明的民主社会中，不应存在没有投票权的贱民。当然，在实行普选前，一定的社会条件是必要的。穆勒认为，普及教育必须先于普选。读、写以及普通的算术运算应当成为选民的必要条件。社会应让民众免费或以穷人也能付得起的费用来获得这样的技巧。另外，选民应都是纳税人。这样每个选民才会感到他投票表决的款额是他自己的钱，因而关心压低花费。

穆勒认为，在现有的社会条件下，也就是在大众——选民的主体——普遍文化水平低的情况下，一人一票的投票制度很容易导致对社会长远利益不利的结果。为了纠正这种结果，他主张让文化水平高的人享有复票。在他看来，有较高道德和才智的人的意见和判断比道德和才智较低的人的意见和判断更有价值，这是很明显的道理。当二者的意见相冲突时，让前者退让，采纳较坏的意见显然是很不公平的。在代议制下，用占多数的意见压倒少数人的意见往往就是这种情形。所以，一人一票的投票平等并非绝对正确。他说："我并不把平等的投票看做属于那种只要能避免不便就是本质上好的事情。我把它看做仅仅是相对说来是好的事情。它比根据不相干的或偶然的情况产生的特权的不平等要好些，但它在原则上是错误的，因为它承认一项错误标准，并在投票者心中产生坏影响。国家的宪法宣布无知有资格享有和有知一样多的政治权力，不是有益而是有害的。"② 在这方面，他批评了美国。他这样说道："美国的制度把这样一个信条深深铭记在美国人的心里：任何一个人（有白色皮肤的）和任何别的人一样好；人们感觉到，这一错误信条是和美国人性格中的某些更为不利之点密切联系着的。一个国家的宪法竟承

① 同上，126 页。
② 同上，139 页。

认这种信条，不是一件小祸害；因为相信这种信条，不论是明示的还是默示的，对道德和智力上优越性的影响几乎和大多数政府形式所能产生的影响一样有害。”① 也许有人会争辩说，一人一票的投票平等有利于教养低的民众提高以及教养高的人们在智力上进一步发展。对此穆勒回答说：他当然同意并已力主让大众在参政中提高，但他反对的是让素养低的多数占绝对上风，以致他们不再有动力改进。“无人能反抗的这些人，通常总是过分满意于他们自己的意见，以致不愿改变它们，或者不耐心地听别人告诉他们说他们错了。给予智力增长以强大刺激的是正在崛起的地位，而不是已经掌握权力的地位；而在上升的道路上的所有阶段中，不管是暂时的还是永久的，发展最好和最高品质的是这样一种人的地位，他们强大到足够使理性占优势，但又不是强大到胜过理性。”②

尽管穆勒认为在社会发展的现阶段，才智与道德高的人应有更大的投票权，但他反对投票权上的性别和肤色歧视。他着重论证妇女应同男人一样有投票权。既然人们已经承认，妇女不应被奴役，她们有权利思想、写作及从事教师的职业，剥夺她们的政治权利是完全没有道理的。妇女同男人一样希望有好政府，甚至比男人更需要好政府，因为她们更仰赖法律和社会的保护。和男子一样，她们需要政治权利不是为了可以进行统治，而是为了防止受到坏政府的暴虐。有了选举权，妇女就有了更多的尊严。握有选票就使她们具有了她们的男性亲属想从她们那里得到却又不能强求的东西。男女都有选票也能促进两性间的互相提高，因为他们需讨论如何投票。妇女能在参政中得到提高，并对男性施与积极的影响。女性对男性的消极影响恰是在女性没有直接参政权的情况下更易发生。虽然对公民肤色与投票权的不相关性穆勒没有在此加以论述，但他在本书“扩大选举权”一章的结束语中说道，希望在不远的将来“性别这种偶然事件，将和肤色这个偶然事件一样，不被认为是剥夺公民同

① 同上。

② 同上，139–140 页。

等保护和正当权利的一项充足理由。”① 可见，穆勒对种族歧视和性别歧视具有一样强烈的反对，并早已将反种族主义看作理所当然。

他对人类自由、平等的信仰在很大程度上可以解释他为何能在美国内战爆发之初就坚定地站在解放黑奴的北方一边，支持北方将战争进行到底。美国内战于 1861 年开始（正巧也是穆勒的《代议制政府》发表的那一年）。在这场战争的头两年，英国的中产阶级以及上等阶级总的来说是支持美国南方的，虽然劳动阶级和部分知识分子并非如此。尽管英国在多年前已在法律上废除了奴隶贸易和奴隶制，但这时许多人却支持美国的奴隶制，或将美国的南北之战看作与奴隶制无关的贸易之争。前者是由于道德上的问题，而后者则是出于对美国的无知。② 穆勒是当时在英国为数不多的、从一开始就看清了那场战争的道德性质并坚定地为反奴隶制一方助战的人。据两位在 1882 年 –1883 年与穆勒有一定直接接触的友人回忆，穆勒那时激烈地反对南方一边，是个彻底的废奴主义者；在他听支持美国北方的讲演时，他像一个年轻人那样激动。③ 他将美国的南北之战看做是邪恶与进步的较量，将废奴烈士约翰 · 布朗等视为真正的英雄。他在 1865 年给友人的信中高度赞扬林肯，说后者之死像苏格拉底之死一样高贵，并断言从此林肯的名字将载入史册。④

---

① 同上，143 页。

② 参见 John Stuart Mill (约翰 · 斯图亚特 · 穆勒), *Autobiography* (《自传》), ed. John M. Robson (约翰 · 鲁伯森), London, Penguin Books，1989，第 199–200 页。

③ Nicholas Capaldi (尼古拉斯 · 凯帕罗蒂), *John Stuart Mill: A Biography* (Cambridge: Cambridge University Press, 2004)，306–307 页。关于穆勒当时支持美国北方的更多细节，参见 Michael St. John Packe（迈克尔 · 圣 · 约翰 · 派克), *The Life of John Stuart Mill* (New York: The Macmillan Company, 1954), 第 423–27 页。

④ “Mill to Cairnes” (May 28, 1865), in *Collected Works of John Stuart Mill*, vol. 16, ed. John Robson (Toronto and London: The University of Toronto Press and Routledge and Kegan Paul, 1988)，1057.

第十二章

《功利主义》

作为自由主义在十九世纪最重要的代言人之一，穆勒对自由、民主给予了在那个时代最为著名的表达。他的自由主义不仅不是与其功利主义相冲突的，而且是以其功利主义为基础的。对他来说，自由主义之所以正确，正是因为自由主义的道德和法律能使人类获得最有价值的幸福。[①] 穆勒的功利主义伦理思想在他的《功利主义》一书中得以最好的阐述。《功利主义》发表于1862年。此书虽短，但却是哲学史上最著名的作品之一，功利主义伦理学最为人知的经典。在阐发功利主义哲学的著作中，虽然穆勒的《功利主义》既不是最早的，也不是最后的，但却是最有影响的。一百五十多年之后的今天，《功利主义》仍是学习功利主义的第一书。同《论自由》一样，《功利主义》也是穆勒最为经久不衰的作品。这两本书足以使穆勒青史留名。若以中国传统的立德、立功、立言之三不朽的观点来看，这两本书就是穆勒最不朽的"立言"。

在他将《功利主义》作为一本书发表之前，穆勒已在面向受过教育的一般读者的《费雷泽杂志》(*Fraser's Magazine*) 上将此书的内容分三次在1861年发表。实际上，《功利主义》的主要思想，早

① John Skorupski, "The Place of Utilitarianism in Mill's Philosophy," in Henry R. West ed. *The Blackwell Guide to Mill's Utilitarianism* (Oxford: Blackwell Publishing, 2006), 59.

已在穆勒的许多作品中有所表述。《功利主义》只不过是将他的功利主义思想较为集中而系统地呈现出来而已。在谈及为何该书如此受欢迎、影响如此深远与长久时，有学者曾这样说道："虽然对这些问题会有多种回答，但《功利主义》之受欢迎在很大程度上一定在于其举世无双的集简洁和广度与一体。在短短的五章中，穆勒不仅较为详尽地解释了功利原则是什么，而且也展示出它与其他理论的联系；他还尝试表明功利原则根基于人性的种种事实之中；他带有同情地陈述并回应了对功利原则的一些常见的异议；他表明功利原则如何能在很大程度上抓住普通道德与价值框架的复杂性、精微性和多样性。"① 在坚持功利主义基本原则的前提下，《功利主义》一书对边沁等老一代功利主义者的思想作了修正和发展。当今西方伦理学对功利主义的讨论，大多以穆勒的功利主义为主要对象，而很少将边沁的功利主义作为重点。正像有的学者所评论的那样："穆勒被正确地认为是功利主义史上的一个主要人物，他的理论是当代伦理学家时常返回去找寻启发的试金石。"②

一、最大幸福原则

功利主义之最核心的思想是个人、社会组织都应以增加全社会的幸福总量为行为准则。这样的伦理学所追求的是人类之大利、最大多数人的最大幸福，与教人唯个人小利而是图的利己主义完全不相干。穆勒强调指出：作为功利主义道德行为标准的最大幸福"不是行为者个人的最大幸福，而是总计的最大量幸福。"③ 在《功利主

① George Sher, "Introduction", in John Stuart Mill, *Utilitarianism,* ed. George Sher (Indianapolis: Hackett Publishing Company, 1979), viii.

② Wendy Donner, "Mill's Utilitarianism," in John Skoeupski ed. *The Cambridge Companion to Mill* (Cambridge University Press, 1998), 255.

③ John Stuart Mill, *Utilitarianism*, ed. George Sher (Indianapolis: Hackett Publishing Company, 1979), 11.

义》中，他重申以最大多数人的最大幸福为道德行为标准的功利原则是伦理学的第一原则或最高原则。对他来说，这一原则是所有道德判断的基础。在《功利主义》一书的第一章，穆勒论述了在伦理学中建立第一原则的重要性。他认为，在科学上，具体的真理先于一般理论，但在道德哲学上则相反。也就是说，在科学上第一原则是对具体的发现加以反思而得到的最终结果，而在对道德探讨中，我们必须首先知道行为目的和规则这一类基本概念。更进一步说，必须先确定是非标准，然后才能讨论哪些具体的行为是道德的。这意味着道德的第一原则是基础，先于其他一切道德概念。具体行为的道德性不是可以直接可感的问题，而是一个应用一般原则到个例的问题。① 即使那些认为人天生的道德感可让人辨别是非的人，也并不认为道德感能提供对每一具体行为的是非判断，而只是道德判断的一般原则。相信先天道德感的直觉主义者和功利主义者在认为伦理学须从一般原则出发这一点上是一致的，只不过他们在一般道德原则的来源问题上持有完全不同的意见。前者相信道德的一般原则是先验的，而后者则认为道德一般原则来自观察和经验。另外，穆勒认为，道德直觉主义者很少尝试列出他们所相信的先验道德原则，更没有努力找出作为其他道德原则的基础的第一原则。但是，没有一个最终的或最高的道德原则，当不同的道德要求发生冲突时，就没有解决的依据。因此，穆勒认为，道德的第一原则是必需的，是道德哲学应首先建立的部分。当然，他从未否认第二级的道德原则的意义。对他来说，多数的道德行为所直接遵循的都是第二级的道德原则。只有在这些原则冲突时，第一原则才会被求助。②

那么，到底穆勒是如何定义道德的第一原则——功利原则的呢？在陈述这一原则时，穆勒这样说道："根据被接受为道德之基础的'功利信条'或'最大幸福原则'，正确的行为是那些趋于增进幸福的行为，而错误的行为则是那些趋于产生其反面的行为。幸福的意

① Ibid.（同上），2.

② Ibid 25；Roger Crisp: *Mill On Utilitarianism* (London: Routledge 1997), 19.

思是快乐或无痛苦；不幸福的意思是痛苦或无快乐。”① 他进一步解释说，“快乐和免于痛苦是唯一作为目的而可欲的东西；所有可欲的东西（对功利主义像对其他理论一样多），要么作为快乐本身而可欲，要么作为增进快乐和避免痛苦的手段而可欲。”② 像所有的第一原则一样，道德的第一原则显然不能演绎地从其他概念推出，所以它或是先天的，或是经归纳由经验得出。作为一个经验主义者，穆勒自然主张后者。根据经验，道德的第一原则无疑是功利原则——最大幸福原则。在他看来，无论人们承认与否，他们的情感是为其对幸福的考虑所左右的。功利原则在任何道德学说的形成中都起了极大作用。那些相信先验道德原则的哲学家实际上并不能真正否认功利原则是道德的基本原则和一切道德义务的来源。他以康德道德哲学为例说明这一点。他说，当康德从他的道德普遍律推导具体的道德义务时，他没能证明最令人愤怒的不道德的行为规则之被理性的人们普遍采纳会是自相矛盾和逻辑上不可能的，所有他能证明的是没人愿意承受最不道德的行为规则之普遍采纳所带来的结果。③ 所以，归根结底，采纳康德之道德普遍律的真正理由是增进人类的幸福，而不是与人类幸福无关的理性要求。

在穆勒看来，最大多数人的最大幸福之所以是道德的最终标准，是由于幸福是人类追求的目标。人类追求的东西则是人类所求的善。他说，“如果我现在所陈述的看法在心理学上是正确的——如果人性就在于只追求幸福的部分或幸福的手段——我们不能有、也不需要有其他东西去证明只有这些是人类所欲望的。可见，幸福就是人类行为的唯一目的，增进幸福就是判断所有人类行为的唯一标准——由此而来的必然结论就是增进幸福一定是道德的标准，因为部分包含在整体之中。”④ 至于如何证明人类都追求幸福，他认为最好的证

① Mill, *Utilitarianism*, 7.
② Ibid.
③ Ibid. 4.
④ Ibid. 37–38.

明就是事实上人们都在追求幸福，这正像对人们能听到某种声音或看到某种东西的最好证明是人们事实上听到了那种声音或看到那种东西一样。① 从人们普遍追求幸福推出幸福是善、增进幸福是道德目的，似乎是在从无规范意义的“是什么”推出规范意义上的“应该是什么。”对此，穆勒受到了许多人的批评。他的这些批评者认为他犯了逻辑错误，没看到从“人欲望什么”推不出“人应该欲望什么”。② 但是，穆勒的辩护者指出，穆勒的论证是完全符合逻辑的。他们认为，由于穆勒所要证明的是无法从任何概念推出的道德的第一原则，这个最终的“应该”的证明，对一个像穆勒这样的经验主义者来说，只能求助于人的最终欲求本身。对穆勒来说，道德的最终依据就是人们作为目的追求的东西。在道德第一原则的层面上，“是”就是“应该”的依据，“实际欲望的”就是人们“应该欲望的”的最终证明。进而，人们实际最终欲望的也就是他们应该欲望的。既然幸福是人所欲求的最终目的，那么它就是善，就是人应追求的，增进幸福就是最终的道德标准。③

当然，穆勒意识到仅仅表明幸福的可欲性和应该性是不够的。为了证明幸福是道德的最终目的，他还需证明幸福是人们作为目的而追求的唯一对象。对此，他的论述是：人们所欲的其他东西，或者是达到幸福的手段，或者已经从幸福的手段成为幸福的组成部分。他这样说道：“幸福的成分是多种多样的，其每种成分本身都可欲，

---

① Ibid. 34.

② 伊莱贾米·尔格拉姆(Elijah Millgram)曾对这样的批评给了一个简洁而准确的概述，尽管认为它完全站不住脚（参见 Elijah Millgram, “Mill’s Proof of the Principle of Utility,” Ethics , 110:2, 283）。

③ 为穆勒辩护的类似论证，参见 Henry R. West, “Mill’s Proof of the Principle of Utility”, in Henry R. West ed. *The Blackwell Guide to Mill’s Utilitarianism* (Oxford: Blackwell Publishing, 2006), 175–76；Elijah Millgram, 286–290。不过，需要注明的是，虽然米尔格拉姆不认为穆勒在这里有逻辑错误，但他认为穆勒对最大幸福原则的论证问题严重。他论辩说，穆勒对最大幸福原则的论证基于实践推理上的工具主义（将所有实践推理归为寻找满足欲望或目的之手段的推理）。在他看来，穆勒之论证的问题即实践推理的工具主义的问题。这种观点贯穿在他的“Mill’s Proof of the Principle of Utility”全文（*Ethics* , 110:2, 283–310）。

而不是仅仅相加为一个集合才可欲⋯ 。它们本身可欲并被欲：除了作为手段，它们已是目的的一部分。”① 德性就是典型的这样一种成分。“根据功利主义学说，德性不是目的之最初的和自然的部分，但却能成为目的的部分；在那些无私的人们那里，它已变成目的的部分，且作为幸福的部分，而不是手段，来被欲望和珍惜。”② 但它是如何从手段变为目的本身的呢？简单的回答是：通过德性与快乐的不断关联。对此，他解释道：德性从手段变为目的的过程与另一些从手段变为目的的东西是相同的。例如，起初人类之所以追求金钱、权力和名声，是由于它们是幸福的手段，但由于对它们的占有与幸福如此紧密地联系在一起，许多人则将占有它们当成目的来追求。“在这样的情况下，手段已变成了目的的一部分，而且是比它们最初作为手段时欲达到的东西更重要的部分。曾作为获得幸福的手段而被追求的东西，已变成了作为目的而被追求的东西。既然它是作为目的而被欲望的，它也是作为幸福的成分而被欲望的。”③ 就德性而言，人们起初追求它时，是因为它能增进快乐，尤其是避免痛苦。一旦行德与快乐、行恶与痛苦形成习惯性的联系，人们就会将德性作为目的来追求。“那些将德性当做目的来追求的人，他们之所以如此，或是由于从有德感到快乐，或是从缺德感到痛苦，或感到二者；事实上快乐和痛苦很少单独存在，而几乎总是在一起——同一个人会因获得一定程度的德性而感快乐，为不能获得更多的德性而痛苦。”④ 所以，德性不是异于快乐的目的。由于幸福就是快乐，追求德性就是追求幸福。归根结底，人们所追求的唯一目的是幸福。

就将幸福等同于快乐而言，穆勒的功利主义显然是快乐主义的。在这一点上，他与边沁并无不同。但在对快乐的解释上他非常不同于边沁。边沁将所有快乐都看做是同质的。所以，对他来说，不同

---

① Ibid 35.

② Ibid. 35–36.

③ Ibid 36.

④ Ibid. 37.

的快乐只有量上的不同，即只在强度和持续性上不同。穆勒认为，不同的快乐不仅有量上的区别，也可能有质上的区别。对边沁快乐主义的修正部分地是由于穆勒需要反驳功利主义的批评者。当时有人将功利主义说成是只对猪有价值的学说——因为它将快乐看成人生的最高目的，而求快乐则正是猪所过的生活。针对这样的攻击，穆勒回敬道：不是功利主义者，而是它的攻击者，将人降到了猪的水平，因为正是后者将人的快乐等同于猪的快乐。① 他论证说：人的快乐不等同于动物的快乐，因为人能体验动物无法体验的高级快乐。他将快乐分为两类：精神上的快乐和肉体上的快乐。二者有质的不同。前者是更高级、更有价值的快乐。更具体地说，精神上的快乐是智力活动的快乐，情感和想象活动的快乐，道德感的快乐。它们源自对人类特有的精神能力的运用。肉体上的快乐是感性的快乐，只是肉欲的满足。它为人类与动物所共有。为何精神快乐高于肉体快乐？他的论证也富有经验主义色彩。他的论点可归为以下几点：第一，体验过二者的人都会很肯定地更喜欢精神快乐，而且这种喜好是纯粹发自内心的，而不是出于道德的或其他利害的考虑；第二，肯定地喜欢精神快乐多于肉体快乐意味着不会为后者而放弃前者，即便前者包含着某种不满足。第三，对精神快乐有很肯定的偏爱的人是已形成了自我意识和自我观察的习惯的人，而不是未成年、未成熟的人。将这三条归总起来说，就是经历过两种不同性质的快乐的成熟而有一定修养的人，都会更喜欢精神快乐；即便追求精神快乐会含有不满足，他们也不会以肉体快乐来取而代之。这就是为何“做一个不满足的人比做一个满足的猪好，做不满足的苏格拉底比做满足的蠢人好。”② 人的幸福不仅仅是得到肉体上的快乐或无痛苦，更在于得到精神上的快乐。这证明了精神快乐高于肉体快乐。穆勒不否认有些成熟的人有时选择肉体快乐，但他认为这种情况的出现并不说明当事人不更喜欢精神快乐，因为他之选择肉体快

① Ibid. 7–8.

② Ibid. 10.

乐可能是属于下面几种情况之一种：(1) 他的意志如此薄弱，以致明知精神快乐更好，却无力战胜肉欲的诱惑；(2) 他没有条件和机会去享有精神快乐；(3) 他丧失了享受精神快乐的能力。① 总之，他之选择肉体快乐，不是由于他不更想得到精神快乐，而是由于他不能够选择精神快乐。

穆勒对快乐进行质上的分类的做法，虽然有效地驳斥了当时对功利主义的攻击，但也引起了新的批评。有些学者认为他在论证精神快乐高于肉体快乐时使用了某种快乐之外的价值做衡量标准，所以他在逻辑上没有前后统一，没有真正坚持将快乐看作唯一作为目的而欲望的对象。但是，也有学者认为穆勒并没有陷入自相矛盾，因为质和量可同时为快乐的固有特征。所以，区分快乐在质上的不同与区分快乐在量上的不同一样，无需求助快乐以外的标准。② 但问题是在对不同质的快乐进行比较，给予不同的价值时，快乐之外的价值标准似乎需要被使用。③ 当然，穆勒是求助于经验上的事实——人们的肯定性喜好——来决定不同质的快乐之高低之分的，但在人们很肯定地喜好精神快乐胜过肉体快乐时，他们之喜好是否是由快乐之外的价值所决定的呢？穆勒对这个问题的解决圆满吗？这是一个穆勒学者们至今仍在讨论的话题。④

二、个人幸福与总体幸福

作为一个教导人们以最大多数人的最大幸福为行为准则的道德哲学，功利主义必须指出个人幸福和最大多数人的最大幸福之间的一致性。早在他的青年时代，穆勒就已悟出个人幸福以关爱他人、

---

① Ibid.

② Skorupski，57.

③ 提出类似异议的有一批学者。克里普(Roger Crisp)列举了他们中一些人的文章（见 Crips, 第 33 页，注 8）。

④ 关于对此问题的较详细讨论，参见 Crips, 第 31–35 页。

情趣丰富为前提。[①] 正是这种领悟在很大程度上帮助他走出了二十岁时所经历的精神危机。在《功利主义》的第二章中，他将个人幸福的前提条件做了清楚的论述并与最大多数人的最大幸福联系在一起。他指出，如果一个人在生存基本条件方面没有问题但却感不到幸福，其原因主要有二：第一，这个人极为自私——除了他自己，不关心任何人；第二，这个人缺少精神修养，因而不能从知识和大自然中得到乐趣。他的具体论述如下：

当人们有过得去的外在运气却在生活中找不到足够的快乐使生活有价值时，一般来说造成这样结果的原因是他们只关心自己而不关心任何其他人。就那些既没有公共感情也没有私人感情的人而言，生活的兴奋在很大程度上就被剥夺了；… 除了自私，使生活令人不满意的主要原因是缺少精神修养。一个有修养的心灵——我并非是指一个哲学家——是这样的心灵：它向知识之泉开放，它在过得去的程度上被教会了去使用它的能力，即在它周围的一切中发现取之不竭的兴趣的源泉，也就是在自然对象中，在艺术成就中，在诗的想象中，在历史事件中，在人类过去与现在的方式中以及他们对未来的展望中发现这样的源泉。[②]

他认为在正常环境下长大的人是可以获得作为幸福之必要条件的道德和智力发展的。个人在道德上和智力上的发展是其幸福的必要条件，也必然促进社会发展和公众的利益。“因此，只有通过高尚品格的普遍培养，功利主义的目的才能得以实现。”[③] 显而易见，对穆勒来说，获得个人幸福与增进社会的总体幸福是一致的。

但穆勒也明确指出了外在条件对人的幸福的影响。除了贫穷、疾病之外，由于坏的法律和被他人奴役而失去发展自由也是人们不

① 具体论证，见本书第四章。

② Mill, *Utilitarianism*. 13–14。

③ Ibid. 11.

能幸福的原因之一。不过，他相信，随着社会的进步，多数阻碍人类幸福的“恶”最终都会被去除。就社会的政治制度和习惯与舆论而言，在理想的情况下，它们应创造个人幸福与社会全体幸福的高度和谐与统一。他这样写道：“作为最大限度达到这样的理想（功利主义的道德理想）的手段，以下两者的效用是必需的：第一，法律和社会安排应将每个人的幸福或利益（像在实际言谈中它可能被称作的那样）与整体利益尽最大可能地和谐起来；第二，教育和舆论——它们对人的品格有极大的作用力——应将其力量用于在每个人心中建立个人幸福和整体幸福之间稳定的联系，特别是个人幸福和实践尊重普遍幸福所要求的行为模式（无论是积极的还是消极的）之间稳定的联系；以至于不仅个人不会想象不断与普遍利益对立的行为带来他个人幸福的可能性，而且增进普遍幸福的直接冲动存在于其行为的每个习惯性动机之中，进而与普遍幸福相连的情感能在每一个人的情感世界中占据一个很大而且极重要的位置。”①

关于自我牺牲与最大多数人的最大幸福的关系，穆勒也作了论述。他认为在不理想的社会条件下，有时自我牺牲对最大多数人的最大幸福是必要的。功利主义并不认为个人利益高于他人利益，但也不认为个人利益低于他人利益。他说：“我必须重申攻击功利主义的人很少公正地让人知道的是：构成功利主义道德行为标准的幸福不是行为者个人的幸福，而是他的行为所影响到的所有人的幸福。在他的幸福和他人幸福之间，功利主义要求他严格的不偏不倚，像一个与其利害无关而又仁慈的旁观者一样。”② 由于在计算幸福总量时每个人的幸福都一样重要——都算作一个幸福单位——不更多也不更少，且道德行为需增进最大多数人的最大幸福，当一个人的幸福之牺牲能换来整体的最大幸福量时（例如牺牲一个人的生命，换取另外十个生命），自我牺牲就是道德的。所以，功利主义不否认这种自我牺牲的崇高性，但否认无助于增进幸福的自我牺牲的价值。

① Ibid. 17.

② Ibid. 16.

穆勒明确地说："功利主义的道德承认人类所具有的为了他人利益而牺牲自己的最大利益的力量。它只是拒绝承认这样的自我牺牲本身是善。它认为不增进或不趋于增进幸福总量的牺牲是一种浪费。"①

三、功利与正义

在《功利主义》的最后一章，穆勒讨论了功利原则和正义原则的关系，说明了二者在根本上的一致性，并论证了功利原则高于正义原则。首先，他承认人们的确有自然的正义情感。但这并不证明正义一定是行为的最高标准。为了说明正义的性质，他讨论了正义概念通常被使用的六种情况：第一，正义即尊重法律上的权利。当一个人被无故剥夺了其人身自由或合法财产时，我们认为这是不公正的；第二，正义即尊重道德权利。当人们的道德权利被剥夺时，我们认为这是不公正的。穆勒在此没有具体讲哪些是道德权利。但可以理解为他所指的是生存权、自由等自然权利。这样的权利不是在法律规定之内的，但高于法律所规定的权利。法律的公正与否不能由其自身裁决，而是由道德权利来决定。当一个法律对人的天然自由的限制不利于社会的总利益时，它就是不公正的。反抗不正义的法律的权利则属于道德权利。第三，正义在于给予一个人应得的奖赏或惩罚，不这样做就是不公平。第四，正义在于遵守约定。毁约或不遵守自愿许下的诺言是不公正的。第五，不偏不倚即公正。这一点与第三点密切相关。这不是指在私人感情和交往上的不偏不倚，而是指有一定职务的人（例如法官、行政官）或在一定位置上的人（如家长），在给予裁决、赏罚或任命时不偏心，一视同仁。第六，平等即正义。关于何为平等，人们意见很不一致。有人主张相同权利应得以平等保护，但不同的人可能有不同的权利；有人则认

① Ibid.

为人们应平等地得到所需要的东西，但人们往往同意为了社会的总利益而牺牲平等不算不公正。例如，如果保持人们在身份、地位上的某些不平等可以使社会的利益得以更好地实现，平等可以让位于社会功利。社会功利之实现才是真正的公正。[①]

显然，人们对正义的理解不一，且正义的各种应用之间也时有冲突。所以，在正义原则之上必须有一更高的原则。对穆勒来说，这一更高的原则当然是功利原则。为了论证这一点，穆勒讨论了作为道德义务的正义之特点。他认为，正义与其他道德义务（例如慷慨、仁慈）的不同在于它总是涉及个人权利。“正义所包含的不仅是这样的东西——行之则对，不行之则不对，而且也是某个人可以向我们要求的道德权利。”[②] 所以，正义在于保护个人的权利。保护个人权利的道德性在于社会功利。对此，穆勒明确说道“那么，在我看来，有某种权利就是有某种社会应该保护我对其占有的东西。如果一个有异议者问为何社会应对此加以保护，我能给他的唯一理由就是总功利。”[③] 在进一步谈及何为正义所增进的社会总功利时，他认为那就是人们的安全。“这里涉及的利益是安全。从每个人的感情说，它都是所有利益中最要紧的利益。”[④] 人身安全是人们幸福的最基本的条件。没有安全，一切别的利益都没有意义。安全自然也是人们在一起生活的基本前提。没有正义，人们对彼此的互相伤害会让人人自危，以致无法有和平相处的社会生活。所以，正义存在的真正理由即保护个人的安全——最根本的社会功利。他认为，在通常情况下，所有人都有被平等对待的权利，但在社会功利要求不平等对待时，某些人的平等的权利应被牺牲。每个人的财产和人身自由都应受到保护，这是正义的要求，但在总功利需要的情况下，个人的财产、甚至人身自由都可以被侵犯。例如，为了抢救一个人的

① Ibid. 45.
② Ibid. 49.
③ Ibid. 52.
④ Ibid. 53.

生命，道德上不仅允许，而且要求偷取或用强力得到必要的食物或药品，甚至绑架和强迫唯一胜任的医务人员到现场抢救。这样的做法并非违背正义原则，而是在特殊情形下正义的体现，没有脱离功利的正义。① “很明显，所有合乎正义的情形也是符合功利的情形，二者之不同在于存在着与正义连在一起的一种特殊情感，且这种情感将正义与功利区别开来。”② 这种情感就是通常所说的正义感。但是，一旦我们对正义感的起源和性质有了真正的了解，我们就不再会将它看作功利的对立面。

至于人们的正义感，穆勒认为，其起源不能用功利解释，但其道德性则必须用功利解释。为了论证这一点，穆勒首先讨论了正义感的性质。穆勒认为正义有两种基本成分：（1）想要惩罚造成伤害的人，（2）知道或相信某个人或某些人受到伤害。前者源于自卫的冲动和同情心，惩罚造成伤害的人的欲望实际上就是自然的报复心。动物也有报复心，但人的报复心由于其同情心之范围的广大和其智力之高级而有所不同。关于报复心，穆勒指出：“在这上面，人类只在两点上与动物不同。第一，动物所同情的仅仅是他们的后代，或对它们好的更高级的动物（某些较高尚的动物会有这样的同情心），但人所能同情的是全人类，甚至一切有知觉的生命。第二，人有更为发达的智力，因而有更为丰富的情感，无论是自私的还是利他的。撇开其更大范围的同情心不谈，仅因为其高级的智力，人类就能懂得他自己和他所处于其中的人类社会在利益上的一致性，明白任何威胁社会安全的行为通常也威胁他自己的安全，因而唤起他的自卫本能（当他的本能感到如此时）。”③ 人的报复心本身无道德可言，只是一种自然感情。只有当它服从于社会同情心，服务于社会的总利益时，它才获得了道德意义。④ 这也就是说，其道德性在于社会

---

① Ibid. 62.

② Ibid. 62.

③ Ibid. 50.

④ Ibid. 50–51.

功利性。

总之，正义的标准基于功利。穆勒强调，他绝不想否认正义在道德中的重要性。他只是否认不以功利为基础的正义。他说，“虽然我反对任何将想象的正义标准基于非功利之上的理论的主张，但我将以功利为基础的正义看作全部道德的主要部分，甚至无与伦比的最神圣和最有约束力的部分。”① 对穆勒来说，人们的正义观念和情感是他们接受功利主义的最大障碍。② 所以，他在《功利主义》一书中用了很大篇幅来讨论正义与功利的一致性。该书的最后一章集中讨论这一问题，且是全书最长的一章。当他认为已圆满地论证了正义与功利的关系时，全书也就到了结束之时。因此，《功利主义》一书也就随着对正义与功利的关系论证的结束而结束了。

① Ibid. 58.
② Ibid. 41.

第十三章

哲学家议员

自《逻辑学》和《政治经济学原理》发表之后，穆勒已有了相当高的声望，所以早在 1851 年，穆勒就曾被邀请竞选爱尔兰郡选区的国会议员。但他当时仍在东印度公司任职，因而谢绝了邀请。稍后，虽然他已从东印度公司退休，但正值与哈丽特结婚期间，欲过安静的私人生活，并力争完成尽可能的著作。而且，他也不认为自己的思想会为众人所接受，在竞选中获胜。[①] 因此，没有考虑从政。但在 1865 年他再次被邀请参选时，情况已不同于以前，而且这次他是被邀请作为威斯敏斯特选区的自由党议员竞选人——威斯敏斯特区可是对自由党人[②]最为至关重要之地。此外，这时，由于《论自由》、《代议制政府》、《功利主义》等的发表和影响，穆勒的声望更高，当选的可能性更大。尽管如此，穆勒在接到邀请后并没有立即答应参选。当他最终同意有条件参选后，他所提出的条件曾是全国性新闻。不仅如此，他几乎完全没有进行竞选活动而取胜。这样的胜利大概在西方竞选史上也是空前绝后的。

① John Stuart Mill (约翰·斯图亚特·穆勒), *Autobiography* (《自传》), ed. John M. Robson (约翰·鲁伯森), London, Penguin Books，1989，206 页。

② 这时的自由党虽有政党之名，但实际上只是激进派和辉格党的一个联盟。

一、参选前后

为了说明穆勒当选的来龙去脉，有必要在此简单提及一些他参选前后的细节。首先，在 1865 年 3 月，他收到了一封来自威斯敏斯特选区选民的来信，问他是否愿意出来在即将来临的议会大选中做他们的议员候选人。他当时有所犹豫。一方面，他想涉入实际的政治生活，将自己的理念付诸实践；但另一方面，他感到也许他不适合于从政，继续安静地进行写作会使他对社会有更大贡献。① 最后，他决定先提出自己同意竞选的不合习惯做法的条件。如果选民接受这些条件，作为其社区的一员，他则有义务接受提名，担当起自己的责任，成为他们的议员候选人。在回信中，他提出了以下四个条件：第一，不为竞选出钱；第二，不为当选而进行游说；第三，如果当选，将不把精力和时间花在地方利益上；第四，如果当选，将为他明白表述的那些政治主张去行动，包括为争取妇女的投票权而努力。② 穆勒之所以提出第一个条件，是由于他认为竞选者出钱的做法在道德上是错误的。虽然选民为自己喜欢的候选人捐款无可非议，"但是让候选人出所有的或部分的竞选费用在根本上是错误的，因为这实际上就等于买他的席位。"③ 如果一个人花钱为自己买在议会中的席位，他的从政动机是否是完全为公众服务就值得怀疑。另外，要求候选人出钱竞选就剥夺了那些出不起钱的人的竞选权利，导致不公平的竞争。④ 关于第四个条件中所表明的对妇女投票权的支持，穆勒后来在《自传》中颇为自豪的说道"无疑这是第一次选民听到这样的主张。我提出了此主张后而仍当选这个事实本身就是

---

① Michael St. John Packe（迈克尔 · 圣 · 约翰 · 派克）, *The Life of John Stuart Mill* (New York: The Macmillan Company , 1954), 446–479 页。

② Mill, *Autobiography*, 208.

③ Ibid (同上). 207.

④ Ibid.

自此以后富有生气的支持妇女投票权运动的开端。”①

穆勒的回信发表在1865年3月23的《每日新闻》(Daily News)上。这使他的名字立即成为全国的关注点。②他的竞选条件使人们震惊，所以许多人不认为他的当选是可能的。针对穆勒的竞选条件，有位知名人士说，即便上帝也没机会在这样的情况下当选。③ 令人出乎意料的是，威斯敏斯特选民在一次大会上接受了穆勒的全部条件，将他确定为他们的候选人之一，并开始为他的竞选捐款。对于他的竞选条件所带来的积极效果，穆勒颇为高兴。他在给一个朋友的信中这样写道：“通过此我得到了这样的结果：从这个国家的一端到另一端，我的想法中被人认为是最不流行的部分已经被并正在被讨论着和传播着，并且其中的一部分（特别是妇女的投票问题）正在得到许多未曾期待的支持。无论我能否当选议员，我都把这一切算作实践上的卓有成效。”④

穆勒的竞选委员会、朋友和支持者为他的竞选做了许多工作，而他本人则严格遵守他的竞选条件，几乎对他的竞选什么都没做。在参选后的几个月中，穆勒几乎一直都住在法国。七月初他才回到英国，那时离投票日已仅有十天左右了。在穆勒的众多支持者中，哲学家罗素（Bertrand Arthur William Russell 1872–1970）的父亲安伯雷子爵（Viscount Amberley）⑤放弃了对威斯敏斯特另一自由党候选人的支持而站在穆勒一边；罗素的爷爷，曾两度任英国首相的约翰·罗素伯爵，也在6月9日说：“我期待穆勒将代表威斯敏斯特而进入议会。尽管我对他的观点并不同意，但他是如此出色的人，以致无法被拒绝。”⑥

穆勒在7月回到英国后，在投票日前一共参加了两次集会。由

---

① Ibid. 208.

② Packe, 448.

③ Mill, *Autobiography*, 208.

④ Packe，448–449.

⑤ 关于他与穆勒的友谊，见本书第十五章。

⑥ Packe，450.

于他同意人们在投票前有必要知道他的长期和近期目标，所以出席了这两次集会。他一开始就宣布他将不回答有关他个人宗教信仰方面的问题，但愿意回答其他问题。对他的这种态度，他的听众都给予认可。实际上，只有第一次集会是为选民而召集的，且进行得很平和。第二个集会是为没有投票权的劳工举行的，因为穆勒坚持他们也和其他人一样有权利了解议员候选人。这个集会不像第一个那么彬彬有礼，但结局却出人意料地成功。在那天的会上，正当穆勒解释他的政治信仰时，有人将一个标语牌举进会场，上面写着穆勒在《对议会改革的想法》中的话："下等阶级，虽然是惯常撒谎的人，为撒谎感到羞愧。"人们问穆勒他是否写了那样的话。穆勒清楚地回答道："我写了。"会场上先是短暂的鸦雀无声，接着是全体向他致意，人们拍手，吹口哨，喝彩，跺脚。会后他们的领头人对穆勒说："劳工阶级不想不被告知他们的缺点，他们想要的是朋友，而不是奉承者。"① 劳动者们对他的诚实的欣赏，深深打动了穆勒。在《自传》中回忆此次经历时，他说它是不寻常得非写下不可的对坦诚之益处的证明。他写道："很显然，劳工阶级已习惯于期待那些寻求他们的支持的人的雄辩和回避，以至于当他们没有听到那些，而是直截了当的、与他们的意见可能非常不合的表达时，他们没有感到被冒犯，而是马上断定这样的人可以被信任。"② 投票在 7 月 12 日举行。尽管穆勒总共在竞选期间只参加了两次集会，他所得的选票超过保守的托利党③ 候选人 700 张，因而同自由党的另一候选人一起在这次选举中获胜，成为新议员。④

在过后回想这段经历时，穆勒更感满足的是他曾有机会更好地了解他的人民，也使他的思想被更多的人民所了解。他在《自传》中写道："即便我在这次选举中被击败，我也不会后悔由于此次选举

① Mill, *Autobiography*, 208–209；Packe，450–451.

② Mill, *Autobiography*, 209.

③ 今天的英国保守党就是由当年托利党的一部分演变而来的。

④ 见 Packe, 451 页。

带给我的同众多同胞的接触；这样的接触不仅带给我许多新体验，而且使我得以把自己的政治主张广泛传播。通过使自己被那些以前从未听说我的地方所知晓，我的读者数量增加了，我的著作的影响可以设想也增加了。”① 事实上，他之参选的确使人们对他的著作倍感兴趣。当他的《对威廉·汉密尔顿爵士的思考》一书在竞选当年4月出版后，在两个月内就卖光了。正是在这本著作中，在批判汉密尔顿哲学的同时，穆勒提出了他的现象主义哲学（phenomenalism）。穆勒被公认为是第一个对现象主义哲学给以清楚表述和系统阐述的人。② 他将物质定义为“感觉的永久可能性”（the Permanent Possibility of Sensation），③ 用感觉或感觉的可能性来说明外在世界的存在和构成。他并不像贝克莱那样直接地肯定精神的实体性，但他的现象主义显然受到贝克莱唯心主义的影响。④ 这时《政治经济学原理》、《论自由》和《代议制政府》的简装本也得以出版（穆勒为了让劳动阶级买得起这些书，已同他的出版商谈判了一年，但最终还是以完全放弃他通常所有的那部分利润才达成协议）。《论自由》的简装本出现后，一周内就卖了1000本。《政治经济学原理》的简装本在5年内卖出一万本以上，而且这些简装本的发行，并没有减少精装本的销售。⑤《逻辑学》没出简装本，因为穆勒认为没有足够的需求。在1870年，当一位劳工要求他出《逻辑学》的简装本

① 同上。

② Andy Hamilton, “Mill, Phenomenalism, and the Self,” in John Skorupski ed. *The Cambridge Companion to Mill* (Cambridge: Cambridge University Press, 1998), 139; Richard Fumerton, “Phenomenalism,” in Jonathan Dancy and Ernest Sosa eds. *A Companion to Epistemology* (Oxford: Blackwell Publishing, 1992), 339.

③ *Collected Works of John Stuart Mill*, vol. 9, ed., John M. Robson (Toronto and London: The University of Toronto Press and Routledge and Kegan Paul, 1979), 第183页。

④ 至于穆勒是否真是一个唯心主义者，学者们有不同意见。例如，尼古拉斯·凯帕罗蒂（Nicholas Capaldi）认为穆勒信奉唯心主义，而查尔斯·道格拉斯（Charles Douglas）则说穆勒的哲学一定不是唯心主义。关于凯帕罗蒂的观点，参见Nicholas Capaldi , *John Stuart Mill: A Biography* (Cambridge: Cambridge University Press, 2004), 309–414页；关于道格拉斯的看法，参见Charles Douglas, *John Stuart Mill: A Study of His Philosophy*（London: William Blackwood and Sons, 1905），第7–8页。

⑤ Packe，448.

时，他没有答应，但自己花钱买了几套他没有出简装本的全部著作，将其中一套送给这位劳工，并让他将其余几套赠送给劳工俱乐部和图书馆。两年后这位劳工写信告诉他，这些书已被广为阅读。①

穆勒的当选绝非偶然。在当选之前，他的影响在知识界已相当大。许多大学生已是他的忠实信奉者。一个思想家在社会上有如此大的声望和影响，颇类似于19世纪末和20世纪初的中国的情况（例如，康有为、梁启超、陈独秀、李大钊、胡适等都曾有很大影响），当然他的影响似乎比同时代的许多英国思想家更大。在谈及穆勒对青年知识分子的影响时，福塞特（Fawcett）② 这样说道："在过去二十年中（1853–1873），任何一个上大学的人一定都注意到穆勒先生是这样的一个作者：他对几乎所有最有发展前途的年轻人都有着最有力的影响。… 当我是个大学本科生时，我记得很清楚大多数我的那些很可能得到很高数学优秀学位的朋友都已很熟悉穆勒先生的著作，并将其中的精神融入其心中，所以可以说他们已是他的信徒。他们中的许多人把他尊为自己的老师；他们中的许多人自那以后都感到他已将原则置于他们之中，这些原则在很大程度上指导着他们后来的人生。"③ 这就解释了为什么圣安德鲁斯大学（University of St. Andrews）的学生们在1866年选穆勒为他们的名誉校长（Lord Rector④）。

穆勒入选的议会于1866年2月开幕。在下面的3年中，除议会休会期间，穆勒全身心地投入了议会的工作。当时自由党是执政党。穆勒进入议会的那年，罗素伯爵再度出任首相，但他已将大权交给了当时为下院领袖的威廉·尤尔特·格莱斯顿（William Ewart Gladstone 1809–1898），而在1868年格莱斯顿则成为新任首相（格

---

① 同上，448，注1。

② 关于他的生平及与穆勒的交往，见本书第十五章。

③ 转引自 Capaldi, 328 页。

④ "Lord Rector"本指苏格兰的四所古老的大学（圣安德鲁斯大学、爱丁堡大学、格拉斯哥大学、阿伯丁大学）的第三号首长，主持大学管理机构"大学委员会"会议，但后来已演变为一个有名无实的名誉头衔。

莱斯顿曾四次出任英国首相）。由于自由党当时在议会中的多数不是占绝对优势，所以像穆勒这样不严守党派界限的独立思想家就能起较大作用。一方面，穆勒常常能超越自由党之见，坚持自己的主张；但另一方面，在原则允许的情况下，他常常与自由党领袖合作，并希望在改革自由党方面发挥作用。虽然他绝不是一个精于实际政治运作的职业政治家，但他也不是一个不懂政治的书生。为了取得好的效果，他很懂得如何做必要而又不违背原则的妥协。所以，"…他比通常所认为的更是一个政治家。"① 格莱斯顿虽然把穆勒称为"理性的圣徒，"但在谈到穆勒的政治技巧时，他说，"我认为，虽然是个哲学家，但他不是一个怪人… 在我看来，在具有一个隐士之高度的独立思想的同时，他也对政治有很好地理解和实践上的机智。"② 据他的友人的回忆，穆勒初进议会时，无论是讲演的内容，还是风格，都是很有缺陷的，远不如职业政治家富有成效。但他能够听取友善的劝告，很快成为一个有效的讲演者，并懂得何时应同自由党保持一致，而不再一味孤军作战。③ 总的说来，作为议员的穆勒，有力地推动了进步事业，发挥了一个哲人在政治活动中所能发挥的作用。

二、任职期间的作为

任议员期间，在三件事情上穆勒表现最为突出。其中最有历史意义的是他将妇女投票权问题在议会辩论中提出。由于穆勒，"在近代史上，妇女投票权问题在一个文明国家的立法大会上第一次

---

① Dennis F. Thompson, "Mill in Parliament: When Should A Philosopher Compromise?" in Nadia Urbinati and Alex Zakaras (eds.), *J. S. Mill's Political Thought* (Cambridge: Cambridge University Press, 2007), 167.

② 见 W. L. Courtney, *Life of John Stuart Mil,* (London: Walter Scott, 1889), 142 页。

③ Packe，451–54.

被听到。”[①] 1867年5月20日，当议会就《改革法案》进行辩论时，穆勒站起来提出动议：将这个法案中的“男人”(man) 改为“人”(person)，以便将妇女包括在选民之中。刚开始，议员们觉得这是一个很荒唐的议题，但随着穆勒有力的论辩，他们不得不认真对待之。在穆勒为此所作的讲演中，他驳斥了那些反对妇女投票的主要论点，诸如妇女不想投票、政治不是女人的事、女人喜欢已拥有的权利、女人已被她们的天然保护者（男人）充分代表了，等等。他也勾画了男女平等对幸福的家庭生活的意义。他后来将这次演讲看作一生中最好的之一。他的讲话之后，议会进行了一个短暂的辩论。投票的结果是73票支持，占参会者的三分之一。据说有些人由于怕被嘲笑而未敢支持穆勒。尽管如此，穆勒对所取得的支持已感很高兴。他从未期待其动议能够得以通过，只是想借此机会宣传妇女的投票权。对此次的成功，他在一封信中这样写道：“那个提议所获得的出乎意料的如此大的少数派，以及由此在那些从未考虑过此问题的地方所引起的思考和讨论，给予这个问题巨大推动。从那以后，各个阶层中的大量男人和女人对这一运动予以支持，对此的认同很快成为先进的自由主义的标志。”[②] 在另一封信中他说：“关于妇女的这个问题是最决定性和最重要的成功，而且自从议会的那次辩论以来，正确意见如何在妇女和男人中传播是真正让人吃惊的。我们现在正在伦敦为妇女代表权组织一个社团，并希望其他人在爱丁堡和都柏林，及其他地方也进行组织（在曼彻斯特已有一个最有效的组织——它已为今年的请愿书得到13500这样大数量的人的签字)。”[③]

穆勒在议会期间所作的另一件影响很大的事是坚持对屠杀众多黑人的英国驻牙买加总督爱德华·约翰·艾瑞（Edward John Eyre）

① Ibid. 492.

② Mill to Parker Pillisbury, the editor of The Anti-Slavery Standard in USA (July 4, 1867), in *CW* XVI ed. Francis E. Mineka (1972), p. 1289.

③ Mill to John Elliot Cairnes (June 30, 1867), *CW* XVI, p. 1284.

进行严厉惩罚。虽然由于当时政界和民间存在的强烈的种族主义和帝国主义倾向，穆勒的努力未能取得他所希望的结果，但他在这个问题上的所表现出的勇气和正义感已载入了史册。艾瑞事件的大致由来是这样的：艾瑞 于1862年开始掌管牙买加，他接任后，曾允许投机商用巨额税金修建一条穿越首都金斯敦主要通道的有轨电车路(后来报废)。所以，他很不得当地人心。人们曾上书请求女王帮助改善牙买加的状况，但却被牙买加当局告知说他们所得到的答复是他们需要更努力的工作，以便挣得更多工资。没有人相信这真是女王的回复。当局用其声称的女王回信来压制当地人的做法引起人们的强烈不满。因此，1865年10月在莫兰特湾（Morant Bay）的一个小城爆发了叛乱。在这场武力冲突中，24人被叛乱者所杀（其中一半为白人），35人受伤。叛乱很快被平息，但戒严令继续了相当一段时间。当戒严解除时，已有586个当地人被杀，上千座房屋被捣毁，无以计数的人被鞭打。不仅如此，艾瑞还借机除掉了对他持有批评态度的乔治·威廉·戈登（George William Gordon）主教。他指控戈登是这次叛乱的幕后主使者，将其用绞刑处死。这一切传到英国后，引起了一定程度的不安。艾瑞被停职，一个皇家委员会被派出进行调查。这个委员会的报告说：艾瑞在平息叛乱中表现出值得称赞的魄力，但过长地使用了戒严，对当地人进行了可怕的过分惩罚；他对戈登的处决是完全非法的、不正义的。在这些不可否认的事实面前，围绕如何处置艾瑞，人们的意见发生了极大分歧，多数人为艾瑞辩护。① 艾瑞在1866年8月回到英国时，他甚至受到了其支持者的热烈欢迎。② 在描述当时情形时，穆勒在《自传》中写道："做了那些坏事的罪犯受到那些长期支持黑奴制的人的辩护和喝彩；起初看上去好像大不列颠民族将会因甚至不对此予以抗议而丢脸，……"。③ 但好在一部分精英人士认为必须对艾瑞进

① 参见Packe，466–470页。

② Packe，471.

③ Mill, *Autobiography*, 217.

行惩治，并成立了“牙买加委员会”，以寻求对艾瑞事件的公正处理。很快就有超过300人成为这个委员会的成员，其中包括17位议员。① 委员会开始时由与穆勒关系密切的查尔斯·巴克斯顿（Charles Buxton）做主席，但在他的一个动议被拒绝后，穆勒成为主席。巴克斯顿的动议的内容主要包括：谴责艾瑞和他属下的行为，惩罚那些犯罪的官员，补偿那些失去家园和财产的牙买加人，大赦那些由于参加骚乱而服刑的牙买加人。但他没有提出对艾瑞起诉及法律制裁，因为他认为那样做不会有好的结果。他争辩说，首先，陪审团不会判艾瑞的罪；其次，即便艾瑞被判罪，政府也会赦免他。那样做，到头来，仍是艾瑞的胜利。他的意见在当时得到了许多自由党人和政府的批评者的认同。但穆勒坚持必须对艾瑞追究法律责任。在穆勒就艾瑞事件所发表的演讲中他强调了依法治国的原则，指出判艾瑞的罪是正义所要求的。② 作为一个功利主义者，他之强调正义而不强调效果听上去有些违背他自己的哲学，但如果考虑到其《功利主义》最后一章中对正义与功利之统一性的论述，他之强调正义也就非常自然了，与其功利主义哲学毫无矛盾之处。③ 由于他认为正义所保护的是最要紧的功利——安全，此时他之捍卫正义就是在增进功利。④ 穆勒之坚持对艾瑞予以法律制裁，使他当时处于在各阶层都极不受欢迎的境地。他不仅受到谩骂，而且受到恐吓，但他从未动摇。⑤ 牙买加委员会曾作了两年多的努力，但最终未能将艾瑞予以法律制裁。不仅如此，后来艾瑞还得到了政府的补偿并恢复了退休金。⑥ 尽管如此，穆勒认为他的目标已部分地达到了，因为牙买加委员会向世人表明在英国毕竟还有一批为受害人寻求公正的人，因而对英国的品格有所补救，而且更重要的是有力地警告了

① Ibid. 470.

② Thompson, 192–93.

③ 参见本书第十二章，《功利主义》。

④ 参见 Thompson, 191–92 页。

⑤ Mill, *Autobiography*, 219；Packe，470–71.

⑥ Packe, 472.

那些可能犯与艾瑞同样的罪的人，让他们知道犯那样的罪会给他们带来多少麻烦。①

任议员期间，穆勒做的另一件非常重大的事情是帮助防止了一次流血冲突。事情发生在 1866 年 7 月。当时，由于格莱斯顿所提议的《改革法案》未能通过以及保守的托利党政府的上台，② 主张议会民主改革的社团——改革同盟 (Reform League) ——开始组织大规模的支持改革的集会。政府的对策则是关闭公园，因为公园是唯一可以进行大规模集会的场所。当局关闭公园的公开理由是公园是皇家所赠予，只为了国民的娱乐，而群众性的示威集会则是让公众不悦的东西。政府的做法激起了强烈不满。改革同盟宣布将于 7 月 23 日晚上 7 点在海德公园举行一个集会。为此，警方根据内务部的命令，在海德公园的各入口处贴上了公园 5 点关门的告示。7 月 23 日那天，工人们从全国各地涌入牛津街和爱德外尔路（Edgware Road)。他们有 69000 人之多，汇集在大理石拱形（Marble Arch）处，③ 因警察挡住去路而停在那里。在与警方交涉无效后，他们向特拉法加广场（Trafagar Square）前进，然后，在喊了一大阵口号后就散开了。但是，当他们的领袖与警方谈判时，一部分工人拉开了栏杆，强行进入了海德公园，一些围观者也加入了他们。他们进入公园后，在珍贵的花坛上奔跑，并向一些富人住宅投石头。④ 根据穆勒的描述，“虽然比勒斯 (Beales) 先生和其他劳工领袖在这一切发生时已结束了示威活动，在接着发生的混战中，许多无辜的人被警察虐待，工人们的怒气已到了极点。他们表示了在海德公园举行另一次集会的决心，他们中的许多人很可能要带着武器去参加这个集会，政府方面做了军事方面的准备来对付这样的企图，所以相当

---

① Mill, *Autobiography*, 218.

② 由于在《改革法案》上的分歧，自由党在议会中分裂，因而导致自由党政府下台，由本为少数派的托利党上台。为了赢得民心，托利党在 1667 年重提改革法案，当年此法案在议会中得以通过。

③ 大理石拱形位于牛津街、爱德外尔路和公园巷的汇合处，并临近海德公园。

④ Packe, 458–59.

严重的事件一触即发。”①

在这种情况下，只有一个能让工人们信服的人物才有可能劝说他们放弃他们的下个集会，避免流血冲突。当时只有三个人可能完成这样的使命：穆勒、格莱斯顿、伯莱特（John Bright②）。但是，伯莱特在那期间正好不在伦敦，而作为自由党领袖的格莱斯顿也不合适出面，于是，穆勒则成了唯一可以承担此任的人。对此穆勒写道：“我相信我是防止严重后果的工具。作为议员，我一直站在劳工们一边，指责政府的行为。我被邀请和另外几位激进派成员一起去参加一个与改革同盟理事会领导人的会谈，我们的任务是说服他们放弃在海德公园开会的计划，把集会挪到别处，而这个任务主要落到我肩上。”③这个任务并不是容易完成的。虽然说服几位此同盟的主要领导人并不难，但说服众人却很难。穆勒对大家说，与政府发生武力冲突只有在两种条件下是合理的：第一，事态使革命成为可想望的；第二，他们认为他们自己能够完成革命。穆勒的话说服了大家。他们同意取消在海德公园的集会，而将集会移至在伊斯灵顿区（Islington）的农业礼堂，④但穆勒须到会讲话。穆勒同意了这样的请求，在几天后的大会上讲了话，一场危机就这样解决了。

在议会任职期间，在穆勒的周围，逐渐形成了一个志同道合的小圈子。在这些朋友的帮助下，加之议会之外某些专业人士的参谋性意见，穆勒甚至能够提出一些由于太超前而不可能使当时的主要政党感兴趣的议案或设想。穆勒的主要目标是宣传在当时极为先进或不受众人欢迎的思想，设法引起人们对它们的注意。由于这些思想如此先进超前，在议会里没有人会真正去着手实施，所以，他对当时党派之间所争论的许多问题并不涉入，而是时常在讨论中引进

---

① Mill, *Autobiography*, 213.

② 约翰·伯莱特(1811–1889)是激进的自由主义政治家，曾多次任英国下院议员(1843–1889)。

③ Mill, *Autobiography*, 213.

④ 伊斯灵顿 Islington 是伦敦市内较好的居住区。

新思想。在这方面，他是相当成功的。① 谈到党派问题，穆勒虽并不总是与自由党一致，但他基本上可算作自由党的人，只是有时他比其他自由党人更激进。早在他进入议会之前，格莱斯顿就时常征求他的意见。例如，在 1861 年，格莱斯顿和另一位重要的自由党人曾就税制问题进行了详细讨论，听取了穆勒关于所得税应按所挣和非所挣来加以区分。当格莱斯顿政府在 1866 年被托利党击败时，穆勒感到很难过，对格莱斯顿本人给予高度赞扬。后来，当自由党再度获胜，格莱斯顿重新执政后，虽然穆勒已不在议会，但他所支持的一系列议案都得以通过。这些议案包括：在爱尔兰废除新教教会，第一个著名的爱尔兰土改，已婚妇女财产法案，全国教育法，在大学废除宗教考试，结束军队中购买的头衔。② 后来，在谈及穆勒在议会的那段日子时，格莱斯顿说："至少对我来说，他的行为主要所显示出的是他之不同寻常的道德高度。我现在仍记得，那时——二十多年前，我习惯于比较亲昵地称他'理性的圣徒'——这大概部分地表达了我在这里想要表达的意思。在议会里由于利己主义而让人有各种各样动机、激励和刺激，但这一切都不能打动他，甚至无法触及到他。… 我无须告诉你，为了议会的全局，我为他在议会的出现而高兴，为他的消失而难过。他对我们大家都很有益。无论在哪个党中，根据哪种意见，我都痛苦地承认这样的人是罕见的。" ③

三、回归哲人生活

尽管穆勒在议会中尽心尽职，甚至有突出的成就，但他未能连任。他在 1868 年的选举中落选。在穆勒落选的同时，他数位参选的亲密朋友也一一败选，无论是初次竞选，还是寻求连任。虽然他

---

① Packe, 456–57.

② Ibid. 455.

③ Courtney, 141–42.

们的落选有复杂的原因，但也许与穆勒的落选有些关系。也有人认为这种关系是非常重大的。① 至于他自己的落选原因，当然是复杂的。穆勒在《自传》中也提到了一部分。至少包括了下面两个方面。首先，他在艾瑞问题上的态度得罪了不少人，毕竟多数人没有他那么高的道德水准，而且不能理解他的道德理念。所以，穆勒为他的坚持原则付出了很大政治代价。第二，他之为工人的候选人捐款，尤其是为一名激烈的无神论候选人查尔斯·伯兰德拉福（Charles Bradlaugh）捐款，极大地损害了他的竞选。② 伯兰德拉福那时是北安普顿（Northampton）的候选人之一，他对有神论的挑战非常著名。在当时的英国，无神论是不为社会的绝大多数人所容的，当时有些工人仅仅因为支持伯兰德拉福而丢了工作。穆勒对伯兰德拉福的支持遭到了舆论的强烈攻击。他的竞选委员会当时明确对穆勒说过：人们对其无神论的指控已让他极大地失去了支持。此外，伯兰德拉福的竞选对手是穆勒的老朋友亨利爵士，所以穆勒的做法也必然让一些他的朋友不满。在为自己辩护时，穆勒给出了种种理由，其中包括伯兰德拉福不可能获胜，所以他对其的支持并不损害亨利的竞选；他自己并不是无神论者，他的著作中没有任何无神论思想，所以他对伯兰德拉福的支持不表明他对无神论的支持。对他的这种辩护，尤其是他对无神论的完全否认和指责，海伦非常愤怒。当穆勒的辩护信在《每日新闻》上发表之后，海伦写信给他，对他进行了严厉的谴责。③ 她这样写道：

我不知道哪个我最不喜欢——断言被叫做无神论者是诽谤，或声称您像格莱斯顿一样地信天主教，或英格兰教会的大人物已找您谈过话！！！使用这样的论辩无疑是牺牲所有值得您当选的一切。您进而说您不比支持伯兰德拉福的北安普顿劳工更是无神论者，您保

① Packe, 475.
② Mill, *Autobiography*, 227–228.
③ 关于穆勒与伯兰德拉福 (Bradlaugh) 的这些资料，参见 Packe, 473–74 页。

证没人能从您的著作中找到任何东西去证明您是个无神论者。我无法告诉您我感到多么羞愧。您竟然还让您的信发表出来，这使我真为您感到脸红。您的做法必让每一个了解您的并读到您的那封信的人看低您。… 请不要让作为开放而真诚的您蒙受耻辱；请不要用像那封信那样的手段和托词，来关闭通向所有未来源于宗教自由的有用力量之门。①

作为一个主张言论和信仰自由的思想家，他本应捍卫无神论者的权利，而不应通过否认自己的无神论而将无神论者置于被指责的境地。由此看出，穆勒的确不是完人。我们无法知道他那些有悖自己哲学的辩护是出于满足其竞选委员会的要求而作，还是他自己有意为了得到公众支持而行。对许多职业政治家来说，穆勒的辩护无可非议——为了在竞选中获胜。但穆勒是具有很高的道德水准的公共知识分子，所以他的过失格外引人注目。海伦对他的批评也充分说明，正因为她对穆勒的敬仰之深，她才对其过错感到如此不能容忍。

也许，穆勒完全接受了海伦的批评。所以。在《自传》中解释为何给伯兰德拉福捐款时，他给出了有条理并符合他的个性的解释。他这样说道："由于拒绝为我自己的竞选出任何费用，并由他人支付我的竞选费用，我感到有特别的义务为那些缺少资金但却值得当选的候选人捐款。遵从这样的想法，我给几乎所有劳动阶级的候选人，包括伯兰德拉福先生捐了款。他得到了劳动阶级的支持，而且在听了他的讲演后，我知道他是个有能力的人。由于强烈反对这个民主政党②在马尔萨斯主义和私人代理这样两个重大问题上占上风的观点，他已经证明他与那些蛊惑人心的人正相反。他这样的人有着劳

① 转引自Packe书，第474页；原文见The Mill-Taylor Collection in British Library of Political and Economic Science（穆勒与泰勒通信手稿，存于伦敦政治经济学院），第53卷，149–51页。

② 从上下文看，他指的是当时的自由党。

工阶级所共有的民主情感，在政治问题上有独立的判断，而且有勇气表明被众人所反对的个人信念。在我看来，这样的人正是议会所需要的。我认为不应由于伯兰德拉福先生的反宗教观点（即便他用激烈的方式表达了他的这种观点[①]）而把他排除在议会之外。”[②] 这段说明才道出了他支持伯兰德拉福的真正原因，表现出一个支持宗教自由、提倡独立思考、同情劳动阶级的真实穆勒。

穆勒落选后，海伦给他写了非常温暖、体贴的信，盼他尽快回家。不久，穆勒离开伦敦，返回了法国的阿维尼翁。在穆勒由于议会的任职而住伦敦期间，海伦已将他们在阿维尼翁的住宅做了许多改进，以便使穆勒生活得更加方便和愉快。对未能连任议员，穆勒似乎没感到难过，相反，他感到了自由和轻松。实际上，他很高兴回到所熟悉的生活中，做一个哲学家通常要做的事情。尽管他得到了做另几个选区候选人的邀请，他都谢绝了。“选举结果刚一揭晓，我就收到了三、四个邀请，做其他选区（主要是郡）的候选人，但是，即便成功是可以预料的，并且无需有任何竞选花费，我也不想剥夺自己回到私人生活的机会。”[③]

---

① 据说伯兰德拉福曾在市场上当众这样挑战上帝的存在：他手中拿着一块表，说上帝如果存在，就在 10 分钟内把他打死。见 Packe，第 473 页。

② Mill, Autobiography, 227–228.

③ Ibid. 228.

第十四章

妇女的解放

男女平等是穆勒一生关注的主要问题之一。在他所处时代，他是最激进的男性女权思想家。他的《妇女的屈从》(*The Subjection of Women*) 一书的开篇再明确不过地表明男女平等原则对他的意义。他这样写道："这篇论文的目的在于尽我所能清楚地解释我的一个意见的根据。这个意见在我开始对社会或政治事务形成看法的最早时期就已形成，而且随着思考和阅历的加深，不但没有被削弱或修正，反而不断地被强化。我的这个意见就是：规范两性现存的社会关系的原则——一个性别被法定地服从另一个性别——其本身是错误的，而且现在是人类进步的主要障碍之一；它应被完全平等原则所取代，这意味着不承认一方享有权力或特权，而另一方被剥夺资格。"① 穆勒的声望和著作在他去世之前曾一度帮助英国的女权运动得到过相当高的社会认可。可惜的是，随着他的去世英国的女权运动也受到许多挫折，直到五十多年后（1928 年）英国妇女才争得了投票权。在哲学史上，大概不曾有第二个哲学大家像穆勒那样为妇女解放做了那么多。他不仅著书立说论证男女平等的正当性和必要性，而且直接在议会中积极推动有助男女平等的立法，并给予妇女团体大力

① John Stuart Mill, *The Subjection of Women, in Collected Works of John Stuart Mill*, vol. 21, ed. John M. Robson (Toronto and London: The University of Toronto Press and Routledge and Kegan Paul, 1984), 第 261 页。

支持。在他生前，在他每年给予的捐款中，争取妇女投票权联合会得到的数量最多；他去世后，根据其遗嘱，他所有积蓄的近一半用来赞助妇女的教育。① 在与哈丽特相遇后，他的女权思想无疑得以强化，而且在哈丽特去世后，哈丽特之女海伦的女权活动也对他有影响，但男女平等的观念是他在青年时代时就已形成的，是他自己的思想之一重要部分。他对女权主义思想的巨大贡献是举世公认的。

在人类议会历史上，穆勒是将妇女投票权问题带到议会讨论的第一人。他可能也是历史上第一个对英语中性歧视语言提出校正的人。早在 1834 年，他在一篇书评中就提出与“children”（孩子）相对应的词不应是“men”（男人），而应是“grown persons”（成人）。他认为用男性词来表示男女两性的总合不仅是词不符实，而且对人的思想有很坏的影响，因为“它鼓励对人类中的一半的最高利益不予关心的习惯”。② 难能可贵的是，他还在当时那样的历史条件下，在自己的著作中开始用中性词代表一般人。例如，在 1851 年《逻辑学》第 3 版中，以及 1852 年《政治经济学原理》的第 3 版中，他系统地将用来代表“人”的“men”改为“people”或“mankind”（他好像并没有意识到后者的男性化成分），将“he”改为“a person”。③

穆勒的《妇女的屈从》是历史上最有影响的女权著作之一。作为一部自由主义女权论的经典，它的某些观点在当今的许多更激进的女权思想家看来已太保守，但其历史价值是不可低估的，况且，应如何评价其中的许多思想至今仍是很有争议的。正像自由主义学说本身的价值在当今不容轻易被否定一样，穆勒的自由主义女权论也不应简单被看做低于当今更激进的女权主义。该书的初稿写于

---

① 更多细节见第十五章。

② *CW* XXIII, ed. Ann P. Robson and John M. Robson (1986)，第 729 页。对此的一个简要讨论，参见 Ann P. Robson and John M. Robson, “Introduction,” in Ann P. Robson and John M. Robson eds., *Sex Equality: Writings by John Stuart Mill, Harriet Taylor Mill, and Helen Taylor* (University of Toronto Press, 1994), xvii。

③ 参见 Ann P. Robson and John M. Robson, xviii。

1861 年，但增订后的定稿在 1869 年才发表。在《自传》中，他说定稿中不仅加入他的新想法，也包括了海伦的一些观点。① 至于穆勒为何等了 8 年后才将此书发表，一种解释是他在等待一个最好的时机，以便使此书产生最佳效益。② 1860 年代中期，劳工阶级要求投票权的情绪已很高涨。与此同时，女权运动已经开始出现。③ 自从 1865 年穆勒当选为议员后，他已为推动女权做了许多工作。到了 1869 年，英国的女权运动和组织已有了一定程度的发展。穆勒的《妇女的屈从》之发表给当时的女权运动带来了极大的鼓励。

在《妇女的屈从》发表的年代，在西方各国妇女仍遭受到法律上严重的不平等待遇。例如，她们没有财产所有权，对子女的教育没有发言权，没有对孩子的监护权，没有投票权，不能参加陪审团。在穆勒的所有著作中，《妇女的屈从》引来了最大的敌意。鉴于当时的历史条件，这也就不奇怪了。有人说像穆勒这样讨论妇女的特征和男女的关系是不体面的；有人攻击他傲慢、不客观。④ 甚至他的一些很亲密的朋友，例如贝恩 (Bain)，也对此书很不赞同。对此，穆勒并没有感到意外。此书发表之前，他在给一位友人的信中就预料到他的这本书"一定会遭到激烈的攻击。"⑤ 在此书中他要完成的任务异常艰巨——因为他所要反对的是根深蒂固地扎根于多数人心中的观念，他所抗争的是多数人的强烈情感。他很清楚地知道，当人们的情感强烈地相信某种信念，即便有有力的论证表明其信念的错误性，人们仍会以为存在某种论证无法达到的更深层次理由支持其情感所认同的信念。所以，"攻击一个几乎人人认同的意见的人们，其各方面的负担都是沉重的。如果他们的意见能得到一次被听

---

① John Stuart Mill (约翰·斯图亚特·穆勒), *Autobiography* (《自传》), ed. John M. Robson (约翰·鲁伯森), London, Penguin Books，1989，229.

② Michael St. John Packe(迈克尔·圣·约翰·派克), *The Life of John Stuart Mill* (New York: The Macmillan Company，1954), 494.

③ Eugene August, *John Stuart Mill* (New York: Charles Scribner's Sons), 207.

④ Packe，495。

⑤ Auguest，205.

取的机会，他们一定很幸运而且不同寻常地能干。”① 可见，当时，穆勒并不期待得到人们的赞扬和广泛支持，而是想通过此书激起人们的兴趣和讨论。在这个意义上，他很成功，因为他的这本书的所有读者都对它有强烈反应，无论是支持还是反对。从发行量看，当时人们对穆勒的这本书很有兴趣。该书的头两版很快就卖光了，而且在很短时间内就有人筹划了德语、法语和波兰语的译本出版。

当然，支持穆勒的《妇女的屈从》的还是大有人在。据说，罗素的母亲凯特·斯坦利 (Katherine Louisa Stanley, 即 Kate Amberley) 就是他的坚定追随者之一。② 下面的故事说明《妇女的屈从》一书在英国之外得到的强烈反响。穆勒的朋友康威（Moncure Conway）曾与美国驻俄临时代办一起访问俄国皇室。当听说他是穆勒的朋友后，四位年轻的公主来到他面前并向他鞠躬。她们说，穆勒要求妇女自由的书是她们的圣经。其中，年龄最大的一位说“我把那本书放在枕下一起睡觉。”③ 美国的女权主义者也为穆勒的书感到欢欣鼓舞。美国著名社会活动家和女权运动领袖伊丽莎白·凯蒂·斯坦顿（Elizabeth Cady Stanton 1815–1902）在给穆勒的信中写道：“这本书让我感到从未有过的平静和喜悦，因为这是来自男性的第一个回应，表明他能够看到和感到各种程度、各种各样的对妇女的伤害和妇女之软弱和退化之要害所在。”④ 穆勒的《妇女的屈从》在当时产生了世界性的影响。“穆勒成了英国女权事业的集结点，这本书在穆勒去世很久以后仍是争取妇女投票权运动的圣经。由于被译为多种语言，它在全世界被传读，创造了第一次世界性的妇女解放浪潮。”⑤

---

① *CW* XXI, 261.

② Packe，第 495–96 页。关于罗素父母与穆勒的交往，参见本书第十五章。

③ Packe, 496.

④ Alma Lutz, *Created Equality: A Biography of Elizabeth Cady Stanton* (New York: John Day Company, 1940), 171–72；quoted in “Sentiment and Intellect” by Alice S. Rossi, in *John Stuart Mil and Taylor Mill: Essays on Sexual Equality,* ed. with an Introduction essay by Alice S. Ross (Chicago: University of Chicago Press, 1970), 62.

⑤ August, 210。

一、概论

《妇女的屈从》中的一个最突出的结论是：对妇女的压迫不仅本身是不公正的、是对妇女的极大伤害，而且也不利于男性的充分发展，因而妨碍人类的进步和整体的最大幸福。男女平等问题绝不仅仅是个女性问题，而是关乎全社会幸福的一个根本问题。妇女解放对两性和社会的发展都是很有益的。所以，男女平等必将造福全社会。一个社会妇女解放的程度反映了其文明、进步和繁荣的水平。公正原则与功利原则在根本上是一致的。该书由四章构成，第一章反驳了种种为社会和法律上的男女不平等进行的辩护，对性歧视予以哲学性的批判。第二章从批评当时英国的婚姻法着手，讨论了男尊女卑的婚姻之不公正性和危害性。第三章批评了当时英国剥夺妇女政治权利和职业发展机会的法律，讨论将妇女排除在政治和职业发展机会之外的不公正性以及由此对社会利益造成的损害。第四章论证男女平等对人类幸福的促进，着重指出其对改善人类道德、提高人类智能以及增进人类总幸福和家庭幸福的积极作用。下面就对书中的一些要点做些更详细的介绍。

首先，穆勒批评了那些用男女不平等之普遍性为其辩护的人。那些人认为，一种普遍存在的东西必是对人类有好处的东西。既然男女不平等在人类社会中普遍存在，男女不平等的社会一定比男女平等的社会好，所以男女不平等应该继续存在下去，对此，穆勒作了两点反驳：第一，长期以来，人类一直处在男女不平等的社会中，并不曾尝试男女平等的社会，所以并没有经验事实证明男女不平等的社会比男女平等的社会更好。第二，男女不平等的建立不是基于对人类幸福的考虑，而是人类早期男性奴役女性的结果。① 历史上

① *CW* XXI, 263–64.

一部分人对另一部分人的统治往往是靠强权实现的，是不公正的，男人对女人的压迫也是如此。也许有人会说，男女不平等不仅是普遍的，而且也是历史悠久的，所以必是人类需要的。对此，穆勒的回复是，悠久性并不证明其正确性，人类社会中许多坏东西都存在了很久。男女不平等存在之长久恰恰说明妇女所受压迫之深。取得统治权后，当权者通常要以各种方式为自己辩护，保住自己的统治地位。历史证明他们不会自行放弃对被统治者的压迫。随着历史的进步，强权的统治逐渐减少。在最先进的国家，男性已获得了较多自由。但对妇女的压迫依旧，而且会是最难、最后才能被铲除的强权。① 这是因为女性力量很弱、难以团结，而且处在压迫者最为直接的统治之下。对妇女的奴役类似于对奴隶的奴役。这种奴役本身是不公正的，野蛮的，落后的，最终必将会在更文明的未来被消灭。当今妇女的不平等地位“是与未来不相符的过去的残余，有一天必然会消失。”② 他认为社会进步与男女平等是同步的。妇女解放的程度标志着社会进步的程度。③ 他坚信自由、平等是社会未来的发展趋势。现代社会与旧时代的重要不同就在于人的成功不再极大地由其与生俱来的身份和地位所决定。现代社会将越来越多地为个人——男人和女人——提供发展机会。④ 有了自由，人们必愿意做他们最适合做的事，因而把事情做得最好。人们不应因其种族、阶级和性别而被限制选择自由。自由原则反对一切种族、阶级、性别歧视。⑤

穆勒也批驳了认为男女不平等合乎自然的观点。他指出，在历史上，压迫总是以“自然的”为其辩护的。远的不说，就是当时那些支持白人统治黑人的种族主义者也是用“自然”来为种族奴役辩护的。⑥“不自然”通常是“不习惯”的另一种说法。多数人还不

---

① Ibid. 264.
② *CW* XXI, 272.
③ *CW* XXI, 276.
④ *CW* XXI, 273.
⑤ Ibid. 274.
⑥ Ibid. 269.

习惯某事物时，他们就把它认作“不自然的”。但习俗、多数人的意见并不是是非标准。所以，人们习惯于男女不平等不证明男女应该不平等。① 况且，已经有妇女开始对所受压迫表示不满，人们不能再继续说妇女都愿意接受男女不平等。②

至于认为男女不平等适于男女各自的天性的观点，穆勒也予以有力的反驳。他指出，环境对人的性格和能力有极大影响。社会中的男女不是自然的男女，而是社会改造过的男女。在一个妇女被压迫的社会中，我们无法知道何为男人或女人的本性和能力，因为男女间的不平等已扭曲了妇女和男人的行为和思想。即便对经过社会改造过的男女所具有的性格和能力，由于男女的不平等关系，人们也知之甚少。例如，由于夫妻之间的不平等关系，妻子像对待统治者那样对待丈夫，总设法讨他的欢心，所以丈夫很难了解妻子的真实想法和品行。况且，即便从女性的文学作品中，也难以了解女性的真实思想。由于男性的统治地位，女性作品在社会上的成功与否往往取决于男性的评价，因而女性文学作品也往往在投男人所好。总之，男人们并不了解女人，没有资格用法律去规定女人适合做什么、不适合做什么。③ 实际上，对许多男人来说，用法律将妇女限定在家庭之内，使她们除了为妻、为母别无选择，不是因为妇女的天性适合如此，而是因为她们的天性并非如此，所以，才要强迫她们留在家中为男人服务。如果女人的天性是不愿涉及家务之外的事情，就没有必要用法律禁止她们涉入政治和职业生活。④

在 1867 年就改革法案发表讲演时，穆勒也曾指出在现存社会条件下，妇女之所以对家庭以外的事情无见识、有很强的依赖性是由于她们只被允许去为男人服务、讨男人的欢心，而被剥夺了关心其他事情的权利。也就是说，所谓通常人们认为的女人的无能和弱点

① Ibid. 270.
② Ibid.
③ Ibid. 276–80.
④ Ibid. 281.

正是由对妇女的压迫造成的。在《妇女的屈从》中，他更明确地指出了这一点。 就男性方面而言，男人被他对女人的统治权所腐蚀，正像专制君主被他对其臣民的统治权所腐蚀一样。他的权力使其人性中的坏东西大加发展。穆勒指出，对男人很有腐蚀性的是自我崇拜，认为他的意志就是女人必须遵守的法律。在一个男性统治的社会，这种腐蚀开始于男子的孩童时代。一个男孩会仅仅因为生为男性而认为自己高于所有女性——人类的另一半人口，即便他可能是一个“最轻浮、空虚或最无知和迟钝的人。[①] 而且，由于女人为了讨好男人而常对男人说假话，男人不仅常常自我欺骗，也会被女人欺骗，正像专制君主常常被周围的人欺骗一样。可见，女人和男人都是男女不平等的受害者，他们的道德和能力都在这种对彼此的关系中退化。“人类所有的自私倾向、自我崇拜、不公正的自我喜爱都能在现存男女关系的构成中找到根源，并从中得到主要滋养。”[②] 人的品格之提高需以平等为条件。“人与人平等的社会是真正道德情感的唯一学校。”[③] 在分析穆勒对男女不平等关系的批判时，有学者认为穆勒对男女不平等的看法，颇为接近黑格尔对主仆关系的看法。正像主子和奴隶在他们的不平等关系中失去了独立的自我一样，男人和女人在他们的不平等关系中逐步摧毁了道德和人格。[④] 实际上，穆勒已明确地讲到男女的不平等关系就是一种奴隶 – 主子关系，只是在这种主仆关系中，主子要求于奴隶的不仅仅是服从，而且还有她们的感情。他们所要的不仅是一个奴隶，而且是一个以服务于男人为美德、以男人的幸福为幸福的奴隶。[⑤]

---

① *CW* XXI, 324.

② Ibid. 324.

③ Ibid. 293.

④ Mary Lyndon Shanley, “The Subjection of Women” , in John Skorupski ed. *The Cambridge Companion to Mill* (Cambridge: Cambridge University Press, 1998), 411.

⑤ *CW* XXI, 271–72.

二、男女平等与婚姻

穆勒对男尊女卑的婚姻关系进行了尖锐的批判。他的这种批判首先指向婚姻法所规定的男女不平等。按照英国当时的婚姻法，夫妻关系完全是一种女人服从男人的关系。由于女人没有财产权，她们必须依附男人以求生存；由于女人没有权利得到对孩子的监护权（如果离婚），而且女人同男人离婚要比男人同女人离婚满足更多的条件，女人很难摆脱男人的控制。由于丈夫在婚姻中占据如此的绝对优势，妻子之尽力取悦丈夫和丈夫的虐待妻子（包括施暴）都是不足为奇的。在谈到妻子的屈从地位时，穆勒说她们不仅不比普通奴隶的处境好，而且比任何其他奴隶服务的时间都长。她们是完完全全意义上的奴隶。①他还进而指出男女不平等的婚姻是恶劣品性的温床。在主子－奴隶式的婚姻关系中，不仅女人被欺凌，而且男女双方的人性都被扭曲。就女性方面而言，除了受奴役之外，她们的才能和道德发展都受到很大损害。女人由于对家庭之外的事情没有权力，没有责任，只能以讨好男人为人生目标，所以她们就格外想控制男人，包括影响他们在重大问题上的见解。而女人的社会处境使其难在关乎政治和社会的大事上有真知灼见。所以，当她们为男人在这些方面出主意时，往往不正确，对男人施加消极的影响。②虽然，穆勒的这些分析是在近一个半世纪前做的，但对今天的世界仍意义深远。尽管，现在明显歧视女性的婚姻法在世界的许多国家已被废除，但婚姻中的不平等关系仍普遍存在。以当今中国为例，到底又有多少婚姻不是建立在男主女从的关系之上的呢？在男性统治的社会中，婚姻法上的平等虽然极大地帮助了妇女在家庭中地位的提高，但男女在经济与社会方面的不平等必然导致婚姻关系中的

① Ibid. 284.

② Ibid. 289–290.

不平等。只要婚姻中的不平等仍然存在，穆勒所指出的不平等婚姻关系的不正义性和危害性就依然存在。

对穆勒来说，男女平等的婚姻关系应是一种朋友关系。[①] 穆勒像他以前的许多思想家一样，认为真正的友谊必须建立在平等的基础上。但不同于他之前的众多思想家的是，他认为男女之间可以有真正的友谊，因为男女之间可以平等。理想的夫妻关系是婚姻友谊关系。[②] 在理想的婚姻关系中，夫妻双方在教养、才能和思想、目标上相同。他们平等相待，分享权力，相互鼓励，相互帮助，相互创造快乐。[③] 这正是穆勒和哈丽特所享有的婚姻模式，也是他们的爱情经久不衰的秘密所在。他认为，其他类型的婚姻都是原始、野蛮的遗迹。一反那种认为与低于自己的女性结婚有利于男性发展和双方的幸福的流行看法，穆勒认为一个男性同比自己才智、道德低的女性结婚很可能把自己的水平降至对方的水平，并深受婚姻之苦——因为婚姻将会成为其重负，对看重家庭的好男人更是如此。他解释说，如果一个品德和才华高出普通人的男子与一个德才平平的女子结婚，女方永远会是男方的负担，因为她会反对他之任何高出平庸之辈的想法，尤其是当这样的想法会牺牲个人或家庭的利益或不能带来世俗所认可的成功时更是如此。由于好男人更在乎对方的想法，所以婚姻对他的拖累就更为严重。与一个比自己水平低的人长期相处，从长远看是不利于一个人的发展和进步的，因为他会在与对方的比较中感到自满，而且会在不知不觉中受到对方影响，从对方的角度看问题，而降低自己的水准。[④] 不平等的婚姻不可能真正幸福。当两个在能力和情趣上极不相同的人生活在一起时，他们的意见不会一致（除非有一方没有主见而完全服从另一方），也难以有共同的爱好。这种生活除了可能会有性欲的满足，谈不上婚

① Ibid. 334.

② Shanley, 413.

③ *CW* XXI, 334, 336.

④ Ibid. 331–32, 335–36.

姻的幸福。在男尊女卑的不平等婚姻中，男人们得到的只是一个高级仆人、护士或家庭主妇，而不是一个人生伴侣。①

穆勒认为没有男女平等的家庭关系，一个真正平等的社会是不可能建立起来的。在民主社会出现之前，人与人总是处在不平等的关系之中。所以，一个人不是被人命令，就是命令别人，很少经历平等关系。在历史的进程中，人们先是进入了以服从权力为道德基础的时代，然后是以施恩于弱者、保护弱者为道德的时代，如今走入了以平等、公平为道德的时代。做自由国家的公民部分地培养了这样的平等道德，但还远远不够，因为人们的道德情感更多的是在家庭中培养的。公正地组成的男女平等的家庭才是真正成就自由之德的地方。② 从另一个角度看，穆勒的话也意味着家庭中的男女不平等对人的腐化必然削弱他们成为好公民的能力。在穆勒之前，没有哲学家曾这样认为。③ 正是穆勒将个人生活中的男女不平等之害同社会的公共生活联系了起来。他认为，基于平等的婚姻关系不仅可以升华男女各自的在家庭中和在社会中的品格，而且可以为孩子提供可效法的互敬互助的榜样，进而为社会造就优秀的公民。

三、女性的职业发展

穆勒对妇女被排除在政治和职业生活之外也作了较为详尽的分析和批评。他首先指出，法律上对妇女在家庭之外的职业发展的限制或禁止是为了男子的利益，维持妇女在家庭中的从属地位，而不是由于男性真心认为女人不胜任家庭之外的职业。他有力论证了在职业方面歧视妇女的不公正性。他说，将一切职业向所有男人（包括最愚蠢的男人）开放，却不向任何女人（包括最有才华的女人）

---

① Ibid. 334.

② *CW* XXI, 294–95.

③ Shanley, 412。

开放，显然是不公正的。[①] 此外，对社会而言，拒绝人类一半人口的才能为社会做贡献，是巨大的损失，也是对享受社会服务的社会成员的不公。[②] 即便撇开职业发展上的性歧视不谈，剥夺妇女的投票权的不公正性更为明显。妇女同男性一样需要、也应该受到法律保护，但没有投票权，就在立法上得不到公平的考虑。当只有统治者有权投票时，被统治者的利益得不到真正的保护。在妇女受奴役的不平等社会，只许男人投票就意味着只有男人的利益得到保护。[③] 今天在许多国家，妇女的投票权被视为理所当然。但在穆勒的时代，争取妇女投票权的斗争才刚刚开始不久。穆勒支持妇女投票权的思想和行动在当时是非常不寻常的。

穆勒论证了女人同男人一样能够在政治和其他职业领域成功。历史上几位出色的女王以及另几位女性领导者的成就都证明了这一点。最上层的某些妇女之所以有出色的政治才能和思想，是由于她们被允许参与政治事务、与男性分享权力。这从正面说明若允许妇女自由发展，她们在政治、公共领域与男人具有同等的能力。[④] 虽然，由于环境对人的智力发展的影响，我们无法知道男女智力上到底有何不同或是否真有不同，但至少并没有证据说明妇女的智力天生低于男性。[⑤]

有人以至今女人在哲学、科学和艺术上没有一流人物作为女人天生不如男人的证据。对此，穆勒的主要回复可概括为以下几点：第一，女性在这些领域涉足还不满三代人的时间，尤其是最近的时期才做得更多些，所以女性同男性相比，知识的积累和专业训练都很不够，况且在当代的条件下有大的创建比古代更难，因为前人已经说了和做了很多；而且，历史上并不是完全没有出色的女哲

---

① *CW* XXI, 299.
② Ibid. 300.
③ Ibid. 301.
④ Ibid. 302–304.
⑤ Ibid. 304–313.

人。据说苏格拉底就向这样的女哲人请教过。① 如果穆勒能活到今天，他会很欣喜地看到在英美哲学界已有了一批可以同男性媲美的女性职业哲学家（例如英国的费利帕·福提 Philippa Foot，美国的玛萨·纽斯巴姆 Martha Nussbaum，克里斯廷·科斯格尔 Chirstine Korsgaard 等等）。第二，女性的创建性思想往往无法公之于世，或只能通过男性（在名义上作为男性的思想）才能得以发表和流传。对女性的歧视使女性的杰出思想难以被世人承认。同样的思想若由男性表述出来就会得到高度评价。② 这不仅在过去是这样，即便在当代仍是如此。美国心理学家所做的实验充分证明了这一点。当一篇文章署男性名时它所得到的评价比它署女性名时高得多；当它署中性名字时，它所得到的评价则介于上面两者之间。③ 美国现代语言学会在对年会投稿实行盲审前，女性的中稿率远远低于男性的；而实行盲审后二者的中稿率几乎相同。④ 正是因为穆勒深知妇女所遭受的歧视和男性承认女性对自己思想的启发所需要的勇气，他非常注意公开表明他著作中来自哈丽特和海伦的思想。第三，基于现存社会中的男女分工，女性很少有时间从事哲学、科学研究和艺术创造。她们通常只能有小块、零散的时间进行学习、发展自己的爱好。她们的时间被家务所占据。即便是富有家庭的妇女，虽可以雇人做家务，仍需管理家庭的社交活动、参加各种应酬，并在打扮自己和女儿身上花去时间。此外，由于人们普遍期待女性无所事事，认为她们有的是时间为他人服务，所以他们总会要求女性做各类事

---

① Ibid. 314–18.

② Ibid. 316.

③ 美国心理学家所做的实验如下：将同一篇论文用不同署名交由三个小组评价，但评价结果却因署名所显示出的性别不同而不同。对这篇论文评价最高的小组是看到这篇论文有着一个男性署名（John T. McKay ）的那个组；对这篇论文评价最低的小组是看到这篇论文有着一个女性署名（Joan T. McKay）的那个组；对这篇论文评价介于二者之间的小组是看不出这篇论文署名性别（J. T. McKay）的那个组。见 Paludi and Bauer，“Goldberg Revisited: What’s in an Author’s Name,” *Sex Roles* 9 (3): 287–390。

④ M. R. Lefkowits, “Education for Women in a Men’s World,” *Chronicle of Higher Education,* 6 August, 1979, 56.

情。由于对女人的不尊重，对她们的时间必然不珍惜。[①] 不珍惜女性时间的现象 不仅在穆勒的时代严重存在，在今天仍旧如此。无论是在发达国家，还是在不发达国家，普遍存在的现实是，当男人心安理得地静静读书、做研究、休息，或与朋友、家人闲谈时，他们的妻子却要忙里忙外，做饭、看孩子、清理房间，等等。即便是有一定成就的职业妇女，出于社会舆论的压力，常常也要尽量像其他妇女一样将家务承担起来。在美国，相当多做了母亲的妇女，为了家务，常常深夜才能休息，而一大早就得起床。妇女婚后做家务的时间大幅度增加，而男性婚后的情况则并不如此。由于不珍惜妇女的时间，社会上的各种义务活动，也常常是妇女的专职。即便在大学里，男教授没有时间见学生时被许多人视为正常，无可非议，而女教授没有时间见学生则常被视为不负责任。在女权运动已有上百年历史之久的美国都尚且如此，在男尊女卑传统根深蒂固的那些地方的情况也就可想而知了。当人们以妇女成就小于男性来论证男性天生比女性智力优秀时，他们似乎完全无视男女不平等的社会环境对妇女的时间与精力的剥夺。第四，在男女不平等的社会条件下，事业成功是男人的特权，女人不被期望有所成就，这就使女性比男性缺少成就事业的动力。但是，巨大的动力对巨大的成功是非常重要的。一个社会越是男女不平等，越是不鼓励女性的事业发展，其女性就越是没有成就。但女性在这样的社会中之无成就丝毫不证明女性没有成功的才能。[②] 穆勒在十九世纪时就已做的这些论证，对生活在二十一世纪的许多人，包括许多知识精英，仍是前所未闻的。可见，穆勒思想之超前和众多当代知识分子观念之落后。

千百年的男女不平等已造成在既存社会中妇女总的教育和职业水平方面不如男性的不幸状况。对此，穆勒有着很现实的估计。所以，除了主张废除法律上对妇女就业方面的限制之外，他强调必须提高妇女的教育水平。他认为只有将妇女的能力和教育提高上去之

---

① *CW* XXI, 318–19.

② Ibid. 319–320.

后，才能有较多妇女胜任现在男人们所做的工作。[1]他显然不同意用配额的方式将一部分位置留给妇女，而不顾得到这些位置的妇女的实际工作能力是否胜任。他所主张的是，对出色的妇女，社会不应因性别歧视而不允许她们任职，或否认她们的成就；但对水平低的妇女，社会也不应因她们是妇女而把她们不胜任的位置给她们。随着社会在男女平等方面的进步，妇女的教育和能力的提高，必将有越来越多的妇女同男人一样胜任各种各样的工作，取得越来越多的成就。所以，一个社会中妇女的教育和职业总水平越高，其男女平等的程度越高，其文明水平就越高。

穆勒认为婚姻不应是妇女必须选择的生活。社会应允许妇女成为职业妇女，发展事业，不成为妻子与母亲。但一旦选择结婚，妇女就要承担起为妻、为母的责任。虽然已婚妇女仍可有职业，但不应因此影响其在家庭中的职责。所以，他并不反对已婚妇女做家庭主妇，如果是出自她们自愿的选择。就现存的社会状况而言，他甚至认为男人赚钱养家、女人理家和生儿育女是较合理的安排。因为女人出去挣钱不易，再加上家务，会得不偿失。他还认为，如果妻子赚钱养家，很可能鼓励丈夫的懒惰。[2]他基本没有考虑男性理家、照料孩子的可能性。他对夫妻传统分工的认同，受到当代许多激进女权主义学者的批评。不过，考虑到在一个男女不平等的社会中，男性与女性平等分担家务，甚至男性成为承担家务的主角，几乎不可能，女性外出工作自然意味着“双重负担”——事业与家务——一肩挑，穆勒所言并非完全没有道理。今天，在世界许多国家，已婚妇女在外工作已很普遍。这当然有利于妇女的经济独立和自由，但“双重负担”问题也很严重，极大影响了妇女的事业发展、家庭生活，甚至自身健康。理想的解决办法，当然是让已婚男性平担家务，但这一点目前只能在丈夫支持女权并与妻子社会地位相当的极少部分家庭实行。在社会发展现阶段上，怎样的家庭分工最佳，仍

---

① Ibid. 326.

② Ibid. 298.

需探讨。就历史趋势而言，传统的男女分工必将越来越被挑战。

关于男女平等对人类幸福的一致性，穆勒也作了较详尽的论述。概括地讲，可归为以下几点。第一，男女平等会使人们的道德水平和才能得以巨大的提高和发展，而使人性中的劣质得以有效减少和压制。像前面提到过的那些由奴役关系所带来的种种对人性的扭曲将不复存在。第二，由于男女平等，一切职业向妇女开放，社会可以得到比以前近乎双倍的人才；而且，由于妇女加入竞争，男性也会比以前更努力。所以，社会将从男女才能的极大发挥中受益无限。第三，男女平等能使人类的一半人口——妇女——获得自由，过上有尊严的生活。自由是幸福的基本元素之一，人类天性中最强烈的愿望之一就是得到自由。① 妇女将因得到平等、获得自由而幸福。自由、平等将让她们的才华得以施展，从而使她们对生活感到从未有过的满足。就人类总体而言，妇女的解放将带来更繁荣、更公正的社会，更好的人民，更幸福的家庭和个人。②

穆勒清楚的意识到，妇女解放之路将会非常艰难漫长，而且单凭妇女的力量是不能成功的。在男权十分强大的社会中，要求男女平等会被看做像在王权强大的国家平民要求分享国王的权力一样荒唐。在这样的社会，勇于加入妇女解放运动的妇女只会是牺牲自己的烈士。所以，他说："在有相当数量的男性愿意与妇女一起加入妇女解放运动之前，我们不能期望妇女们献身于这样的运动。"③ 他所指的是广大妇女的参与有待男性的同情和支持。他并不否认最先进的少数妇女会率先发起并献身于妇女解放运动。他周围就有这样的女性，例如他的继女海伦。穆勒本人则是最早加入妇女解放的优秀男性代表。

① *CW* XXI, 336.

② 这三点主要根据穆勒在《妇女的屈从》第四章的论述总结而来。

③ Ibid. 322.

第十五章

生命的尽头

一、最后的著述

《妇女的屈从》的发表，了却了穆勒心中的一件大事。他总算将自己一生关注的男女平等问题得以系统阐述，并公之于世。所以，在这之后的四年中，也就是在他生命的最后岁月中，他可以将精力集中于另两个他长期以来一直都想进一步探讨的重大问题：宗教和社会主义。 在《妇女的屈从》之后，他没有出版任何新书，但是从未停止写作。他补充了自己的《自传》，完成了《政治经济学原理》第七版和《逻辑学》第八版，写完了论宗教的第三篇论文（前两篇已在这之前完成但未发表）和一本关于社会主义的书稿的部分章节。他去世后，这些著作陆续发表:《自传》(1873),《论宗教的三篇论文》(1874),《论社会主义的章节》(1879)。

穆勒是以宗教上的怀疑论而著称的。在《自传》中，他说道：从一开始父亲就教导我世界的最终起源是不可知的。“因此，我是这个国家中少有的几个从未有过宗教信仰然而也没有丢弃宗教信仰的人：我是在对宗教的消极状态中长大的。”[1] 但是，在生前，他从未发表关于宗教的系统理论。在他去世后发表的《论宗教的三篇论文》较系统地阐述了他的宗教哲学。这三篇论文都对当时的正统神学（基督教神学）进行了批判，尽管论证的角度在每一篇中都很不相同，而且在第三篇论文中所表达的某些观点好像比在前两篇中的要温和。

他关于宗教的第一篇论文题为《自然》，大概写于1850–1858年。[2] 其主旨是论证为何自然不能是道德的标准，批驳以“遵循自然”为道德原则的流行学说及其将自然神圣化的神学基础。在该文中，他首先对“自然”一词在两种意义上加以定义。在第一种意义上，“自然”指所有现存的和可能存在的事物的总合或一切事物之性质和力的总合（这当然也包括所有自然规律）。在这种意义上的“自然”并不与“人为”对立，因为它包含所谓的“人为”或“艺术”。在第二种意义上，“自然”指未被人的活动所影响的自发状态。[3] 在这个意义上的“自然”是与“人为”相对的。穆勒认为无论是在这二者中的哪一种意义上，自然都不能具规范意义，因而都不能成为衡量道德的标准。如果我们在第一种意义上使用“自然”一词，说道德的生活即合乎自然的生活是无意义的，因为我们无时无刻不在自然地生活，别无选择。道德上的“应该”意味着人们可以选择之，如无选择则无“应该”问题。人作为自然的一部分，总是在自然律支配下生活。我们能选择的最多只是在既定情形下按哪一个自然律生活。例如，当一个人走上一座狭窄的桥过河时，他若在行走时平衡得很好，他则在平衡律支配下安全过河；他若不幸掉入河

---

① John Stuart Mill（约翰·斯图亚特·穆勒），*Autobiography*（《自传》），ed. John M. Robson（约翰·鲁伯森），London, Penguin Books，1989，52页。关于父亲对一般宗教的批评及对他的影响的更详细讨论，参见本书第二章。

② Helen Taylor, “Introductory Notice,” in *Collected Works of John Stuart Mill*, vol. 10, ed. J. M. Robson (Toronto and London: The University of Toronto Press and Routledge and Kegan Paul, 1969)， 第371页。关于另两篇论文的写作时间，也均采用海伦的说法（*CW* X, 371）。

③ 参见 *CW* X, 377 页。

中，他则在引力定律支配下使自己陷入险境。但无论如何，他都在按自然生活。① 因此，在这种意义上谈按自然生活的道德性是荒唐的废话。如果我们在第二种意义上使用“自然”一词，合乎自然的生活则既是不理性的又是不道德的。在这种意义上的遵循或模仿自然是不理性的，因为所有人类行为都旨在改变或改进自然的自发状态；在这种意义上的遵循或模仿自然是不道德的，因为以人的道德来衡量，自然界中许多现象和方式是残酷无情的，例如自然力对生命的伤害。如果一个人模仿自然的这个方面，他就是一个邪恶的杀手。所以，按自然生活在这个意义上也不可能是正确的道德原则。②他当然意识到人们常常在另外的意义上使用“自然”一词，但他并不认为他们的用法是准确的。③ 他认为自然是不完美的，人有责任改进自然。④ 如果自然是一个仁慈的造物主的作品，那么，它的造物主一定不是全能的 。自然中的残酷是不可否认的。如果它的创造者是真正仁慈的，他一定并不想让自然如此不完美，而是无力创造一个更好的自然；⑤ 至于自然中哪些东西是造物主有意让其存在的，人们无法真正了解。实际上，人们常常是将那些对人类有利的东西（而不是他们的自然倾向）看做是善，当做造物主有意设计的存在。⑥ 在《自然》中，穆勒没有正面讨论是否真的存在一个仁慈的造物主，但他对自然的讨论显然否认了基督教之全能的上帝之存在。

穆勒的第二篇论宗教的论文题为《宗教的功用》，也写于1850–1858年期间。这篇论文直截了当地批评了以基督教为代表的有神论宗教或传统宗教，令人信服地论证了以人道为本的信仰之优

① 参见 *CW* X, 379 页。

② *CW* X, 402.

③ Alan Millar认为穆勒没有公平地陈述所有重要的自然概念，例如奥古斯丁和巴特勒 (Joseph Butler) 的自然概念。见 Alan Millar, “Mill on Religion,” in John Skorupski ed. *The Cambridge Companion to Mill* (Cambridge: Cambridge University Press, 1998), 190 页。

④ *CW* X, 397.

⑤ Ibid（同上）. 397, 402.

⑥ Ibid. 397.

越性。该文首先讨论了人们通常所认为的传统宗教的积极作用——维系与提高道德并满足人们的心理需求，然后指出传统宗教对人们之益处并不是无法通过其他途径得到的，而且不掺杂对超自然力量之迷信的人道教（Religion of Humanity）会让人们的道德和心理需要得到更好的满足。穆勒在这篇论文中指出，有神论宗教之所以对人的道德有极大的作用，不是由于其宗教性本身，而是由于其借助了普遍同意的观点、早期教育和社会舆论（尤其是社会舆论）。在一个社会中，当有神论宗教比其他信仰更早地得到了社会的认同，主导了对人的早期教育和公众意见，它必然会对人们的思想发生巨大影响。“早期宗教学说对人类所具有的作用力，与其说源于其之为宗教，不如说是由于其在时间上之早”。① 穆勒较为详细地分析了为何传统宗教对人们行为的约束力远比不上公众意见。他认为，宗教上对人们善行或恶行的赏或罚是很不确定的，人们并不知道在今生怎样的行为会让他在来世下地狱。即便极恶的人可能也不会相信他一定会被上帝惩罚，因为上帝的宽恕可能会赦免他。而且，来世的赏罚是看不到的、无法确证的，但今生中他人的意见和现实中的得失则是确实可见的。宗教只有在获得了社会舆论支持时才能左右人的道德。所以，归根结底，不是宗教，而是社会舆论主导人们的道德。现存的有神论宗教虽在维系社会的普通道德方面有一定作用，但其对人之道德发展的消极作用也是明显的。有神论宗教鼓励了人的自私心，因为它以超自然的赏罚作为人们行道德的动机；② 它让人们崇拜的神不仅不具有完美的道德，而且体现了自相矛盾的是非标准，甚至令人谴责的恶。所以，若人们从这样的宗教导出道德，“他们越是有逻辑头脑，则越没有道德。”③

不崇拜超自然存在的人道教则没有这些弊病。“人道教”一词最

① Ibid. 410.
② Ibid. 423
③ Ibid. 425.

初是由孔德发明的，[①] 穆勒借用了孔德的说法。将没有神的信仰称为宗教，首先须对“宗教”给予不同于通常意义的定义。在穆勒看来，对超自然的存在的崇拜并不是宗教的必要组成部分。“宗教的本质是感情和欲望对一个理想目标强烈而最热切的追求。这个理想目标被看做最优秀的东西，高于一切自私的可欲目标。”[②] 穆勒所推崇的人道教以人类的幸福为最高理想，以创造更好的人类社会、增进人类的自我完善为使命。对这样的理想的信奉不应仅仅被看做是道德的，而且也是宗教的。这样的宗教不仅能使人道德，而且比传统宗教更能让人道德，因为它所鼓励的是无私，它所提供的理想是道德上无暇而逻辑上无矛盾的。在评论穆勒的人道教及理论基础时，有学者这样写道：“他的思想坚固地扎根于经验主义；他的整个真理观牢牢地由‘归纳原则’所确立（归纳原则即真理就是被从经验而来的归纳所证明的东西）。作为结果，他所认为的真正的宗教即与超自然主义相对立的自然主义宗教、与出世的宗教相对立的入世的宗教。在孔德的人道教中，他发现了他所能赞成的这类宗教。这种宗教所依赖的伦理体系是功利主义。最后，他将这样的宗教看作进步和必然出现的伦理进化的工具。”[③] 至于传统宗教在满足人们的心理需求方面的作用，穆勒加以肯定，但认为人道教也同样能满足人们这方面的需要。他认为最早的宗教源于人们的恐惧和无知，并无道德性。像诗一样，宗教是满足人的精神需要、升华人之情感的一个途径。人类认识能力的有限性和人类求知欲和想象力的无限性必然使人们不满足于小我有限的存在，而很愿意相信一个超乎人类力量的存在以及来世的再生。对于今生很不幸福的人们，这样的信仰更

---

① 孔德于1849年在巴黎创立“人道教”——一个既没有上帝也没有任何超自然存在的世俗宗教。其后，在法国和巴西都有人道教教堂。关于人道教的更详细说明，参见 http://plato.stanford.edu/entries/comte/#RelHum（accessed Aug., 10, 2012）。穆勒欣赏孔德人道教的以人道为理想，但不赞成将其变成像天主教那样有组织的宗教。

② *CW* X, 422.

③ F. E. L. Priestley, “Introduction”, *CW* X, lvi.

易被接受。这样的信仰是对今生不幸者的精神安慰。① 但是，当一个人不再需要来世作为今生的安慰时，来世对他就不再有价值。如果一个人能走出小我，将个人利益与人类幸福融为一体，他就不再会因自己生命的短暂而去希望来世或超自然力量的存在，而会在为人类幸福的奋斗中找到超越今生的生存意义，为自己此生给予世界的贡献而感到满足。② 个人的生命虽然短暂，但人类的生存是近乎无限的。人类生命之长久加之其无限的改善能力完全能为人类的想象力和情感提供足够大的目标来满足其追求的伟大。③ 人道教能使个人在增进人类的幸福过程中找到生活的永恒价值与意义，所以它完全能够升华人们的情感，满足人类追求人生意义的心理需要。总而言之，人道教不仅能做传统宗教所能做的所有好事，而且比后者做得更好。对此，穆勒说道："我在这里要进一步坚持：它不仅能完成这些功能，而且比任何一种超自然主义的宗教完成得更好。它不仅有资格被称为宗教，而且是比所有通常被称为宗教的所有宗教更好的宗教。" ④

第三篇论文——《有神论》——写于 1869 年。在此文中，穆勒首先对自然神学（以自然界的存在及其现象论证全知、全能、全善的上帝的存在的神学）进行了讨论。在批驳了自然神学对上帝存在的几种论证后，他认为从科学的角度和经验证据看，很可能存在一个有智力的世界设计者。在自然界中，存在着大量有机体或动物，其器官的各个部分为了一定目的结合在一起（例如，眼睛的各部分结合在一起来实现"看"这一目的）。⑤ 由于一个器官的各部分是为了一个目的而存在的，正如人造的东西的各部分是有目的的一样，他们很可能是有意被设计出来的——正像人造物的各部分是被人设

① *CW* X, 426.
② Ibid. 426–27.
③ Ibid. 420.
④ Ibid. 422.
⑤ Ibid. 448.

计出来的一样。[①] 他认为这样的设想既是从类比中得出的，也是对众多个例的归纳，所以是符合经验主义的，是科学的。[②] 不过，他考虑到进化论的适者生存也可以解释器官各部分的构成，但认为设计者的存在更有可能，因为前者有更大的困难解释动植物最初的起源。[③] 但是，他从未肯定世界设计者存在的确切性，而只是将其作为一种较可能的设想。[④]

接着，在设定世界有一个设计者的前提下，他进而讨论了这个设计者是否具有自然神学所赋予上帝的那些属性。首先，他论证世界的设计者不可能是全能的，否则自然界不会如此不完美。自然界中的种种缺陷和问题不应是设计者有意安排的，而是由于他的无能为力。虽然我们无法确切知道他为何无能为力，但其无能为力可以从两方面来解释。第一，他可能仅仅根据其目的，将宇宙已有的基本材料加以组合，并不创造这些材料本身。由于材料所限，他不能创造出更完美的作品；第二，他的手段和技巧是有限的，所以他无法作出他想要到的完善作品。至于世界的设计者是否是无所不知的，他的回答并不明确。因为在他看来，这个设计者可能有无限的智力，但也可能由于有限的能力而只有很有限的智力。他也讨论了世界设计者的仁慈问题。他认为世界的设计者可能在一定程度上希望他的创造物幸福，因为在自然中，一个动物的快乐往往源于其自身的结构，而其痛苦则一般由于外在的干预所导致。但是，希望其创造物幸福绝不是世界设计者的唯一和主要动机。总而言之，即便有一个世界的设计者存在，他也不是万能的，且并不是全善的——他关心其他事胜过其造物的幸福。[⑤] 在自然中，没有证据表明这样的设计者的目的是道德的。[⑥] 关于人们对灵魂不朽和来世的信仰，穆勒认

---

① 对这个论证的详细解释和批评，可参见 Millar, 第 177–182 页。

② *CW* X, 447.

③ Ibid. 449.

④ Ibid. 450.

⑤ Ibid. 459.

⑥ Ibid. 457.

为既没有证据证伪，也没有证据证明。一方面，即便科学研究证实了大脑和一定精神活动的关联，但不能证明二者的因果关系，因为二者的关联可以仅仅是顺序上由于其他原因造成的；除非我们能通过实验从物质产生出精神，我们无法断言精神实体不存在、精神一定随肉体的死亡而死亡。另一方面，在自然中没有任何证据支持来世或永生。人们对来世的信仰不是基于理性，而是出于对永生的渴望。由于相信来世会使人感到快乐和安慰，所以人们愿意相信之。人们渴望某事不等于某事一定存在。人们对永生的渴望丝毫不能证明来世的存在。① 但是，如果一个人能在对来世的希望中感到满足或认为这样的希望是有用的，没有什么能阻止他沉溺于对来世的希望。② 即便来世存在的可能性不能在逻辑上被排除，有可能存在的来世也不是自然神学所说的对今生的赏或罚，最多，它只是今生在不同条件下的继续，除非有神的启示存在。③ 但是，没有证据证明神启存在。以神的启示为依据的神学是以奇迹为神启存在的证据的。所以，在批评神启神学时，穆勒着重论证没有事实证明奇迹曾发生过。所谓奇迹的存在往往是通过传说的见证作为证明，而这些见证并不可靠，而且都是对某些现象进行推论和玄思的结果。那些被看做奇迹的现象完全可以被给予自然的解释。④ 当一种现象一时不能用自然规律来解释时，很可能是由于当时人们对支配那个现象的自然规律还没有认识到或者对当时在已知自然律下产生那个现象的一些条件缺乏认识。⑤ 例如，在科学能解释彗星和日食之前，人们将它们的出现看作具有神意的奇迹，但现在人们就不再这样认为了。⑥ 在奇迹问题上，他同意休谟的结论，但认为休谟的论证不够有力，所以他进行了更深入的论证。

① Ibid. 466.

② Ibid.

③ *CW* X, 467.

④ Ibid. 478.

⑤ Ibid. 476.

⑥ Ibid. 473.

在对有神论进行了较详尽而系统的分析与批评之后，他的结论是：对超自然物是否存在的问题的理性的态度是怀疑主义，因为否定或肯定超自然物的存在都没有足够的证据。他认为有一定迹象表明有可能存在一个有智力的世界设计者，但没有足够的证据证明其确实的存在。① 鉴于理性无法知道到底是否存在超自然的力量，他认为让想象去希望自己高兴要的结果并不是与理性相矛盾的。② 这样去希望无法证明的东西——上帝和来世的存在——会使人生更幸福些，正像在生活中多想令人愉快的事情会让人更快乐。在这篇论文的最后几段，他还对基督教在培养人们的道德方面的作用充分加以肯定。他认为通过给人们一个想象中的完美形象（上帝），基督教给了人们理想的道德榜样，从而激励人们努力向善。虽然基督教的上帝实际上不仅不完美，而且体现了自相矛盾和某些恶，但由于一般人并没有认识到这一点，而是将自己能想象到的所有善都赋予上帝，所以基督教的上帝在人们心目中是完美的，因而起到了教化普通人的作用。在这篇论文的结尾处，穆勒说对超自然存在的希望会帮助提高人的道德、升华人的精神。③ 穆勒在《有神论》中的这类说法，让他的一些追随者和朋友们非常吃惊和失望。④ 他们中的一些人对穆勒在《有神论》中那些令他们不能接受的观点做出了这样的解释：穆勒在《有神论》中表现出的对来世的希望，可能源于其对哈丽特的极度思念而产生的与她在来世相见的渴望。⑤ 贝恩（Bain）曾以穆勒的一句话为证。他说穆勒曾对他说过："对我来说，宗教唯一的永久价值就在于减轻那种让人处于极度痛苦的永久分离感。"⑥ 想念哈丽特当然不失为一种很人性化的解释。不过，还可以

---

① Ibid. 482.

② Ibid. 483.

③ Ibid. 489.

④ Michael St. John Packe（迈克尔·圣·约翰·派克）, *The Life of John Stuart Mill* (New York: The Macmillan Company, 1954), 443；Nicholas Capaldi（尼古拉斯·凯帕罗蒂）, *John Stuart Mill: A Biography* (Cambridge: Cambridge University Press, 2004), 348.

⑤ Packe, 443.

⑥ Ibid.

有更人性化的原因。当一个人快要走到生命的尽头，常常不得不考虑死亡的意义时，生出些对来世可能性的希望本是非常自然的。穆勒毕竟是人，不是神。不管他有多少超凡脱乎俗的思想，他也有普通人的平常心，也会希望今生不是所有。因此，在生命的最后岁月写出《有神论》中那些希望有来世的话合乎人生本身的逻辑，虽然并不一定完全合乎理性的结论。况且，在肯定理性对上帝和来世问题无法有结论的前提下允许想象力和情感来希望让人感到安慰的可能性，的确没有违背理性。实际上，海伦认为穆勒的三篇关于宗教的论文之间没有任何矛盾，并以穆勒想在1873年先发表其中的第一篇作为她的观点的证明。如果那时穆勒的思想已不同于他写《自然》时的想法，他不会愿意不加修改地发表它。① 而且，在《有神论》中，穆勒也曾不止一次地提到《自然》一文，让读者参考，可见他对《自然》一文是满意的。不过，第三篇论文确有特殊之处。正像海伦所言，“作者完成的这篇最后的有分量的著作反映了他心灵的最后状态和对终生的思考之仔细平衡的结果。但从另一方面说，他不曾有时间对它进行不断的修改，而大多数他的著作在公之于世之前都常常经过这样的修改。”②

穆勒的《论社会主义的章节》中的许多思想在其《政治经济学原理》中已有所表述，但对某些社会主义理论的批评比先前多些。在《自传》中，穆勒说他和哈丽特都可算作社会主义者，因为他们的最终理想高于民主主义。③ 在《论社会主义的章节》中，他对社会主义的基本看法并没有改变，但对其与社会主义者的分歧有所强调。像以前一样，他仍认为社会主义者所主张的取消竞争和废除生产资料的私有制至少在社会现阶段是不可取的。他仍基本同意社会主义者对资本主义的批判，不过认为他们的批判有些言过其词。他认为，社会主义者指出的在财富占有和分配方面的不公平在前资本

① *CW* X, 371–72。

② Ibid. 372.

③ Mill, *Autobiography*, 175.

主义社会也存在，并也有人做过批判。这些不公正在资本主义社会中的确存在，但并不比以前的社会更严重，而且有改进的趋势。[①] 他无疑主张建立比现存资本主义更公平的制度，但在如何建立更好的社会的问题上与许多社会主义者有分歧。他将社会主义者分为两大类：(1) 主张建立非中央集权的集体所有制的社会主义者（例如欧文、傅立叶）——渐进的社会主义者和（2）主张中央集权的国有制的社会主义者——革命的社会主义者。[②] 他并不认为后者所主张的社会主义会带来一个比资本主义更好的社会——无论是在经济效率方面还是在人民的自由方面，尽管这样的社会主义主张可能会更受民众的欢迎。至于前者，穆勒认为更为可取，尤其是傅立叶的主张，但也有实施的困难。[③] 总的说来，社会主义的理想是令人向往的，从长远看也是可能实现的，但无论哪种社会主义，在社会的现阶段都不能实现，因为目前多数人不具备建成社会主义社会所需要的道德觉悟和精神素质，而且在短时间内也不可能具备。[④]

除了理论著述，在穆勒生命的最后阶段，他的许多精力也花在了通信上面。自从他当选议员开始，他已经成为国际性的名人。所以，西方不同国家的许多人都给他写信，请他回答各种各样的问题，包括许多具体而实际的问题。凡他认为需要答复的问题，他都给予了答复。当然，海伦在这方面为他做了很多。[⑤] 正像派克所评论的，“每一个值得回答的东西都得到了一个回答，而且是一个透彻、明白、经过仔细思考的回答。海伦给予他忠实可靠的帮助。”[⑥] 由于海伦对穆勒的想法已有了很好的了解，到后来，海伦时常为穆勒代笔，穆勒很赞赏海伦的这种工作。关于此，他说道：“我们有相同的情感，

---

① 参见 *CW* V, ed. R.M. Robson (1967), 第 727–28 页，736 页。

② 同上，737。

③ 参见本书第八章的有关讨论。

④ *CW* V，748, 749–50.

⑤ Packe, 479–80.

⑥ Ibid. 480.

但她有时比我自己更能找到更好的表述。”[①] 所以，外人很难区分哪些信是穆勒亲自写的，哪些是出于海伦之手。对穆勒的通信，海伦还做了很好的组织和保管工作。在穆勒去世后，她曾说过“我将亲爱的继父的所有信件保存着，它们的排列顺序是我决定的，曾让他本人时常查看过。根据他的指示（口头的和书面的），这些信由我保管，由我决定如何处理它们。”[②] 尽管穆勒对普通人的来信尽他所能而给与回复，但对王室却没有这么热情。在 1869 年末，当维多利亚女王的女儿艾丽丝公主急切地想到阿维尼翁（Avignon）来见他时，他却以身体欠佳为借口拒绝了她的要求。[③] 虽然他的这种做法与他认为皇族是旧时代的象征有关，但也的确表现了他不攀附权贵的品格。如果我们看一下今天仍有多少人在崇拜英国皇家成员，穆勒之与众不同就更为明显了。

在他生命的最后几年，穆勒还写了一些文章发表在约翰·莫利（John Morley 1838–1923）主编的杂志《双周评论》（Fortnightly Review）。穆勒很欣赏莫利本人和《双周评论》这份思想开放、体现了穆勒自由主义理念的杂志。莫利是英国著名的自由党政治家，曾任议员，英国爱尔兰大臣，英国印度大臣，枢密大臣等职。不过，穆勒与莫利的交往远在莫利成名之前。当莫利还只是个年轻记者时，穆勒在读了一篇他在一个不起眼的杂志上发表的文章后，主动提出与他认识，因为穆勒认为莫利显示出不同寻常的才智，可以成为对公众很有价值的作者。[④] 当时的穆勒已是知名的大学者，而他却能这样屈尊去结识一位小人物，实在难得。莫利自 1866 年接任《双周评论》主编职务。他是一个穆勒思想的信奉者，他将穆勒的《论自由》付诸实践，在所主办的这个杂志上允许各种意见自由表达。当

---

① Hugh Elliot, *Letters of John Stuart Mill*, vol. 2 (London: Longmans Green & Co.,1910), 174. 转引自 Packe, 第 480 页。

② Packe, 480.

③ Ibid. 481.

④ Ibid. 429–30；F. W. Hirst, *The Early Life and Letters of John Morley*, vol. 1 (New York: Macmillan Company, 1927), 52.

然，这不意味着它不是自由派的舆论阵地，因为许多在别处不易发表的自由派的言论正是通过它而得以传播的。穆勒对许多社会和政治问题的看法都在《双周评论》上发表过。为了支持《双周评论》，在他生命的最后几年中，他将要发表的所有文章（包括那些关于纯哲学的文章），都交给这个杂志。

二、忘年之交

在穆勒晚年，他交结的朋友中有许多是比他小一辈的年轻人，包括哲学家伯特兰·罗素的父母亲。罗素的父亲安伯雷子爵和罗素的母亲凯特·斯坦利虽都生长在贵族家庭，但却思想激进，不为他们所属的阶级所容忍。他们二人不仅在哲学上追随穆勒，而且还是穆勒晚年的好友。海伦和凯特尤其亲近，二人都是当时女权运动的积极参与者。罗素的父母与穆勒和海伦的友谊所留下的一段佳话，至今还在哲学史上传诵。当他们的第二个儿子，也就是哲学家罗素，在 1872 年出生后不久，罗素的母亲写信给海伦，问是否可以请她做罗素的教母，请穆勒做罗素的教父，因为她希望罗素做个像穆勒那样的人。她写道："对要穆勒先生帮这样大的忙，我们曾犹豫过，但我们还是希望他会考虑做这个教父——因为除了穆勒先生，世上没有其他人——其道路我希望我的儿子以如此谦卑的方式去跟随。"①海伦回信说她愿做小罗素的教母，穆勒也愿做他的教父。由于罗素的父亲是个无神论者，穆勒也不是基督徒而是个怀疑论者，穆勒这个"教父"其实只是中国人所认的"干爹"，并无宗教意义。无论如何，哲学史上伟大的两个名字就从此永久地联系了在一起。穆勒在

---

① Kate Amberley to Helen, June 16, 1872，转引自 Packe, 439; 原文见 The Mill-Taylor Collection in British Library of Political and Economic Science（穆勒与泰勒通信手稿，存于英国政治经济学图书馆，也就是伦敦政治经济学院图书馆），第 19 卷，第 45 大张。关于凯特与海伦关于此事通信的更多细节，见 Packe, 第 439 页。

罗素出生后的一年就去世了，而罗素的父母也很快都去世了。不过，罗素的确不负母亲的期望，成为了像穆勒那样的为社会正义而不懈努力的公共知识分子和名留青史的哲学大师。罗素在谈到他自己时，曾这样说道：“三种简单而绝对强烈的激情统治了我的人生：对爱的渴望，对知识的寻求，对人类痛苦难以忍受的哀怜。”① 这三种激情成就了他的伟绩，也映照出穆勒的影子。作为二十世纪英国最伟大的思想家，罗素不愧为十九世纪后半叶英国最伟大的哲人穆勒的教子。

穆勒的另一个很值得一提的青年朋友是亨利·福塞特（Henry Fawcett 1833–1884）。福塞特是穆勒的崇拜者。据他在剑桥大学的同事说，在讲课时，他对所有提问的回答都是“读穆勒的书。”他的敌人嘲笑他除了穆勒的《政治经济学原理》，什么别的书也不知道。② 福塞特有着超人的勇气和毅力。在他 25 岁那年，有一次同父亲一起去打猎时，由于事故，被他父亲的猎枪打瞎了双眼，这个打击对他是多么大是可以想象的。在失明之前，他已有从政的抱负，并打算先做律师为竞选议员做准备。他曾在剑桥大学数学学位考试中获一等成绩，并且排名第七（被称为“the seventh wrangler”——因凡在此考试中获得一等成绩者都被称为“senior wrangler”），并且已被选为剑桥三一学堂学院的研究员。失明之后，他很快就决定继续追求他的从政目标，并且也要尽最大可能像别人一样享受人生。他放弃了做律师的计划，并决定将剑桥大学作为他的大本营。他也放弃了数学，全力投入了政治经济学的研究。在他三十岁那年（1863 年），他被任命为剑桥的政治经济学教授。③ 在 1859 年，托马斯·海尔（Thomas Hare）与他相识。正是通过海尔，穆勒听说了

① Bertrand Russell, *The Autobiography of Bertrand Russell* (Boston: Little Brown, 1967), vol. 1, 3.

② Packe, 418.

③ “Henry Fawcett,” *in The 1911 Classic Encyclopedia* at http://www.1911encyclopedia.org/Henry_Fawcett (accessed May 6, 2012).

福塞特的情况。[①] 1860 年，也就是他失明的两年后，福塞特写了一个小册子，将海尔关于选举制度改革的书用通俗易懂的语言加以解释。[②] 也就是在这一年，经海尔的介绍，福塞特与穆勒见面，并成为穆勒晚年的好友之一。穆勒对福塞特的作品和人品都十分赞赏。从穆勒给福塞特的信中，我们可以看到穆勒是多么钦佩福塞特在失明后所表现出的不同寻常的品格。他这样写道："经历了您所遭受的那种不幸，但仍能有信心、有力量去为了重大公共目标而朝气蓬勃的努力的人，一定是好样的。为被认为对这样的人有所帮助，我感到骄傲。"[③] 穆勒非常鼓励福塞特从政，说他的失明也有对从政有利的一面。对此他这样写道："由于知道你的其他方面，我从没有一时一刻认为你的失明会将你排除在政治生活之外。失明会将你排除在政治生活之外，如果它挫败了你的希望和志向，像在多数人身上会发生的那样。你最需要做的是利用每一个适当的机会，让人了解作为公共发言人和讲演家的你。当你已经因此证明你没有什么方面是真正不合格的，我相信你的不幸将会对你有利，因为它不仅会激起人们对你的兴趣，消除羡慕和嫉妒，而且还会使你的声音更多、更快地被人们听到。我想，那之后，你被选进议会的机会就同其他有独立思想的人的一样好。"[④] 事实证明，穆勒说的完全正确。福塞特在 1868 年与穆勒同时当选国会议员，并得以连任。所以在穆勒离开议会之后，穆勒的许多主张通过他继续在国会中得以宣传。在这个意义上，他成了穆勒"驻国会的非正式代表。"[⑤] 穆勒去世后，当自由党在 1880 年重新执政时，格莱斯顿任命福塞特为邮政总长。在任职期间，他对英国邮政服务做了一系列创新和改革，包括包裹邮寄、汇款服务、邮局储蓄券等等。他在 1884 年去世时仍在这个

---

① 参见 1859 年 10 月 30 日穆勒给海尔的信 (*CW* XV, ed. Francis E. Mineka (1972), pp. 642–43)。

② 关于海尔的书，参见本书第十一章。

③ 见 1860 年 2 月 5 日穆勒给福塞特的信 (*CW* XV, p. 672)。

④ 见 1860 年 2 月 26 日穆勒给福塞特的信 (CW XV, p. 688)。

⑤ Packe, 419.

位置上。[①] 福塞特和他的妻子都是女权主义者。这也可能是穆勒与他们的关系很密切的原因之一。福塞特的妻子丹米·米莉森特·加勒特（Dame Millicent Garrett Fawcett 1847–1929）是那个时代著名的女权活动家，曾为妇女的投票权，尤其是妇女的教育做出很多贡献。她是剑桥大学纽纳姆学院（Newnham College）的创始人之一，曾长期担任全英妇女投票权联合会（the National Union of Women's Suffrage Societies）的会长。[②] 福塞特的女儿菲利帕（Philippa Garrett Fawcett）也是个英国历史上有名的人物。她在剑桥大学读书时，曾因获得数学学位考试一等成绩第一名、且其分数比第二名领先十三分而轰动英国。由于当时剑桥不授予女生"wrangle"的称号，她不能被叫做"the first wrangle"，所以曾被当时的媒体称为"above the senior wrangler"。[③]

三、猝然离世

在接近生命尾声的时候，穆勒终于与他的家人恢复联系，重续亲情。她的小妹妹玛丽（Mary Colman）这时由于与丈夫分居，且她最喜欢的儿子在海上遇难，处境十分艰难。[④] 穆勒给了她一份年金保险，[⑤] 并安排她的女儿进了英国当时为妇女办的第一所大学——贝德福德学院(Bedford College——后来成为伦敦大学的一部分)。[⑥]

---

① Packe, 419; "Henry Fawcett" *in The 1911 Classic Encyclopedia* at http://www.1911encyclopedia.org/Henry_Fawcett (accessed May 6, 2012).

② "Millicent Fawcett," http://en.wikipedia.org/wiki/Millicent_Fawcett (accessed May 6, 2012)

③ "Wrangler (University of Cambridge)" at http://en.wikipedia.org/wiki/Wrangler_%28University_of_Cambridge%29 (accessed May 6, 2012).

④ Packe, 505.

⑤ 关于对此的投资金额，见 1871 年 1 月 6 日穆勒给玛丽的信 [*CW* XVII, ed. Francis E. Mineka (1972), p. 1794]。

⑥ 见 1873 年 3 月 28 日穆勒给玛丽的信 (CW XVII, p. 1946)。

另外，当玛丽的二儿子偷了其雇主的钱时，穆勒出钱帮他将雇主的钱还上，并给他出了定约作学徒的钱，给了他重新做人的机会。[①] 在晚年，他对早年的一些朋友也恢复了密切联系或有所通信。根据穆勒青年时代的好友容巴克（J. A. Roebuck）的说法，虽然在穆勒由于他反对其与泰勒交往与他断交后再也没有直接来往，但穆勒曾给他写过一封很有感情的信，重提过去的时光，以致他曾试图去找穆勒在维多利亚街上的住所。[②] 穆勒在维多利亚街上有住所是1872–73年的事，所以此信应写于这期间。[③] 据海伦说，穆勒在最后的二十年中，谈起容巴克时是很有感情的。[④] 他与格罗特（Grote）的友谊在其晚年完全恢复。在相当长时间的疏远之后，他逐渐地与格罗特及其夫人重新接近起来，以致最后相当亲密。正是1865年2月在格罗特家所度过的两天中，穆勒和海伦与凯特·斯坦利第一次相见，而安伯雷开始对穆勒产生了真正的敬仰之感（他以前见过穆勒但没有深入的了解）。[⑤] 1871年6月，格罗特去世。穆勒不赞成格罗特葬在威斯敏斯特大教堂，但参加了葬礼，并为抬棺人之一（据说他并不想当抬棺人，但出于压力才同意了[⑥]——也许人们认为他作为格罗特的生前好友，理该这样做，但不知他对葬礼地点本身就有异议）。葬礼之后，他对贝恩说，“不久我也会那样躺下，但却有一个很不同的仪式。”[⑦] 他那时已感到剩下的时间不多了。

不过，他那时的身体状况并不是很坏。在那之后他只活了两

---

① 关于此事的细节，见1873年2月6日穆勒给斯图亚特的信（*CW* XVII, p. 1936），以及1873年3月1日和4月7日穆勒给玛丽的信（*CW* XVII, p. 1939, and p. 1949）。关于以上穆勒为玛丽所做的事，派克书中有简略提及（见505页），但没有本章所提供的资料出处。

② Packe, 453–54.

③ 根据穆勒通信中所注地址可以推断，穆勒自1872年初起住进在维多利亚的公寓，但那年的下半年他不在伦敦。1873年3月和4月他也是在此处度过的。

④ Packe, 453–54.

⑤ Packe, 434–36.

⑥ Alexander Bain（亚历山大·贝恩），*John Stuart Mill: A Criticism* (London: Longmans Green & Co., 1882), 133.

⑦ Ibid.

年也有些偶然性：他如果不在 1873 年 5 月 3 日与昆虫学家法布尔 (Jean-Henri Casimir Fabre 1823–1915) 一起去野外进行一天的郊游，或许不会那么快染病而在几天后（5 月 7 日）去世。穆勒的去世是如此突然，以致法布尔再次来找他共进午餐时才发现他已不在人世。[①] 穆勒与法布尔之所以能成为好朋友是因为二人有共同爱好。穆勒一生都喜欢植物学，采集了大量植物标本。法布尔虽然以其在昆虫学方面的成就著称，但也对植物研究有兴趣。所以，两人时常一起到野外采集标本。[②] 由于其免费讲座内容的自由开放不能为其所在学校和当地人接受，法布尔曾失去教职而落入难以为生的困境。那是 1868 年的事，他写信给当时正在伦敦的穆勒求援（那正是穆勒任议员期间，所以他大部分时间不在阿维尼翁）。收到他的信后，穆勒立即给他寄来相当于当时 3000 法郎左右的英镑，并且没有任何要他在将来还钱的意思。相反，为了不伤法布尔的自尊心，他说他这样做不是在帮法布拉个人的忙，而是为了让他继续为人类服务。两年后，当法布尔经济条件好转之后，他不仅还了穆勒给他的 3000 法郎，而且坚持加上 30 法郎的利息。穆勒却说法布拉什么也不欠他，债务只存在于他的想象之中。[③] 当然，钱还是收下了。否则，法布尔无法安心。两年来，没有什么事在他心里像还穆勒的钱更重要。[④] 法布尔是个很重情义、很知道感恩的人。在几十年后，他一直提醒他的传记作者，一定要将穆勒对他的帮助和慷慨写进去。[⑤] 穆勒生前的最后一封信是写给法布尔的，约定他们一起到法布尔住处不远的郊外采集标本的时间。这封信写于 1873 年 4 月 30 日。穆勒 5 月 3 日如约与法布尔会合，两人一起到野外作了穆勒一生最后

---

① 根据法布尔的传记，在法布尔去穆勒住处去吃午饭的路上，他习惯性地在那附近的墓地停了一下，但吃惊的发现穆勒已被埋在那里了。参见 G. V. Legros（trans. by Bernard Miall）: *Fabre, Poet of Science* (London: Adelphi Terrace, 1913), 98–99 页。

② 关于二人的相识和交往，见 Legros, 86–87 页。

③ Packe，487–88；类似的描述也见 Legros, 89 页和 97 页。

④ Legros, 97.

⑤ Ibid. 98；Packe, 488.

一次出行。法布拉注意到这时的穆勒身体虚弱，比以前看上去老了许多。他的行动已不再灵活，不仅走不快，而且有时在采集标本后站起来都很费劲。① 不过，穆勒的这趟出行可能是很开心的，尽管很累。

这次出行后的第二天，5 月 4 日，穆勒开始发烧。那天晚上，有一位大夫给他看过后，感到病情严重，并发电报请另一位医生从外地赶来。第二天，另一位医生到达，但他也不能救穆勒。他说穆勒得的是丹毒——当时在阿维尼翁一带的一种流行病——在没有抗菌素的时代，它是致命的。虽然穆勒准备在阿维尼翁买房子时就知道此地不利于健康，但因为靠近哈丽特的墓地，还是买下那栋房子并在其中度过了相当多的时间。当这位医生告诉穆勒他的生命已无望时，他很平静，甚至对在生命结束时他的精神能力依然正常而感到欣慰。穆勒于 5 月 7 日早晨 7 点去世。临终前，他对海伦说："你知道，我已经做了我的工作。"那是他所说的最后一句话。②

由于穆勒的逝世是如此突然，只有五个他生前认识的人能参加 5 月 10 日举行的葬礼。这五个人是：海伦，两位穆勒的医生，当地的新教牧师路易斯 · 雷（Louis Rey ）和他的妻子。不过，当穆勒的棺木抬到圣维兰（St. Veran）墓地入口时，已有许多当地人静静地等在那里。当时，天正下着小雨。③ 进入墓地后，雷牧师做了简短的讲话并为穆勒做了祈祷。之后，穆勒被葬在哈丽特旁边——这是穆勒在 14 年前就为自己准备好的安息之地。终于，他又和哈丽特在一起了。稍后，雷牧师为穆勒祈祷之事受到批评，因为穆勒不是一个基督徒，而是一个出名的怀疑论者。对此，雷牧师还曾公开道歉。但这并没有影响他对穆勒的感情。他一生都很珍视与穆勒的友谊。他活了 99 岁。据说在他的老年，当有人提到穆勒的名字时，他

① Legros, 98.

② Packe, 507.

③ Eugene August, *John Stuart Mill* (New York: Charles Scribner's Sons, 1975), 259.

穆勒和哈丽特之墓

（英国政治经济学图书馆 The British Library of Political and Economic Science）

的脸上立即有了光彩。①

穆勒留下的遗产总数是 14000 英镑。遵照他的遗嘱，其中一半捐给了他所支持的团体和机构，② 而这其中的大部分，即 6000 英镑，捐出资助妇女的高等教育。他要求这笔捐款分为两部分：3000 英镑赠给第一个给妇女授学位的大学，3000 英镑用于建立女生奖学金。③ 不论是生前，还是死后，穆勒对男女平等的支持都受到过激烈的攻

① Packe, 485.

② Ibid. 484.

③ Ibid. 500.

约翰・鲁伯森 (John M. Robson 1927–1995)
（此照片由安・鲁伯森教授 Professor Ann Robson 提供）

击。即便是在他刚刚去世的时候，也有人将他对女权的支持作为贬低他的理由之一。[1] 但是，穆勒是走在时代前边的人。历史站在他一边。今天在发达国家，男女平等早已是主流文化的一部分。在不远的将来，这样的理念也一定会在世界上更多的地方得到认同。

穆勒去世后，英国人民为了纪念他，将他的画像收入了国家肖像美术馆，并在伦敦的安班克门特（Embankment）花园为他塑了像。另外，在法国，也有他的塑像。但是，真正使他不朽的是他留下的精神财富。完整的《穆勒文集》（*The Collected Woks of John Stuart Mill*），共三十三卷，主要在约翰·鲁伯森 (John M. Robson) 的主编下，自 1963 年至 1991 年间陆续出版。有人将这套三十三卷的文集

① Capaldi, 363.

称为穆勒的纪念碑。[①] 虽然穆勒已离开这个世界近一百四十年了，今天我们仍在读他的书，不是仅仅为了学术上的考究，更重要的是为了从中寻找指导人生、改造社会的启示。无论是在西方，还是在中国，穆勒的著作，尤其是《论自由》、《功利主义》和《妇女的屈从》都仍意义深远。只要我们仍然生活在充满种种弊端的社会，只要我们还处在无知、偏见的包围之中，穆勒就不会是一位过时的老师。如果世上有更多的人像穆勒一样为最大多数人的最大幸福奋斗终生，人类的现在和未来一定会更好。

① Fred Wilson, "John Stuart Mill", *in Stanford Encyclopedia of Philosophy* (http://plato.stanford.edu/entries/mill, accessed May 5, 2012).

引证与参考文献

一、穆勒原著

I.《穆勒文集》共 33 卷

Collected Works of John Stuart Mill, 33 vols., gen. ed. John M. Robson (Toronto and London: The University of Toronto Press and Routledge and Kegan Paul, 1963–1991).

以下各卷为本书所引用或参照（“*CW*” 代表 *Collected Works of John Stuart Mill*）:

CW I, *Autobiography and Literary Essays*, ed. John M. Robson (1981).

CW II, *Principles of Political Economy* Books I-II, ed. J. M. Robson (1965).

CW III, *Principles of Political Economy* Books III-V, Appendices, ed. J. M. Robson (1965)

CW IV, *Essay on Economic and Society* (1824–1845), ed. J. M. Robson (1967).

CW V, *Essays on Economics and Society* (1850–1879), ed. J. M. Robson (1967).

CW VII, *A System of Logic, Ratiocinative and Inductive*, Books I-III, ed. J. M. Robson (1973).

CW VIII, *A System of Logic, Ratiocinative and Inductive*, Books IV-VI, ed. J. M. Robson (1974).

CW IX, *An Examination of Sir William Hamilton's Philosophy*, ed. J. M. Robson (1979).

CW X, *Essays on Ethics, Religions and Society*, ed., J. M. Robson (1969).

CW XII, *Earlier Letters*, 1912–1837, ed. Francis E. Mineka (1962).

CW XV, *Later Letters*, 1848–1873, ed. Francis E. Mineka and Dwight Lindley (1972).

CW XVI *Later Letters*, 1849–1873, ed. Francis E. Mineka (1972).

CW XVII, *Later Letters*, 1849–1973, ed. Francis E. Mineka and Dwight Lindley (1972).

CW XVIII, *Essays on Politics and Society* (Part 1), ed. J. M. Robson (1969).

CW XIX, *Essays on Politics and Society* (Part II), ed. J. M. Robson (1977).

CW XXI, *Essays on Equality, Law and Education*, ed. John M. Robson (1984).

CW XXIII, *Newspaper Writings*, August 1831–October 1834, ed. Ann P. Robson and John M. Robson (1986).

II. 本书引用或参照的其他穆勒著作或版本

The Mill-Taylor Collection in British Library of Political and Economic Science.

John Stuart Mill. *Autobiography*, ed. John M. Robson. London: Penguin Books, 1989.

John Stuart Mill. *On Liberty*, ed. Currin V. Shields. Indianapolis: The Bobbs-Merrill, Company, Inc., 1956.

John Stuart Mill. *Utilitarianism*, ed. George Sher. Indianapolis, In: Hackett Publishing Company, 1979.

John Stuart Mill. *Representative Government*, in *Utilitarianism, Liberty, and Representative Government* (no editor but with A. D. Lindsay's Introduction), New York, E. P. Dutton and Company, Inc., 1951.

John Stuart Mill, Harriet Taylor Mill, and Helen Taylor. *Sex Equality: Writings by John Stuart Mill, Harriet Taylor Mill, and Helen Taylor,* ed. Ann P. Robson and John M. Robson. Toronto: University of Toronto Press, 1994.

III. 本书引用或参考的穆勒著作中译本

穆勒著:《论自由》，程崇华译，北京：商务印书馆，1982 年版。

穆勒著:《代议制政府》，汪瑄译，北京：商务印书馆，1982 年版。

二、本书引用或参考的其他文献

Adams, John. *A Defence of the Constitutions of Government of the United States of America*, vol. 3. London: Printed for C. Dilly, in the Poultry, 1788.

Anonymous. “Forde Abbey.” http://www.touruk.co.uk/houses/housesomer_forde.htm (accessed August 20, 2012).

Anonymous. “Henry Fawcett.” In *The 1911 Classic Encyclopedia*. http://www.1911encyclopedia.org/Henry_Fawcett (accessed May 6, 2012).

August, Eugene. *John Stuart Mill*. New York: Charles Scribner’s Sons, 1975.

Bain, Alexander. *James Mill, a Biography*. London: Longmans Green & Co., 1882.

————. *John Stuart Mill: A Criticism*. London: Longmans Green & Co., 1882.

Barzun, Jacques. “Romanticism.” In *Collier’s Encyclopedia*, vol. 20. MacMillan Educational Corporation, 1974.

BBC. “God.” http://www.bbc.co.uk/religion/religions/unitarianism/beliefs/god.shtml (accessed Aug. 2, 2012).

————. “Core Values.” http://www.bbc.co.uk/religion/religions/unitarianism/beliefs/beliefs.shtml (accessed on Aug. 2, 2012).

Bladen, V. W. "Introduction." In *Collected Works of John Stuart Mill*, vol. 3, ed. John M. Robson. Toronto and London: The University of Toronto Press, 1965.

Booth, Arthur John. *Saint-Simon and Saint-Simonism: a Chapter in the History of Socialism in France*. London: Longmans Green, Reader, and Dyer, 1971.

Bourdeau, Michel. "Auguste Comte." In *Stanford Encyclopedia of Philosophy*.

http://plato.stanford.edu/entries/comte/#RelHum (accessed Aug., 10, 2012).

Capaldi, Nicholas. *John Stuart Mill: A Biography*. Cambridge: Cambridge University Press, 2004.

Carlyle, Thomas. *The Life of John Sterling*. Boston, MA: Phillips, Sampson and Company, 1851.

————. *Reminiscences*, vol., ed. C. E. Norton. London and New York: Macmillan, 1887.

Coburn, Kathleen. "Samuel Taylor Coleridge." In *Collier's Encyclopedia* vol. 6, 702A-702B. MacMillan Educational Corporation, 1974.

Courtney, W. L. *Life of John Stuart Mill*. London: Walter Scott, 1889.

Crisp, Roger. *Mill On Utilitarianism*. London: Routledge 1997.

Donner, Wendy. "Mill's Utilitarianism." In *The Cambridge Companion to Mill*, edited by John Skorupski, 255–92. Cambridge: Cambridge University Press, 1998.

Douglas, Charles. *John Stuart Mill: A Study of His Philosophy*. London: William Blackwood and Sons, 1905.

Ekelund Jr., Robert B. and Douglas M. Walker. "J. S. Mill on the Income Tax Exemption and Inheritance Taxes: The Evidence Reconsidered," *History of Political Economy* 28:4 (1996): 559–81.

Elliot, Hugh. *Letters of John Stuart Mill*, vol. 2. London: Longmans

Green & Co.,1910.

Feinberg, Joel. "Psychological Egoism." In *Reason and Responsibility*, 19th edition, edited by Joel Feinberg and Russ Shafer-Landau. Belmont, CA: Wadsworth Publishing, 1999.

Fumerton, Richard. "Phenomenalism." In *A Companion to Epistemology*, edited by Jonathan Dancy and Ernest Sosa. Oxford: Blackwell Publishing, 1992.

Hamilton, Andy. "Mill, Phenomenalism, and the Self." In *The Cambridge Companion to Mill*, edited by John Skorupski, 139–75.

Hayek, E. A., ed. *John Stuart Mill and Harriet Taylor: Their Correspondence and Subsequent Marriage*. Chicago: University of Chicago Press, 1951.

Hirst, F. W. *The Early Life and Letters of John Morley*, vol.1. New York: Macmillan Company, 1927.

Hollander, Samuel. *The Economics of John Stuart Mill*, vol.1. Oxford: Basil Blackwell, 1985.

Humboldt, Wilhelm von. *Sphere and Duties of Government* (1792). Translated from the German of Baron Wilhelm von Humboldt, by Joseph Coulthard, Jun. London: John Chapman, 1854.

Jiang, Xinyan. "Enlightenment Movement." In *History of Chinese Philosophy*, edited by Bo Mou, 473–511. London: Routledge, 2009.

Leader, Robert Eadon, ed. *Life and Letters of John Arthur Roebuck*. London: Edward Arnold, 1897.

Lefkowits, M. R. "Education for Women in a Men's World." *Chronicle of Higher Education*, August. 6, 1979.

Legros, G. V. *Fabre, Poet of Science*. Translated from French, by Bernard Miall. London: Adelphi Terrace, 1913.

Locke. John. *An Essay Concerning Human Understanding*, ed. Peter H. Nidditch. Oxford: Oxford University Press 1975.

Lutz, Alma. *Created Equality: A Biography of Elizabeth Cady Stanton*. New York: John Day Company, 1940.

Magid, Henry M. "Introduction." In John Stuart Mill, *On the Logic of the Moral Sciences: A System of Logic Book VI*, ed. Henry M. Magid, xi-xxv. Indianapolis, IN: The Bobbs-Merrill Company, Inc., 1965.

Manuel, Frank. "Saint-Simon, Comte De." In *Collier's Encyclopedia*, vol. 20, 368–369. MacMillan Educational Corporation, 1974.

Mazlish, Bruce. *James and John Stuart Mill: Father and Son in the Nineteenth Century*. New York: Basic Books, Inc. Publishers, 1975.

McRae, R. F. "Introduction." In *Collected Works of John Stuart Mill*, vol. 7, edited by John M. Robson, xxi-xlviii. Toronto and London: The University of Toronto Press, 1973.

Millar, Alan. "Mill on Religion." In *The Cambridge Companion to Mill*, edited by John Skorupski, 176–202.

Millgram, Elijah. "Mill's Proof of the Principle of Utility," *Ethics*, 110:2, 283.

Mueller, Iris Wessel. *John Stuart Mill and French Thought*. Champaign: University of Illinois Press, 1956.

Packe, Michael St. John. *The Life of John Stuart Mill*. New York: The Macmillan Company, 1954.

Paludi, Michele A. and William D. Bauer. "Goldberg Revisited: What's in an Author's Name." *Sex Roles* 9:3 (March. 1983): 287–390.

Pease-Watkin, Catherine. "Jeremy and Samuel Bentham——The Private and the Public." *Journal of Bentham Studies* 5 (2002), 1–27.

Priestley, F. E. L. "Introduction." In *Collected Works of John Stuart Mill*, vol. 10, edited by John M. Robson, vii-lxii. Toronto and London: The University of Toronto Press, 1969.

Reeves, J. *A Century of Rochdale Co-operation, 1844–1944*. London: Lawrence & Wishart, 1944.

Reeves, Richard. "The Genius of Autonomy." *The Philosopher's Magazine (tpm)* 46 (2009), 65–70.

Riley, Jonathan. *Routledge Philosophy Guidebook to Mill on Liberty*. London and New York: Routledge, 1998.

Rossi, Alice S. "Sentiment and Intellect." In *John Stuart Mil and Taylor Mill: Essays on Sexual Equality*, edited by Alice S. Ross, 3–63. Chicago: University of Chicago Press, 1970.

Russell, Bertrand. *A History of Western Philosophy*. New York: Simon & Schuster, 1945.

————. *The Autobiography of Bertrand Russell*, vol.1. Boston: Little Brown, 1967.

Ryan, Alan. "Mill in a Liberal Landscape." In *The Cambridge Companion to Mill*, edited by John Skorupski, 497–540.

Scarre, Geoffrey. "Mill on Induction and Scientific Method." In *The Cambridge Companion to Mill*, edited by John Skorupski, 112–138.

Shanley, Mary Lyndon. "The Subjection of Women." In *The Cambridge Companion to Mill*, edited by John Skorupski, 396–422.

Sher, George. "Introduction." In John Stuart Mill, *Utilitarianism*, edited by George Sher, vii-xiii. Indianapolis, IN: Hackett Publishing Company, 1979.

Shields, Currin V. "Introduction." In John Stuart Mill, *On Liberty*, edited by Currin V. Shields, vii-xxvi, Indianapolis, IN: The Bobbs-Merrill, Company, Inc.,1956.

Skorupski, John, ed. *The Cambridge Companion to Mill*. Cambridge: Cambridge University Press, 1998.

————. "The Place of Utilitarianism in Mill's Philosophy." In *The Blackwell Guide to Mill's Utilitarianism*, edited by Henry R. West, 45–59. Oxford: Blackwell Publishing, 2006.

————. *Why Read Mill Today*？ London and New York: Routledge,

2006.

Taylor, Helen. "Introductory Notice." In *Collected Works of John Stuart Mill*, vol. 10, edited by J. M. Robson, 371–72. Toronto and London: The University of Toronto Press, 1969.

Ten , C. L. "Democracy, Socialism, and Working Classes." In *Cambridge Companion to Mill*, edited by John Skorupski, 372–395.

Thompson, Dennis F. "Mill in Parliament: When Should a Philosopher Compromise?" In *J. S. Mill's Political Thought*, edited by Nadia Urbinati and Alex Zakaras, 166-199. Cambridge: Cambridge University Press, 2007.

Thornton, W.T. "His Career in the India House." In *John Stuart Mill: His Life and Works*, by Herbert Spencer and others (no editor), 30–37. Boston, MA: James R. Osgood and Company, 1873.

Tocueville, Alexis de. *Democracy in America* (1835), translated from French by Henry Reeve E. New York: George and Dearborn & Co, Adlard and Saunders, 1838.

Tuell, Ann Kimball. *John Sterling, a Representative Victorian*. New York, The Macmillan Co., 1941.

Urbinati, Nadia. *Mill on Democracy*. Chicago: University of Chicago, 2002.

Urbinati, Nadia and Alex Zakaras, eds. *J. S. Mill's Political Thought*. Cambridge: Cambridge University Press, 2007.

Webb, Sidney and Beatrice Webb. *The Consumers' Co-operative Movement*. London: Longmans, Green, and Co., 1921.

West, Henry R., ed. *The Blackwell Guide to Mill's Utilitarianism*. Oxford: Blackwell Publishing, 2006.

————. "Mill's "Proof' of the Principle of Utility." In *The Blackwell Guide to Mill's Utilitarianism*, edited by Henry R. West.

Wheatley, V. *The Life and Work of Harriet Martineau*. London, Secker & Warburg, 1957.

Wikipedia. “Harriet Martineau.” http://en.wikipedia.org/wiki/Harriet_Martineau (accessed July 18, 2006).

————. “Unitarianism.” http://en.wikipedia.org/wiki/Unitarianism (accessed Aug. 2, 2012).

————. “Wrangler (University of Cambridge).” http://en.wikipedia.org/wiki/Wrangler_%28University_of_Cambridge%29 (accessed May 6, 2012).

————. “Millicent Fawcett.” http://en.wikipedia.org/wiki/Millicent_Fawcett (accessed May 6, 2012).

Wilson, Fred. “John Stuart Mill.” In *Stanford Encyclopedia of Philosophy*. http://plato.stanford.edu/entries/mill (accessed May 5, 2012).

Winch, Donald. “Introduction.” In John Stuart Mill, *Principles of Political Economy Books IV and V*, edited by Donald Winch, 11–48. London: Penguin Books, 1970.

北京市卫生局:《结核病的历史》(http://yljk.beijing.cn/fjhfz/n214063851.shtml; 2012年8月5日网页)。

洛克:《人类理解论》(上册),关文运译,北京:商务印书馆,1981年版。

罗素:《西方哲学史》(下卷),马元德译,北京:商务印书馆,1982年版。

萨拜因著,索尔森修订:《政治学说史》(下册),刘山等译,北京:商务印书馆,1986年版。

梯利著,伍德增补:《西方哲学史》,葛力译,北京:商务印书馆,2005版。

熊彼特:《经济分析史》(第2卷),杨敬年译,朱泱校,北京:商务印书馆,1996年版。

章海山:《圣西门》,收入在周辅成编《西方著名伦理学家评传》,上海人民出版社,1987年版。